Richard Cœur de Lion

Tome 2

Les Chevaliers du Graal

Mireille Calmel

Richard Cœur de Lion

Tome 2

Les Chevaliers du Graal

ÉDITIONS FRANCE LOISIRS

Édition du Club France Loisirs,
avec l'autorisation de XO Éditions

Éditions France Loisirs,
123, boulevard de Grenelle, Paris.
www.franceloisirs.com

ISBN : 978-2-298-09106-9

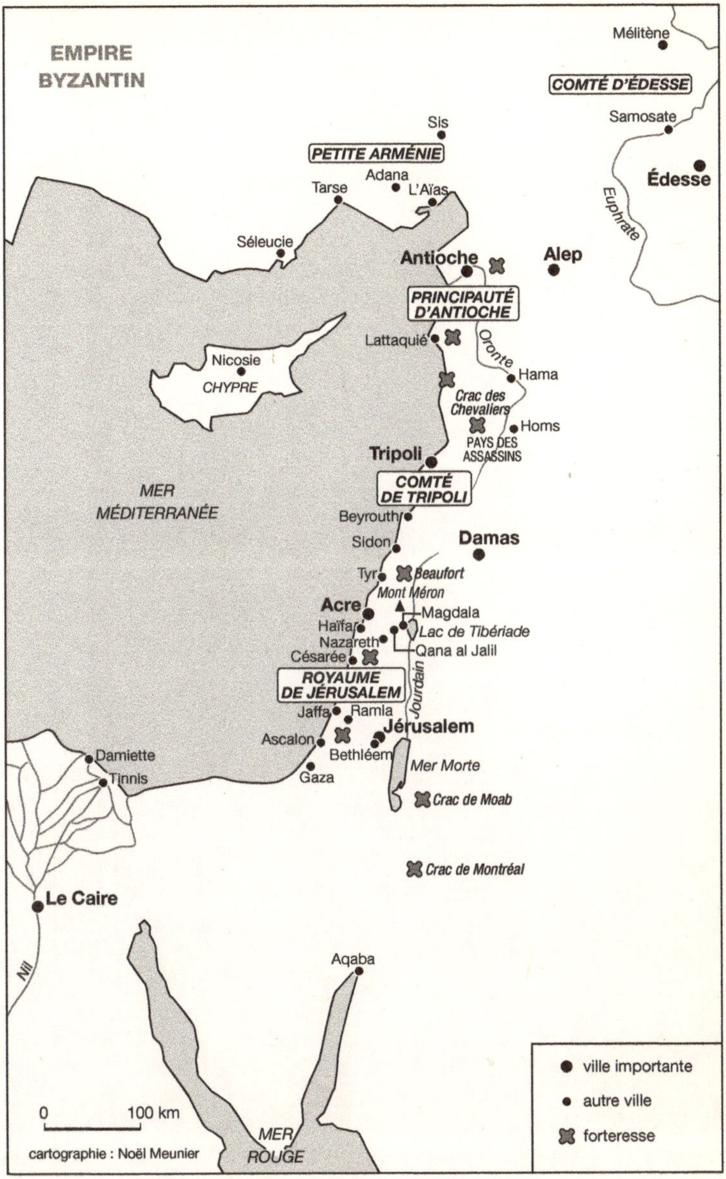
EMPIRE
BYZANTIN
Mélitène
COMTÉ D'ÉDESSE
Sis
Samosate
PETITE ARMÉNIE
Édesse
Adana
Tarse
L'Aïas
Euphrate
Séleucie
Antioche
Alep
PRINCIPAUTÉ
D'ANTIOCHE
Lattaquié
Oronte
Nicosie
CHYPRE
Hama
Crac des
Chevaliers
Homs
PAYS DES
ASSASSINS
Tripoli
COMTÉ
DE TRIPOLI
MER
MÉDITERRANÉE
Beyrouth
Damas
Sidon
Tyr
Beaufort
Mont Méron
Acre
Magdala
Haïfa
Lac de Tibériade
Nazareth
Qana al Jalil
Césarée
ROYAUME
DE JÉRUSALEM
Jourdain
Jaffa
Ramla
Jérusalem
Ascalon
Damiette
Bethléem
Mer Morte
Tinnis
Gaza
Crac de Moab
Crac de Montréal
Le Caire
Nil
Aqaba
ville importante
autre ville
forteresse
0
100 km
MER
ROUGE
cartographie : Noël Meunier

1

Acre, en terre de Palestine.
21 août 1191.

Lorsque les mercenaires se présentèrent au seuil des demeures pour en arracher les esclaves musulmanes, les jetant dans les rues avec leurs enfants, nul habitant n'osa s'y opposer. Sans plus de ménagement que les vieillards enlevés à leurs bancs ou les mamelouks aux cachots, les femmes vinrent grossir la foule mouvante des trois mille prisonniers entraînés vers la porte est de la ville. La dignité qu'on volait à ces êtres marquait leur visage au-dessous du voile ou du turban. Dans leurs yeux, qu'ils plissaient pour se protéger de l'aveuglante clarté, la peur se mêlait à l'espoir de liberté. Pourtant, ils ne trouvèrent personne dans ces ruelles vides pour les renseigner. Ils durent se contenter de marcher, serrés les uns contre les autres, encadrés par les lances des soldats à la croix. Bientôt, ils furent hors les murs, poussés au long de cette plaine qui avait vu tant de combats ces derniers mois. Au-delà des limites dessinées par les tirs de bombardes, des milliers de tentes aux couleurs fanées piquées d'étendards s'alignaient le long des rues qui délimitaient les différents quartiers du camp des croisés. En ce jour, seuls les animaux de bouche, de bât ou de guerroie s'y dispersaient encore. Princes, ecclésiastiques, chevaliers, putains, mercenaires, ribauds qui constituaient l'armée de Dieu l'avaient déserté. Ils s'étaient amassés sur et au pied des remparts de la ville fortifiée pour suivre le long cheminement de la marée humaine en direction de la rivière. Quelques-uns se réjouissaient d'avance, mais, pour la plupart, cette haine du mahométan qui les avait tenus jusque-là avait disparu de leurs yeux.

C'est face à ce renoncement que les prisonniers comprirent. Les femmes furent les premières. Serrant plus fort contre elles leurs enfants, elles lancèrent vers l'azur le guttural sanglot de la prière. Les vieux suivirent. La soldatesque de Saladin, elle, cracha sur les lanciers chrétiens à portée.

On les encadra plus méchamment, repoussa leur tentative de dispersion.

Lors, épuisé par la guerre, les privations, les maladies, spectateur ou prisonnier, chacun se contenta d'attendre un geste de clémence.

Lui ne bougea pas.

Debout sur la plate-forme du donjon de la cité portuaire, il dominait de plusieurs toises cette plaine d'Acre déroulée jusqu'aux premiers contreforts des montagnes dans lesquelles le sultan se terrait. Il suivait des yeux le flux des Sarrasins qu'on parquait peu à peu à moins d'une lieue des remparts, dans un champ clos tenu par des centaines d'archers. Malgré cela, il ne les voyait pas. Il appartenait tout entier à cette voix derrière son tympan, cette voix qui réclamait impérieusement la curée.

Lorsqu'ils ne furent plus qu'un bloc, comme une seule tête s'élevant au mitan des soldats, il leva le bras, tel un empereur romain depuis la tribune d'un cirque. Il le rabattit sans sourciller. Autour de lui, dans la ville et ses alentours, tout se tut en réponse au déferlement immédiat des routiers, lances, haches ou fléaux brandis. Comme lui, les chiens de guerre parurent indifférents aux suppliques, à la panique, aux hurlements. Ils frappèrent sans distinction femmes recroquevillées dans la poussière au-dessus de leurs petits, enfants terrorisés, hommes rebelles, vieillards hargneux ou soumis. Toute fuite de leur part s'avéra éperdue, inutile. Les flèches s'envolaient pour l'interdire, piquant fronts, dos ou bustes, rythmant d'un sifflement aigu la danse macabre. Cela dura longtemps. Jusqu'à ce que plus un seul ne se relève. Jusqu'à ce que le silence revienne et que l'épaisseur du sang, dégoulinant des berges, absorbe le limpide de la rivière. Jusqu'à ce que cet écarlate, fendant la terre déjà meurtrie, soit emporté par le courant vers la mer en contrebas.

Alors seulement la voix se tut. Un voile se déchira dans le regard du roi. La conscience revint. L'horreur imprégna sa rétine, le brûla davantage que l'insoutenable clarté d'un soleil au zénith.

Il chancela, agrippa ses mains à la pierre d'un créneau, se reprit, par habitude, par réflexe, sous l'œil assombri des grands croisés et prélats à quelques pas de lui. Leur masque de réprobation, d'incompréhension ou de dégoût le gifla.

Hébété, il tourna tête vers ce cavalier au galop qui s'était détaché du charnier. Il ne le reconnut que lorsqu'il s'immobilisa au pied des remparts pour lui signifier que c'en était terminé : Merchadier. Son homme de main. C'est à cet instant seulement qu'il comprit. Lui et lui seul, Richard Cœur de Lion, roi d'Angleterre, avait ordonné ce massacre. Il ignorait pourquoi. Il ignorait quand. Il ne s'en souvenait pas. Un étau lui broya les tempes. Il en eut la nausée.

Il réagit en faisant volte-face, trouva des larmes sur le visage de sa sœur et de son épouse.

Incapable de soutenir cette vision, il quitta son poste d'observation, dévala les marches. Parvenu dans la cour intérieure du donjon, il grimpa sur le destrier que lui amenait un écuyer. Le portail franchi, il s'engouffra dans les ruelles bordées de maisons blanches et d'églises de la cité muette. Jusqu'à la petite chapelle Saint-Jean.

Il s'y enferma sitôt mis pied à terre, traversa la salle vide balayée de prismes colorés, avant de tomber à genoux devant l'autel, une simple pierre taillée que dominait une croix.

Fébrile, il se mit à réciter le *Pater noster*.

Un crissement derrière le tympan. La voix s'imposa de nouveau. Il l'entendit distinctement. Cette fois, elle ne contrôlait pas sa pensée. Elle souligna seulement ce qu'il savait déjà.

Comment pouvait-il espérer pardon divin quand lui-même ne se l'accorderait pas ?

2

Chapelle de Saint-Jean-d'Acre
21 août 1191.

Pour le roi Richard qui s'usait les mains en prière face à l'autel, tout avait basculé moins d'un mois plus tôt. Il se souvenait parfaitement de ce 31 juillet. Il avait débuté par une aube sanglante, telle qu'il n'en avait jamais connu.

Chevauchant dans sa direction, Loanna de Grimwald, la dernière des grandes prêtresses d'Avalon, avait quitté le campement des croisés. Elle partait échanger sa liberté contre celle de sa fille Eloïn, détenue par Saladin. Depuis la chambre de son fortin Mate-Griffon, Richard l'avait regardée enfiler le chemin de la montagne. Si son cœur se serrait à l'idée de ce sacrifice, il ne pouvait s'empêcher de se réjouir du retour espéré de son amante, la mère de ses deux enfants : Philippe de Falconbridge, disparu depuis des mois avec son cousin Godefroy Rudel, et Anne du Puy du Fou, en sécurité sur l'une de ses galées ancrée dans le port.

Richard avait vu s'effacer la silhouette derrière le dernier lacet de la montagne, avalée par l'embrasement du levant. Puis il s'était détourné de la croisée. On toquait à sa porte. Violemment. Sa sœur

Jeanne en franchit le seuil, livide, échevelée. Avant même qu'elle ne parle, il avait senti ses muscles se tétaniser, son souffle se raccourcir.

« Anne a disparu. »

Trois mots. Seulement trois mots.

En prélude au pire.

Oui, Richard Cœur de Lion se souvenait de chaque seconde qui avait suivi. La découverte du corps de la nourrice flottant entre deux eaux, rongée déjà par ces charognards des mers dont l'aileron frôlait souvent les carènes. Elle tenait encore un chausson de l'enfançonne en main. Malgré l'évidence, les battues s'étaient succédé le long du littoral, épouvantant les cœurs d'effroi, de doutes, de questions sans réponse. De fait, tout avait contribué à un relâchement de la surveillance : la récente reddition d'Acre et de ses envahisseurs musulmans, le départ, ce même matin, du monarque Philippe Auguste, pressé de regagner la France en laissant son ost à la disposition du roi d'Angleterre, la chaleur accablante jusqu'au mitan de la nuit. Sur le navire, les matelots de quart n'avaient rien remarqué. Bérangère de Navarre, l'épouse légitime de Richard, sommeillait encore près de sa belle-sœur, Jeanne, lorsque la nourrice s'était levée pour donner le sein à la petite Anne. Comme chaque matin, la Griffonne le faisait à l'abri des regards, le sien tourné à l'ouest, vers sa Sicile natale. Avait-elle voulu se venger de ce roi qui avait malmené ses compatriotes là-bas ? Avait-elle basculé sciemment ? par accident ? Nul ne l'avait pu dire. Au cours des heures suivantes, Richard avait pleuré sa fille auprès des siens. Seul Jaufré Rudel, l'époux de dame Loanna, ce chevalier troubadour à l'âme écorchée trop de fois, n'avait pas versé une larme. Il s'était contenté de jouer de son instrument. À en avoir les doigts en sang. Comme si l'immensité de son chagrin s'était ajoutée à cette peur qui le rongeait de savoir son épouse et sa fille entre les mains de celui qui, autrefois, avait juré leur perte. Comme si l'immensité de son chagrin ne pouvait s'exprimer que par cette plainte des cordes pincées, grattées, à en arracher d'émotion les ventres et les cœurs les mieux trempés.

Dès le lendemain, Richard avait chargé son neveu Henri de Champagne[1] d'occuper les Rudel, père et fils. Dans la cité d'Acre rendue aux chrétiens, l'ouvrage ne manquait pas. À sa sœur, à son épouse, il avait confié le soin de l'office mortuaire de l'enfançonne dont le corps restait perdu. Quant à lui, fillette valant encore moins que dame pour les hommes de son temps, il avait dû, malgré son désespoir, réagir en roi : réorganiser ses troupes, déléguer le commandement de celles du roi de France au duc de Bourgogne, apaiser les dissensions entre les différentes armées de Dieu ; enfin, négocier un échange de prisonniers avec Saladin. S'il était convaincu que, cette fois, Eloïn serait du nombre de ceux que le sultan leur rendrait, il restait hanté par l'idée de la terrasser de douleur à l'heure, tant attendue, de leurs retrouvailles.

À peine avait-il cru trouver les mots qu'il lui destinait qu'une lettre lui avait été apportée. Saladin s'y inquiétait de n'avoir toujours pas reçu la visite de Loanna de Grimwald. Comme lui, Henri

1. Fils de Marie, l'aînée de Louis de France et Aliénor.

de Champagne, Jeanne, Bérangère de Navarre et les Rudel en avaient été frappés de stupéfaction et de méfiance. Richard s'était empressé de répondre au sultan que la cavalière s'était mise en branle cinq jours plus tôt, seule. Il ne pouvait douter qu'elle fût arrivée. Alors que, rongés plus encore d'angoisse, tous subodoraient une ruse pour les garder toutes deux en otage, ou, pire encore, masquer l'exécution arbitraire de Loanna, un ambassadeur musulman avait de nouveau demandé audience au roi d'Angleterre. Dans la salle de justice du fortin Mate-Griffon où il tenait ses quartiers, Richard s'était vu tendre une lettre cachetée. Il se souvenait avec quelle impatience et quelle hantise il avait brisé ce sceau, reconnu d'emblée.

« *Mon roi tant aimé,* écrivait Eloïn d'une plume nerveuse,

« *Grâce à la présence fortuite du noble médecin Ibn Rochd*[1], *cadi*[2] *du sultan de Marrakech, j'ai reçu les meilleurs soins après mon enlèvement. Si, guérie de ma blessure, je puis désormais aller et venir à ma guise dans le campement de Saladin, toujours sous bonne escorte, le manque de vous, de ma fille, de mon fils et de mes parents me reste une plaie ouverte. Le sultan me couvre d'un bienveillant respect et m'a convaincue qu'il en aurait été de même pour ma mère. Las, je le puis affirmer de mon côté, elle ne s'est toujours pas présentée à nous. De plus, ce lien de pensée qui nous unissait s'est éteint brusquement le matin dont vous datez son départ de l'ost. L'aube s'est, ce jour-*

1. Connu en Occident sous le nom d'Averroès.
2. Haut magistrat musulman.

là, embrasée d'une magie sanglante à travers laquelle j'ai vu la mort, la désolation et la ruine de nos terres de Brocéliande. Mon effroi en demeure si grand que je ne puis m'empêcher de lier cette vision à sa disparition. D'autant que, depuis, mes autres pouvoirs se sont tus, eux aussi, alors que, mes relevailles terminées, ils avaient commencé à réapparaître.

« Il vous faut savoir encore que j'ai surpris quelques confidences de ce Pierre Basile qui, après avoir dérobé Caliburnus en Sicile pour le compte de votre frère Jean, m'enleva pour celui de Saladin. Son intention reste de vous occire. Sur ma recommandation et afin de favoriser un accord de paix entre nos peuples, Saladin s'était décidé à le mettre hors d'état de nuire. Sentant sans doute tourner le vent, Basile a filé avant qu'il le puisse, la veille de la perte de mère. En est-il responsable ? Y est-il étranger ?

« Des ombres maléfiques rôdent depuis que les deux épées d'Avalon, Caliburnus et Marmiadoise, se sont affrontées sous les murs d'Acre. Elles semblent plus puissantes de noirceur que mère ne l'avait craint. Pour toutes ces raisons, j'en viens, à son sujet, à envisager le pire, comme sans doute, déjà, avec mon frère et mon père, vous l'avez fait.

« De grâce, mon roi, souciez-vous d'elle avant que de moi à présent et, surtout, prenez garde à vous. Si mon amour, infaillible, peut vous soutenir, en rien il ne peut vous sauver. Or, sans vous, quel goût aurais-je encore à voir d'autres matins se lever ?

« Votre dame, de cœur et de pensée, pour toujours et à jamais. »

Écartelé de la sentir aussi proche qu'inaccessible, Richard n'avait pas trouvé le courage de lui écrire la triste fin de la petite Anne ni le silence, définitivement douloureux, de leur fils Philippe. S'armant d'une plume menteuse, il l'avait assurée de la bonne santé des siens avant de lui confirmer qu'il lançait des recherches, dans le dessein de retrouver sa mère et de la ramener. Lettre n'était pas encore repartie en la besace du messager que Jaufré et Geoffroy Rudel, leurs affaires rassemblées, enfilaient le sentier en direction des montagnes.

Dix jours avaient suivi leur départ, au cours desquels, sans nouvelles de quiconque, Richard s'était multiplié d'inquiétude. Dans le même temps, au sein de l'ost, les rivalités s'étaient amplifiées au sujet du trône de Jérusalem[1]. Pressé d'assurer Saladin de sa bonne foi concernant Loanna et, par là, de maintenir leurs accords, Richard s'était désintéressé de la querelle, augmentant par là la rancœur de Montferrat à son égard. Mi-août, le marquis de Tyr avait fini par y donner libre cours, refusant soudain de lui rendre les Sarrasins qu'il retenait en

1. À l'origine, Guy de Lusignan avait été couronné roi de Jérusalem grâce à son mariage avec Sybille, la fille aînée de son prédécesseur. À la mort de celle-ci et de ses filles, c'était à Onfroy de Toron, marié avec Isabelle de Jérusalem, la sœur de Sybille, qu'aurait dû revenir le trône. Mais Conrad de Montferrat, marquis de Tyr, avait alors enlevé Isabelle et, grâce au soutien du pape, fait annuler son mariage avec Onfroy avant de l'épouser de force. Depuis, le clan des Lusignan, soutenu fermement par Richard, s'opposait à celui de Montferrat, légitimé par le roi de France. Peu avant la reconquête d'Acre par Richard, les Templiers avaient tranché cette question épineuse : Montferrat avait été désigné comme le successeur *post mortem* de Lusignan. Mais nombreux étaient les chevaliers, partisans de Montferrat, qui refusaient de s'en tenir là.

sa cité comme esclaves. Richard s'était alors trouvé contraint de repousser la date d'échange des prisonniers fixée par le sultan, puis de menacer d'assiéger Tyr pour obtenir de Montferrat le respect de sa parole. Richard avait cru en celle de Saladin, jusqu'à hier. Jusqu'à ce qu'il se rende à l'endroit convenu. Et que le sultan, sans un seul mot d'excuse ou d'explication, décide, lui, de ne point s'y présenter.

En ce 21 août, alors que, agenouillé, il s'appesantissait sur les dalles de terre cuite de la chapelle Saint-Jean, Richard se revoyait, quelques heures plus tôt, mettre pied à terre en plein cœur du campement des Francs, puis marcher jusqu'à la tente des négociations. Il y avait réuni le conseil des sages pour étudier avec eux la meilleure manière de contraindre le sultan à sa promesse, sans tuer le dialogue. S'il voulait obtenir la libération d'Eloïn, il devait, plus encore qu'auparavant, faire preuve de tact et d'un grand respect pour son geôlier. Or ce massacre était à l'inverse : un coup bas que Saladin ne pardonnerait. Il allait même à l'encontre de sa façon à lui, Richard Cœur de Lion, d'être, d'agir et de penser ! Que s'était-il passé entre cet instant où il avait soulevé le rabat de toile et celui où il avait constaté l'exécution de sa sentence ? Sa dernière perception était celle d'un crépitement sous son crâne, suivi d'une décharge foudroyante. À qui appartenait cette voix qu'il avait alors entendue ? Comment avait-elle pu prendre le contrôle de sa volonté ? Dans quel but ? Pourquoi ses proches, Jeanne, Henri de Champagne, Bérangère de Navarre, n'étaient-ils pas intervenus ? Il revit leurs regards effarés tournés vers lui sur la coursive de la tour. Utilisant son timbre, la voix les avait-elle fait taire ? Il était le roi. Qui pouvait, de fait, s'opposer véritablement à sa décision ? Certainement pas Merchadier qui lui obéissait comme son ombre. Il pressa ses tempes pour chasser les derniers effluves de sa migraine. L'odeur de l'encens allumé dans la chapelle Saint-Jean l'avait diluée au fil des minutes. Bientôt, il n'en resta plus rien.

Alors seulement, se substituant au remords, la peur s'installa. Implacable. Quelle autre abomination risquait-on encore de lui imposer d'exécuter ? Et surtout, quelles conséquences celle-ci aurait-elle sur le sort de sa bien-aimée ?

3

Palais d'Acre.
21 août 1191.

Bien que seulement âgé de vingt-six ans, Henri de Champagne était apprécié autant pour son grand esprit tactique, chevaleresque et courageux, que pour son altière stature, héritée de son père. S'y ajoutaient des traits vifs et nerveux, un nez droit, une abondante chevelure aux reflets auburn, et un regard franc, qu'il tenait cette fois de sa lignée poitevine. Le tout offrait aux regards fière et jolie allure.

Dès l'arrivée des rois de France et d'Angleterre sous les murs d'Acre, le jeune homme s'était trouvé pris entre deux feux. Fillot[1] d'Aliénor d'Aquitaine et de Louis VII par sa mère Marie, il avait pour oncles Richard et Philippe Auguste. Bien qu'il les appréciât communément pour des raisons différentes, il avait dû choisir son camp. Étant l'héritier du comté de Champagne depuis la mort de son père, c'était au roi de France qu'il devait allégeance. Philippe Auguste s'était d'ailleurs moult fois chargé de le lui rappeler lorsque Henri jugeait qu'il passait trop de temps à écouter le chant des

1. Petit-fils.

troubadours chez Richard. Pour sa défense, Henri possédait le meilleur argument qui soit : il n'était pas venu seul en Palestine, mais accompagné par le trouvère attitré de sa mère, Chrétien de Troyes. Ce dernier ayant déjà à son actif plusieurs romans arthuriens[1], le comte des Flandres lui en avait commandé et payé un autre. Il voulait que le héros poursuive cette fois une quête autant mystique que chevaleresque, laquelle lui ébranlerait le cœur tout en lui élevant l'âme. Après avoir en vain cherché ses mots, Chrétien de Troyes en avait déduit qu'il ne trouverait matière à romancer qu'en Terre sainte. Henri étant sur le départ, il lui avait proposé d'être de sa compagnie, afin, lui avait-il dit, qu'il puisse se rapprocher de son commanditaire et tirer un peu de substance de ses actions guerrières. Las, le comte des Flandres avait été emporté par les fièvres à peine Perzival, le personnage de Chrétien de Troyes, avait-il débuté son existence de papier.

Bercé par le trobar et la légende arthurienne dès le ventre de sa mère, Henri de Champagne appréciait tout particulièrement les Rudel. Dès lors, comment ne pas céder à l'envie de passer d'un camp à l'autre, en compagnie du trouvère, pour y échanger des heures durant avec sa tante Jeanne, la reine Bérangère, Jaufré, Eloïn ou Loanna, sans desservir ni la cause de la croisade ni son devoir de vassal ? Si le départ du roi de France l'avait soulagé de cet inconfort de posture, la capture d'Eloïn puis la dis-

1. *Érec et Énide, Cligès ou la Fausse Morte, Lancelot ou le Chevalier à la charrette, Yvain ou le Chevalier au lion.*

parition de Loanna et enfin celle de la petite Anne l'avaient autant bouleversé que Chrétien de Troyes.

Pour l'heure, bien que profondément affectées, ses pensées étaient ailleurs. Au-dehors de l'imposant castel d'Acre se dispersait encore la foule des badauds ayant assisté au massacre. Chacun le commentait à sa manière, dans le recueillement, l'indignation ou la satisfaction. S'en écartant, la reine Bérangère s'était rendue à l'église voisine pour prier, escortée par Chrétien de Troyes. Henri, lui, relayant le silence pesant de la bâtisse, venait de raccompagner sa tante Jeanne au seuil de ses appartements. Il s'apprêtait à la quitter lorsque, le visage triste, elle le retint par l'avant-bras.

— Cherchez la vérité, mon neveu.

C'était plus une supplique qu'un commandement. Il s'en trouva profondément chagrin.

— Elle est déjà inscrite aux pages des chroniques de cette guerre, je le crains.

Les traits de Jeanne se durcirent.

— Je me moque de ce qu'écriront le sire Ambroise ou ses pairs. Je connais mon frère. Ce massacre d'innocents lui ressemble d'autant moins qu'il amenuise ses chances de récupérer Eloïn. Il n'était pas lui-même tantôt. Vous me l'avez dit, vous qui avez assisté à ce conseil, vous qui, à mes côtés et à ceux de Bérangère, avez tenté d'infléchir sa décision.

L'image d'un roi aux yeux injectés de haine face aux sages puis évidés d'âme lui glaça de nouveau le sang. Il pesa de sa main gantée sur celle de Jeanne.

— À quoi songez-vous ?

Troué en son extrémité par une simple et longue barbacane[1], le corridor qui desservait les chambres restait baigné de pénombre et de fraîcheur. Jeanne s'y attarda quelques secondes. Rien ne vint troubler le silence. Malgré cela, elle s'approcha davantage encore de lui et tomba la voix :

— À cette liqueur d'opium dont mon père usa sur dame Loanna pour contrecarrer sa volonté. Nous l'avons évoquée ensemble avant son départ. Elle craignait qu'Eloïn n'en ait été abreuvée par le sultan, car c'est ici, en Palestine, qu'elle est fabriquée.

— Qui aurait intérêt à en user ? Qui aurait eu intérêt à ce massacre ?

— Ne sous-estimez ni les envoyés de Rome ni les partisans de Montferrat[2]. Les premiers ne pensent qu'à éradiquer sorciers ou infidèles, les seconds, à affaiblir la renommée et la puissance de Richard. Dans les deux cas, la mort d'Eloïn, de Loanna et de leur lignée les servirait.

L'idée était cohérente. Henri l'approuva d'un hochement de tête avant de biser la joue de sa tante.

— Je vais mettre Merchadier dans la confidence et veiller de mon côté à ce que Richard n'ingurgite rien qui n'ait auparavant été goûté. Si d'aucuns veulent recommencer à infléchir son tempérament, ils nous trouveront, Merchadier et moi, pour l'empêcher !

— Bien. Les Rudel faisant défaut à nos côtés, c'est à nous, et nous seuls, Henri, qu'il appartient désormais de protéger le roi.

1. Dans ce contexte, il s'agit de meurtrières pratiquées dans le mur.
2. Prétendant au trône de Jérusalem.

Elle le quitta sur ces derniers mots, refermant derrière elle la porte de ses appartements.

Henri trouva Merchadier aux écuries, occupé à vérifier la sellerie de Richard auprès de son nouvel écuyer, le précédent étant décédé d'une de ces fièvres qui balayaient le campement des croisés. Dès qu'il l'aperçut, le capitaine des routiers se détourna de son ouvrage, laissant le jouvenceau huiler le cuir pour empêcher le soleil de trop le craqueler.

— J'ai à vous parler, se contenta de lui signifier Henri, lorsqu'il fut sorti du box où le destrier de Richard, revenu avec son maître de son échappée, avait été bouchonné.

Indifférent aux nuées de mouches plates qui s'accrochaient au capuchon de son haubert, l'habit et les heuses[1] encore rougies du sang versé, Merchadier lui désigna l'issue lumineuse de cette bâtisse de planches, dans laquelle une centaine de chevaux, tous issus des meilleurs croisements, occupaient pages, palefreniers et écuyers de la maison royale. Chaque quartier, chaque seigneurie d'envergure possédait semblable écurie dans le campement. Toutes étaient solidement gardées à la nuit tombée.

— Je m'apprêtais à me rendre chez le forgeron, annonça Merchadier.

— Je vous accompagne.

D'un pas égal, les deux hommes traversèrent l'allée centrale. On s'y affairait, portant seau d'eau, brouettée de paille ou de foin. Ici on brossait crinière, là des robes. Ainsi qu'Henri l'avait constaté

1. Bottes.

en quittant la cité pour le campement anglais, le massacre de ces innocents n'avait fait que détourner chacun de ses tâches. Tous s'y étaient remis sitôt la tuerie achevée.

Ils se retrouvèrent dehors, dans une de ces ruelles encombrées qui desservaient les tentes proches du fortin de bois Mate-Griffon. Des tâcherons étaient occupés à empierrer les profondes ornières que les dernières pluies avaient creusées.

— Avez-vous vu le roi depuis qu'il est rentré ? s'enquit Henri en suivant la foulée impérieuse du routier.

L'homme, un colosse de muscles aux traits durcis par la guerre bien que joliment dessinés, lui jeta un œil de côté, sans pour autant réduire son allure.

— Il s'est bouclé dans sa chambre et refuse de recevoir quiconque. Moi moins qu'un autre. Je m'y attendais en vérité. Votre oncle n'aime pas les bourreaux. Même s'ils ne font que lui obéir. Il mettra quelques heures, voire quelques jours, avant de me rappeler.

Henri nota le léger infléchissement de sa voix à ce constat.

Comme beaucoup, il connaissait le lien sodomite qui unissait Merchadier à Richard. N'ayant réussi à en guérir ce dernier, l'Église fermait les yeux. Ses représentants se contentaient de le sermonner lorsqu'il venait à confesse. L'archevêque de Rochester, le plus virulent d'entre eux, ne cessait de couiner que le roi, marié à Bérangère de Navarre, se devait de donner des fils légitimes à l'Angleterre au lieu de s'appesantir au cou d'une sorcelière[1] ou, faute d'elle, de culer avec le diable. Henri, lui, n'avait jamais émis le moindre jugement à ce sujet. Merchadier aimait Richard d'un amour sincère. Quant à la reine Bérangère, Henri savait par son oncle lui-même qu'elle ne pouvait enfanter[2]. Les deux s'accommodaient d'Eloïn, Bérangère en lui vouant une tendre affection, Merchadier un profond respect. Quoi qu'en prétendent les abbés et l'archevêque de Rochester en particulier, Henri n'était pas certain que son oncle soit le plus mal placé pour entrer au paradis, en dépit de ce qu'il venait d'ordonner. La plupart des hommes, ici, faisaient bien pire, avec le pardon de l'Église qui plus est !

Ils approchaient du bâtiment, imposant, de la forge, duquel s'échappaient fumée, chaleur oppressante, gerbes d'étincelles et bruits assourdissants. Une trentaine de pas de plus et ils ne s'entendraient plus dans le vacarme qu'augmentait la querelle de deux chiens.

L'endroit était parfait pour cantonner ses confidences à leurs seules personnes. Il s'immobilisa pour contraindre le routier à faire de même.

— Si ni vous ni moi ne pouvons soulager le cœur du roi, plus que jamais il a besoin de nous.

Merchadier darda dans les siennes deux prunelles d'or brun. Henri y lut le remords qui le rongeait. Visiblement, le routier n'avait pas approuvé la décision de Richard. Il avait tenté sans doute, comme eux, de l'infléchir avant de s'exécuter, en serviteur

1. Fille d'une sorcière.

2. Voir *Richard Cœur de Lion*, tome I, *L'Ombre de Saladin*, XO Éditions, 2013.

aimant. Lors, sans plus attendre, Henri lui confia l'hypothèse que Jeanne avait soulevée.

Sitôt revenu de la chapelle de Saint-Jean-d'Acre et décidé à jeûner, Richard s'était planté devant la croisée de sa chambre. Celle qui donnait à l'est sur les collines, celle par laquelle il avait vu disparaître Loanna de Grimwald, puis son époux escorté de son fils. Les Sarrasins s'étaient précipités pour récupérer les cadavres, mais il en restait encore trop. Dans la plaine transformée depuis plus d'une année autant en champ de bataille qu'en fosse commune, la place manquait pour les enterrer. Les charognards ailés auraient beau s'activer la journée durant, ils ne suffiraient pas, sous semblable canicule, à empêcher la putréfaction des corps. Il fallait les brûler. Richard avait déjà eu à prendre cette décision quelques semaines plus tôt, lorsque, les batailles se succédant, le nombre des tués restés à se décomposer à ciel ouvert accroissait le danger d'épidémie. Bien évidemment, les représentants de l'Église s'étaient offusqués avant d'admettre que c'était l'unique solution pour parer au manque de temps, de cimetière et de fossoyeurs.

Le soir venu, après que Richard se fut usé les yeux à regarder ses hommes dresser les bûchers, y empiler les macchabées, déverser le naphte puis, munis de torches, enflammer le tout, il se décida enfin à réclamer la présence des siens. Le vent charriait une épaisse fumée noire et malodorante en direction du campement de Saladin lorsqu'ils furent annoncés à sa porte. Il referma le battant tendu de papier huilé.

Prêt à assumer leur incompréhension, il les fit

entrer. Jeanne, Henri, Bérangère, Merchadier et le romancier Chrétien de Troyes posèrent sur lui le même regard douloureux, mais à l'inverse de ce qu'il s'attendait, pas un seul ne sembla vouloir le juger.

Lors, repris de confiance malgré les battements désordonnés de son cœur, il les fit asseoir les uns à côté des autres sur le lit tendu d'une courtepointe tissée à ses armes. Ensuite de quoi il s'installa sur un tabouret qui leur faisait face.

— Racontez-moi, demanda-t-il simplement. Racontez-moi tout. Ce que j'ai dit et fait à partir de l'instant où j'ai passé le seuil de la tente des négociations.

— Ne vous en souvenez-vous pas ? se troubla Bérangère que Jeanne n'avait pas encore informée de ses doutes.

Richard la couvrit d'un œil poignant avant de secouer lentement la tête.

— Tout ce que je sais, ma reine, c'est que je ne suis pas celui que les actes ont révélé.

— Point n'était besoin de le rappeler, mon roi. Mon cœur vous connaît.

— Pourtant, le mien s'est perdu. Alors de grâce, Henri, Merchadier, vous qui avez assisté à ce conseil. Parlez.

C'est ainsi que Richard apprit l'effarement de ses chevaliers puis des religieux devant son poing venu écraser la table, sa belliqueuse opposition au maintien des négociations que lui-même s'était apprêté, quelques minutes plus tôt, à défendre. C'est ainsi qu'il découvrit que seul le clan de Montferrat était demeuré silencieux face à son imprévisible fureur, considérant qu'il était temps de montrer à Saladin de quoi ils étaient capables. Il entendit la frustration des siens devant son regard évidé de compassion, devant son mépris de leurs suppliques puis de celles des condamnés. Il accusa leurs révélations, blanc de visage, le front baissé. Pourtant, rien dans le ton de leur voix ne trahit le dégoût que lui-même s'inspirait. Il attendit qu'ils aient terminé pour redresser le menton et affronter la buée revenue dans les yeux de Bérangère. Alors seulement, prenant la parole à son tour, il leur raconta la voix dans sa tête, le remords et la peur que son crime lui coûtait.

Lorsqu'il eut achevé sa confession, leurs larmes silencieuses avaient rejoint les siennes. Ils vinrent l'entourer, tomber à ses genoux et lui dire combien ils étaient coupables autant que lui de n'avoir compris plus tôt sa vérité. Puis Jeanne exposa sa théorie, Henri l'approuva et Merchadier grinça :

— J'ai vu en son temps auprès de Jaufré Rudel les méfaits de cette liqueur sur dame Loanna. Qui la possède et en a usé sur vous, sire, connaîtra l'enfer sur cette Terre dès lors que je le tiendrai.

Rasséréné par l'affection dont on le couvrait, Richard sentit ses épaules s'alléger. De la couleur regagna ses traits. Sur l'instant, sa décision fut prise.

— Priez avec moi chaque jour pour le salut de ces innocents que j'ai fait occire. Furetez aussi autant qu'il le faudra et chacun de votre côté pour découvrir qui se cache derrière cette voix. Mais avec la plus grande prudence et la plus grande discrétion. Nul, à moins que je ne le décide, ne doit apprendre que cette décision ne fut pas mienne. Dans l'intérêt de l'ost et des Rudel, je préfère passer pour cruel et sanguinaire que pour fou.

Ils en étaient arrivés aux mêmes conclusions. Si bien que lorsqu'ils se quittèrent, longtemps après que le couvre-feu eut sonné, ils étaient plus complices que jamais.

Cela ne suffit pas pour empêcher les partisans de Montferrat de prétendre que le roi avait été possédé par le diable ce jour-là.

Cela ne suffit pas pour, quelques jours plus tard, sauver les trois mille chrétiens qu'en réponse, Saladin exécuta.

Lorsque Richard lui demanda, par courrier, si Eloïn en faisait partie, il obtint cette réponse laconique : « Rares sont les fleurs qui résistent aux terres brûlées. »

Bouleversé, il s'emmura dans un masque de froideur, celui-là même que la voix lui avait dessiné. Quelques jours plus tôt, il avait écrit à sa mère pour lui faire part de la disparition d'Anne et des Rudel, insistant pour qu'elle se rende à Brocéliande afin d'infirmer la vision d'Eloïn. Il continuait d'espérer que sa réponse lui rendrait force d'âme. En attendant, il abandonna sa sœur et son épouse dans la cité d'Acre sous la garde d'Henri, puis, fort du pouvoir que procure la cruauté sur les plus récalcitrants, il fit lever le camp. Saladin venait de déplacer le sien en direction de Joppé[1]. Si Eloïn était toujours en vie, le sultan l'avait forcément entraînée dans son sillage.

Il ne la lui laisserait pas.

1. Jaffa.

4

Châtellenie du Vitrezais, en terre d'Aquitaine.
5 décembre 1191.

Dans la salle de festoie de ce petit castel, érigé entre les palus de l'estuaire de la Gironde, les champs de céréales et la forêt, Aliénor d'Aquitaine venait d'achever sa lecture à voix haute. Les feuillets de parchemin repliés, elle les rangea dans son aumônière[1], sous son mantel de voyage. Malgré le rayonnement de la cheminée toute proche, elle frissonna. Rien ne parvenait à la réchauffer depuis qu'en la cité de Poitiers où elle résidait, elle avait, la première, pris connaissance de cette lettre.

Au fil des nouvelles données par Richard Cœur de Lion, les traits des châtelains, Gwalf Letors et dame Clothilde, son épouse, s'étaient décomposés. Près d'eux, tout aussi défaite, bien qu'avertie depuis quelques heures, se tenait Agnès de Blaye. Aliénor était allée la quérir en son château au matin, avant de l'entraîner avec ses deux enfants, Hélie, âgé de quinze ans, et Mélisande, de douze, chez leurs voisins. Pendant quelques secondes, seul

1. Petite bourse de cuir ou de tissu portée à la ceinture.

le rire du fils de la maisonnée, un enfançon nain de dix-huit mois courant maladroitement après un chaton joueur, troubla le silence installé entre eux. Comme si chacun tentait de repousser l'inévitable. Et puis, le dos voûté par le poids de l'évidence, Gwalf dodelina de la tête, selon une vieille habitude, avant, enfin, de croiser son regard.

— Ils n'ont pas voulu que je les accompagne. Je le leur avais dit pourtant ! Gwalf est petit, si petit que personne ne le remarque, c'est pour cela qu'il voit tout, qu'il peut tout quand les grandes jambes s'empêtrent.

— Ne vous reprochez rien, Gwalf, soupira Agnès, sa jovialité naturelle rabattue par la fatalité. J'ai été de leur avis, insistant pour que vous restiez en ce domaine, auprès de votre famille, nous garantissant à tous, par votre gestion sans faille et votre amitié, un voisinage sécurisant. Ils savaient, et nous le savions aussi, que cette guerre pouvait nous les prendre…

Sa voix se brisa, ce qui attira instinctivement à ses côtés le soutien aimant de ses enfants. Leurs mains se nouèrent aux siennes, tremblantes, tandis qu'elle s'obligeait à poursuivre :

— Depuis des mois, privée de courrier, je me préparais à de méchantes nouvelles, mais point à celles-ci. Mon époux, mon fils, ma belle-mère, mon beau-père, mon neveu, ma nièce ! Même si les faits sont là, je ne puis croire qu'ils aient tous disparu.

Face à elle, Gwalf était de plus en plus blême, le regard perdu bien au-delà des murs de pierre aux veines ocrées de cette pièce, si chaleureuse d'ordinaire avec ses tapisseries colorées, son sol carrelé de terre cuite et ses meubles en aulne. Comme pour préserver un peu de la présence des Rudel en ce lieu, un bouquet séché pendait à la poutre maîtresse du plafond, conservant dans la pièce ce parfum de lys que Jaufré aimait à porter.

Une servante chargée d'un plateau glissa entre eux. La gorge serrée, Aliénor accepta le hanap d'eau fraîche qu'elle lui offrit. Elle se contenta d'en avaler une gorgée, pour s'éclaircir la voix. Rien d'autre ne passait. De chagrin, elle avait maigri de douze livres.

— Début août, soupira-t-elle, on m'a rapporté qu'un gigantesque incendie avait ravagé une grande partie du cœur de la Bretagne, rongeant les forêts, détruisant les villages et repoussant ses habitants vers les côtes. Si j'en ai été marrie comme de tout malheur affectant le royaume, pas un instant je n'ai douté que Brocéliande en avait réchappé. Ce n'est qu'après la lecture de cette lettre que je me suis inquiétée. Nul n'a su m'expliquer la cause du brasier. Excluant le foudroiement d'un arbre mort comme c'est souvent le cas, il advint par une aube claire, celle-là même qui vit la disparition de Loanna et de la petite Anne.

Elle déglutit, se souvenant de ses pas lourds au milieu des ruines du château du lac.

La voix de Gwalf trembla :

— Voulez-vous dire que la vision d'Eloïn...

— ... est vérité ? Hélas, Gwalf. J'ai traîné ma détresse dans ce qu'il subsiste de Brocéliande avant que de vous rejoindre ici, d'un trait.

Le petit homme devint cramoisi.

— C'est impossible, Votre Majesté. Vous le savez bien que c'est impossible... Il faudrait...

Un sanglot lui barra la gorge. Ses yeux roulèrent de son épouse qui sanglotait à son fils qui jouait, puis à la famille Rudel, ravagée, avant de s'arrêter dans le regard douloureusement éteint d'Aliénor.

Une colère sourde le submergea.

— Alors quoi ? Elle disparaît et vous l'enterrez ? Non. Gwalf le sait ! Dame Loanna ne peut être trépassée !

Prise d'un vertige, Aliénor ferma les yeux une fraction de seconde. Lorsqu'elle les rouvrit, ils étaient emperlés de larmes.

— Quelle autre explication, Gwalf, pour justifier que Brocéliande ait été ainsi privée de protection, du souffle de magie que Loanna y entretenait ? Même durant son exil, nul, à l'exception de ses enfants, n'a réussi à y pénétrer.

Il écrasa violemment son poing sur la table, plus basse qu'en d'autres demeures. Indifférent à leur sursaut, il recommença avant de reculer d'un pas, un pli féroce barrant son front parsemé de boucles noires.

Il battit l'air plombé d'un index bagué.

— Gwalf vous le redit, Majesté. Vous ne la connaissez pas comme il la connaît. Aucun d'entre vous !

Aliénor ne s'en offusqua pas. Elle se contenta de soupirer, l'âme écartelée :

— Elle et moi avons partagé quarante années de complicité...

— Pas ces quinze dernières, pas l'appel de Marmiadoise, pas l'ire de Saladin, pas ses confidences de guerrière. Gwalf ne sait ce qui permit la destruction de Brocéliande, mais, tout petit qu'il soit de stature, il peut affirmer que ses maîtres sont en vie, quelque part en Terre sainte !

Il se frappa la poitrine.

— C'est là. Là que Gwalf le sait. Et s'il le faut, il s'en ira le prouver !

Un miaulement agressif, suivi d'un hurlement, leur fit détourner la tête en direction d'un des angles de la pièce. Le petit Galaad venait de se faire griffer par ce chaton qu'ayant enfin réussi à attraper il avait tenu serré trop fort contre lui. La joue de l'enfançon s'ornait d'un fil rougissant qui fit se précipiter Clothilde vers lui. Elle l'enleva dans ses bras, vérifia que la blessure était superficielle, le rassura d'un bercement avant de pivoter vers son époux. Même si la colère de Gwalf avait été fauchée par l'incident, une détermination farouche habitait toujours son regard de sienne brûlée.

— Est-ce à dire que tu vas nous quitter à ton tour, Gwalf Letors ?

Il baissa les yeux face à la peur qu'il put lire dans les siens, se mit à dodeliner d'un pied sur l'autre avant de se stabiliser brusquement et de l'affronter.

— Seul Gwalf connaît leurs anciennes caches, leurs codes et lieux de ralliement, les habitudes de leurs amis et les manières de leurs ennemis, Saladin le premier. Seul Gwalf peut les retrouver. Devrait-il y renoncer ?

Clothilde s'avança, le petit Galaad blotti dans ses bras.

— Non, mon mari. Car alors tu ne serais plus celui que j'ai épousé. Si tu es sûr de toi, sûr qu'ils sont toujours en vie et qu'ils ont besoin de toi, alors va. Va. Même si tu ne devais plus, à ton tour, me revenir.

Ils s'enlacèrent spontanément, l'enfançon entre eux. Le cœur d'Aliénor n'en finissait plus de lui marteler la poitrine. Elle lisait soudain espoir si grand dans les yeux d'Agnès, de ses enfants. Elle aurait tant voulu le partager. Elle toussota derrière son poing fermé, forçant les seigneurs du Vitrezais à s'écarter l'un de l'autre, un fard aux joues. Clothilde s'empressa de reposer son fils, qui, sa frayeur passée, réclamait de rejoindre le chaton.

Se débarrassant de son hanap toujours plein, Aliénor vint se planter devant le petit homme.

— Cet élan vous honore, Gwalf, et vous fait plus encore mériter la confiance qu'ils mirent en vous ; cependant plusieurs mois ont passé depuis que cette lettre a été rédigée. Qui sait ce qu'il en est ce jourd'hui ? Sans compter qu'en cette saison vous ne trouverez plus un seul maître d'équipage pour vous embarquer. Je suis prête à vous donner escorte et subsides substantiels, mais pour l'avoir accompli l'hiver dernier, je sais qu'il vous faudra au moins cinq mois d'un voyage harassant par voie de terre, et un de plus en mer pour, depuis Messine, gagner Acre. C'est bien trop, je le crains…

Un sourire triste égaya la face du petit homme.

— Trois mois à compter d'aujourd'hui, Votre Majesté. Sauf votre respect, il n'en faudra pas davantage à Gwalf pour gagner la Palestine.

Elle sursauta.

— Auriez-vous capturé puis dompté le vol d'un dragon pour afficher tant de certitude ?

— Ma foi, c'en est un qui orne la proue de la galée à laquelle Gwalf songe. Quant au pirate qui la mène, il sait se montrer aussi impitoyable envers ses ennemis que fidèle en amitié. Traverser la Méditerranée maintenant l'inquiétera moins qu'il y a un mois. Le plus dangereux des tempêtes est passé. Pour les Rudel, il épuisera ses hommes d'équipage mais restera debout, sûr de sa manœuvre, sûr de sa chance, aussi déterminé à les sauver que Gwalf l'est.

Pour la première fois depuis de longs jours, Aliénor sentit un semblant de confiance la regagner.

— Normand ?

— De la meilleure espèce. Des yeux d'océan, taillé pour l'aventure et une crinière aussi blonde que les blés. Il a été jugé pour avoir lu des textes hérétiques, les avoir recopiés en secret puis vendus hors les murs de la bibliothèque de son abbaye.

— Bigre ! comment a-t-il croisé la route des Rudel ?

Un petit rire échappa à Gwalf.

— Disons qu'on s'apprêtait à le mettre au bûcher et que dame Loanna l'en a sauvé. Gwalf ne peut en révéler davantage mais, à dater de là, leur amitié était soudée. Les maîtres de Gwalf ont retrouvé Bernard le Haut à Venise, par hasard, à l'heure où ils revenaient d'exil. Il nous a aussitôt embarqués puis déposés à Marseille avant de nous indiquer qu'il s'y présenterait le 20 de chaque mois, pour le cas où nous aurions besoin de lui. D'une manière ou d'une autre.

Câlin, Galaad venait de tendre ses petits bras vers Agnès, comme chaque fois qu'elle leur rendait visite. Elle l'enleva du sol. Aussitôt, selon son habitude, il cacha son visage sous la longue tresse qu'elle portait au côté. Le cœur du petit homme se serra.

— Gwalf vous les ramènera, dame de Blaye. Loanna, Jaufré, leurs enfants et le vôtre. Il vous en fait serment. En échange, continuez à prendre soin des siens. Quoi qu'il puisse arriver.

— Rien ne manquera en Vitrezais, sinon vous, mon ami, affirma-t-elle, émue aux larmes.

— Alors c'est décidé, martela-t-il. Gwalf partira demain. Au lever.

Aliénor hocha la tête, un éclat regagné dans son regard d'émeraude.

— Avec à sa tête le chevalier Aimery de Ulster en lequel j'ai toute confiance, mon escorte devient désormais la vôtre, Gwalf. Puissent les vents vous pousser sans vous oppresser et nos attentes être comblées par votre ténacité.

C'est ainsi qu'un petit homme devenu grand de destinée quitta sa maisonnée.

À l'heure où, sur le navire de Bernard le Haut, il partait de Marseille pour la cité d'Acre, un routier du nom de Pierre Basile en revenait. Il ramenait au prince Jean d'Angleterre bien plus qu'un trophée.

5

Castel de Nottingham, Angleterre.
18 décembre 1191.

Jean tournait et retournait l'épée d'Arthur entre ses mains jointes et gantées. Il en rêvait depuis qu'elle avait jailli des flots à Tintagel. Depuis qu'il avait vu sa magie hésiter entre son demi-frère Geoffrey et Philippe de Falconbridge, le bâtard du roi Richard. Jean, le cadet des enfants d'Aliénor d'Aquitaine et d'Henri Plantagenêt, avait fait plus que convoiter Caliburnus : il s'était nourri de la haine à l'égard de Loanna, certain que cette dernière avait influencé le choix du nouveau maître de l'épée. Il renforça sa tenaille autour de la poignée cuirassée puis taillada le vide devant lui, indifférent au sourire amusé de Pierre Basile. Il avait reçu le routier sitôt son arrivée, renvoyant les hommes avec lesquels il s'entraînait. Les murs de la salle d'armes dans laquelle ils se trouvaient, seuls à présent, étaient couverts de râteliers richement garnis. Les épées à deux mains voisinaient avec les braquemarts, les dagues, les fléaux, les masses, les haches ; les carquois emplis de flèches avec les carreaux ; les arcs, les arbalètes avec les piques ou les lances. De quoi armer solidement les nombreuses garnisons de gardes qui faisaient ronde sur les coursives. Après que sa mère se fut emparée du château de Tintagel avec une maigre troupe et l'ait acculé à merci, Jean s'était appliqué à ce que chacun des lieux où il séjournait soit imprenable. La trompant de promesses et de présents, il avait constitué, dans la plus grande discrétion, de quoi répondre à toute nouvelle menace de sa part. Mieux encore, de quoi lui déclarer bientôt une guerre ouverte. Il possédait désormais les armes, les fonds et les hommes pour cela. Seule Caliburnus manquait jusque-là à son argument. Ainsi que le soutien du roi de France, Philippe Auguste. Les deux venaient de lui être offerts en moins d'une heure.

Il pivota vers son visiteur. Une fesse posée avec négligence sur un coffre à hauteur de taille, Pierre Basile ne cilla pas lorsque Jean se fendit dans sa direction, bloquant le coup d'estoc à deux pouces seulement de son surcot de cuir épais. Tout au contraire, fidèle à sa réputation, le mercenaire lui décocha une œillade, aussi cynique que le ton de sa voix :

— Prenez garde à vous, prince. À vouloir trop jouer avec elle, vous finiriez par vous blesser.

Jean abaissa la pointe pour la ficher au sol. Négligeant le filet de sueur qui lui ruisselait du front sous le heaume de mailles qu'il portait toujours lors des échauffements, il darda deux prunelles incisives dans celles du routier.

— Si l'efficacité dont vous faites preuve me laisse vous autoriser quelques impertinences, je vous déconseille de trop en abuser. Donnez-moi plutôt des nouvelles de mon frère et de son bâtard d'héritier.

Pierre Basile appuya une main gantée de noir sur son genou rehaussé par sa posture inconfortable, amoindrissant ainsi la vivacité avec laquelle il eût pu bondir en cas de danger. Il n'en craignait aucun en ces murs. Quoi qu'il prétende, Jean, désormais le plus souvent désigné par son titre de comte de Mortain, avait trop besoin de lui encore.

— Me débarrasser du second ainsi que de Godefroy Rudel et de l'épée Durandal fut facile. Lorsque j'ai découvert qu'ils avaient retrouvé ma trace à Venise, je n'ai eu qu'à laisser croire à mon embarquement sur un navire marchand en partance pour Acre. Ils se sont aussitôt lancés à ma poursuite sur un autre qui levait l'ancre.

— Vous auriez pu vous en débarrasser à terre.

— Pourquoi aurais-je risqué d'attirer l'attention sur moi ? Une simple rumeur a suffi pour qu'un pirate se mette en chasse. Je sais qu'ils ont été capturés par lui. Ni l'un ni l'autre n'a reparu depuis.

Jean sentit une bouffée de plaisir enflammer sa chair. Voici comment il aimait les affaires : rondement et intelligemment menées.

— Et Richard ?

— Surprotégé jusque-là. Rassurez-vous, son heure viendra. J'ai veillé à ce que tout ce qu'il chérissait lui soit pris. À présent il est seul au mitan d'une armée décontenancée par ses actes irréfléchis. Jugez-en plutôt : voyant que Saladin refusait finalement de lui rendre la si délicate Eloïn, il a ordonné le massacre de ses prisonniers sarrasins. Plus de trois mille hommes, femmes, enfants, vieillards…

Jean sursauta.

— Richard ? Richard coupable de tels actes ?

— L'amour est un mauvais maître. Croyant infléchir le sultan, il n'a attisé que sa vengeance.

— Eloïn ?

Pierre Basile accorda à la jubilation du prince un rictus de condescendance.

— Non. Elle demeure trop précieuse à Saladin. Et tant mieux pour vos affaires, car le roi d'Angleterre est davantage préoccupé d'elle que de Jérusalem. À l'heure où j'ai quitté la Palestine, nombreux étaient les chrétiens qui baissaient un front amer et vengeur sur son passage. Parmi eux, outre les féaux du roi de France, on trouvait les plus grands de la noblesse anglaise et du clergé. En courant au cul de sa belle, votre frère signe chaque jour davantage sa perte. Ils sont plus d'un à rêver d'en être débarrassés. Ce n'est qu'une question de temps. Face à cette évidence, j'ai jugé plus opportun de vous rapporter l'épée. D'autant que, je l'ai appris en chemin, votre mère a survécu à la morsure d'un serpent que j'avais eu soin de glisser en sa couche. Pour avoir assisté sur place aux premiers effets d'un des venins les plus meurtriers d'Orient, j'avoue avoir du mal à comprendre ce qui l'en a sauvée. À ma connaissance, il n'existe aucun antidote.

Jean plissa les yeux. Rien n'avait filtré de cette tentative d'assassinat. Aliénor ne s'en était pas vantée. Il secoua la tête, le souvenir de l'incendie de Brocéliande devant les yeux.

— La magie qui la protégeait alors n'existe plus. J'y ai veillé.

Pierre Basile se laissa glisser sur l'arrondi du couvercle du coffre, tel ces reptiles dont il savait user. Il se dressa devant Jean, l'œil redevenu sournois.

— Tant mieux ! Je déteste le travail inachevé...

Jean balaya l'air d'une main trop rapide.

— Non. Je veux qu'elle assiste à mon triomphe. Ainsi il sera plein et entier. Votre savoir-faire me sera plus utile ici. Il existe suffisamment d'importuns dans mon entourage. D'importuns ou d'indécis. Si Richard a le mauvais goût de survivre à cette croisade, vous reprendrez notre affaire là où vous l'avez laissée. Jusque-là, croyez-moi, j'ai de l'ouvrage à revendre.

— Cela tombe bien, comte de Mortain. Je suis tout prêt à me racheter, lui rétorqua Pierre Basile, d'une froideur d'acier.

Jean lui coula un bras autour des épaules. Malgré la répugnance qu'il en éprouva, Pierre Basile le laissa l'entraîner dans son pas et susurrer :

— Mon demi-frère est ici en visite. Il se remet mal d'une noire action que je l'ai contraint à mener. Il m'est tout dévoué, je n'ai aucun doute à ce sujet, cependant je crois qu'il serait judicieux que vous l'épauliez, ne serait-ce qu'en lui remettant cette lame. C'est à lui qu'elle a, depuis toujours, été destinée.

Pierre Basile leva un sourcil interrogateur. Jean y répondit par un petit rire satisfait.

— Parce que vous avez su la servir sans la moindre défaillance, ma confiance vous est totalement acquise. Je vais donc vous révéler mon secret. Geoffrey Plantagenêt est le seul être sur cette Terre pour lequel j'éprouve une profonde affection. Il est ma faille. Ma seule faille. Faites en sorte que jamais je n'aie à souffrir de l'avoir acceptée.

Pierre Basile se contenta de hocher la tête puis de lui ouvrir la porte, tel le serviteur qu'il était.

Le regard d'un gris moussu de Geoffrey Plantagenêt suivait le mouvement en spirale des feuilles rousses emportées par un vent de noroît. Il avait plaqué un nez légèrement busqué contre les carreaux de la croisée de sa chambre, cherchant, comme souvent dans ses moments de désarroi, une justification réelle à ses actes passés. Il ne les regrettait pas, là était son tourment. Il revoyait le corps tordu de souffrance de l'intendant du château du lac en Brocéliande. Il entendait ses hurlements, le brame désespéré des animaux fuyant les flammes. Il se souvenait d'une licorne, délicate et blanche, qui, sans broncher, avait accepté de disparaître tandis qu'avec Jean il s'éloignait au grand galop de la forêt. Il n'était pas une nuit sans que le même cauchemar vienne le hanter. Aristophane Bec, calciné au milieu des pierres éclatées du castel, le regard fixe, dans le sien. « Pourquoi ? » gémissaient ses lèvres noires collées au crâne. « Parce que tu le méritais », s'entendait-il répondre, sans hésiter. Cela suffisait à chasser l'image, à ce qu'une autre s'y superpose. Celle de sa mère, prostrée dans une tombe, les traits ravagés. Elle levait les yeux vers la lumière qu'il balayait d'une main molle, posait la même question. Il cherchait en lui une once de tendresse pour apaiser cette froidure qu'il percevait en elle. Il n'en trouvait aucune. L'obscurité retombait. Il s'éloignait, les mêmes mots en bouche. Elle le méritait. Au matin, il s'éveillait, l'esprit ancré sur cette certitude, revêtait sa chape d'archevêque, donnait la messe, s'accordait aux obligations de sa charge, le cœur traversé par instants du même sentiment ambigu. Il servait Dieu avec autant de dévouement qu'il avait servi le diable, et l'un comme l'autre semblaient s'en accommoder. Non, Geoffrey Plantagenêt ne regrettait rien. Mais ce rien était tout. Comment pouvait-il se satisfaire d'avoir été absous, de n'éprouver aucun remords après ce qu'il avait fait ?

La porte s'ouvrit dans son dos. Il pivota aussitôt sur ses heuses. Lorsqu'il rendait visite à Jean – souvent depuis leur méfait –, il laissait chape ou coule en la cathédrale d'York, revêtait ces vêtements virils qu'il affectionnait, et redevenait un homme. De chair, de sang, de culpabilité forcée. Pour que Jean l'aide à éprouver cette dernière, dans la luxure s'il le fallait.

Devant l'homme qu'introduisit son frère, Geoffrey fronça les sourcils. Il l'avait déjà rencontré. Où ? chercha-t-il tandis que Jean le lui présentait. C'est en le voyant tendre Caliburnus qu'il se souvint. Dans ses songes. Oui, dans ses songes. Aux portes d'un cachot profondément enterré. Rattrapé miraculeusement par un lien brisé, son cœur s'emballa dans sa poitrine. Avant même que de saisir la lame qu'on lui offrait, il s'exclama :

— Ma mère... Loanna de Grimwald. Que lui avez-vous fait ?

La réponse fusa, dans un haussement d'épaules, le renvoyant aussitôt à sa propre vérité :

— Rien qu'elle ne méritait.

6

Ramla, terre de Palestine.
13 janvier 1192.

Richard se trouvait attablé devant une écritoire de fortune, sous cette tente de cuir épais détrempé par les pluies qui s'abattaient sans discontinuer depuis des jours. Malgré la pelisse lainée qui recouvrait son chainse de nuit, l'humidité excessive du lieu réveillait chacune de ses blessures. Trompant la fermeture de son refuge, un vent coulis en soulevait les pans et venait agacer la flamme de la lampe à huile posée à sa dextre. Il frissonna, retint le mouvement de ses doigts prêts à noircir la feuille de parchemin sous la phrase précédente, releva le menton, plissa le nez, le tordit quelques secondes, puis, vaincu une troisième fois, détourna la tête de côté pour éternuer. Rien à faire. Ce refroidissement refusait de céder. Trois jours qu'il reniflait, suait sous sa cotte de mailles, harcelé par des poussées de fièvre. Trois jours qu'il mouchait, toussait, crachait, comme bon nombre de ses hommes, prisonniers de cette fange boueuse qui cernait la cité détruite. Il reprit de l'encre. Après de longs mois de silence, il destinait cette lettre à sa mère.

Malgré le vacarme de la tempête qui interdisait toute conversation dans le campement des croisés, il perçut le crissement de la plume sous la course de ses doigts. Son cœur se serra. Chaque mot qu'il couchait était un souvenir qu'il aurait préféré oublier.

« ... *N'ayant plus subi le joug de cette voix infernale, ni réussi à découvrir qui eût pu se dissimuler derrière, il m'arrive maintenant de douter l'avoir entendue. J'en viens à me demander si je n'ai pas simplement souffert d'un de ces accès de folie qui prenaient parfois mon père et dont Jean s'accommode à outrance. Ne suis-je point un Plantagenêt ? Il me faut l'assumer. Je porte sur la conscience l'injuste et horrible fin de ces innocents. Lors, claquemuré dans mon armure, j'avance, devenu, aux yeux de tous, ce lion prédateur qui orne mon écu*[1]. *Le remords me ravage autant que le vide laissé par le silence des Rudel. Jeanne, Bérangère, Merchadier, Henri de Champagne et Chrétien de Troyes partagent ma douleur. Eux seuls ont toute ma confiance. Bien qu'ils m'aient renouvelé allégeance, les autres détournent les yeux lorsqu'ils croisent mon regard. Pourtant nous sommes en guerre et tout y est justifiable à qui assume, de tempérament, sa cruauté. Fût-elle venue d'un autre, ils auraient à peine cillé. Mais parce que ma grandeur d'âme faisait leur fierté, ils m'en veulent. D'autant plus que Saladin tua, par représailles, les chrétiens qu'il gardait en ses geôles. Parents, amis, familiers, mes gens attendaient de les revoir comme j'attends toujours Eloïn. Comment pourrais-je me le pardonner ? L'évêque de Rochester m'a condamné à trente-trois années de purgatoire en expiation de mon crime, et de ceux que j'allais commettre encore dès lors que je n'étais capable de me guérir de "cette sorcelière" d'Eloïn. Sorcelière !*

1. Bouclier.

Elle ! Ma douce, ma lumière, ma blanche, la mère de mes enfants ! Que répondre à cette accusation pourtant ? Que, sans elle, le roi d'Angleterre est privé de son âme ? J'abonderais dans le sens de ses détracteurs, hélas. La vouerais au bûcher dans cette chasse à l'hérésie que notre croisade a réveillée. Seule vous, qui aimez si chèrement dame Loanna, pourrez comprendre que je ne peux renoncer à elle, à obtenir de ses nouvelles, à retrouver sa famille et la nôtre. Peu de temps après cette sentence ecclésiastique, Conrad de Montferrat m'a reproché de mettre plus d'ardeur à les rechercher qu'à marcher sur Jérusalem. Bien qu'il m'inspirât de l'aversion, je n'ai pu lui en tenir rigueur. Il disait vrai. Le sultan s'étant mis en chemin pour Joppé[1]*, j'en ai fait autant. Mais les mamelouks s'activèrent tant à freiner notre avancée au long de la côte qu'au mépris de ma cotte de mailles je fus blessé dans le gras de l'épaule, le 3 septembre, par la violence d'un javelot lancé depuis leurs rangs. Si je n'avais retenu Merchadier, il aurait fendu ces diables pour en égorger le coupable ! Fi d'inquiétude, mère. Ma blessure se cicatrisa d'elle-même, lorsqu'un messager vint m'annoncer que Saladin avait décidé enfin de nous livrer bataille le 7, dans la plaine d'Ascour.*

« Vous connaissez mes talents de stratège. Je voudrais pouvoir dire qu'ils enlevèrent la victoire. À la vérité, je n'en sais rien. Mes ordres fusèrent, se contredirent, frappèrent, d'instinct. Je ne souhaitais, moi, qu'un tête-à-tête avec Saladin.

« — Rendez-moi Eloïn Rudel, beuglai-je lorsqu'il fut à portée de voix.

---

1. Jaffa.

« — Livrez-moi sa mère ! répondit-il.

« — Vous la détenez déjà.

« — Par la barbe du Prophète ! je jure que non.

« — Elle a quitté mes rangs pour gagner les vôtres, je vous l'ai dit.

« — Elle n'y est jamais venue !

« Tout cela entrechoqué de coups d'épée et de feintes, nos chevaux s'approchant l'un de l'autre pour mieux s'en écarter. Craignant que ses hommes ne se vengent sur Eloïn si je venais à occire le sultan, je retenais mes coups. Il eût pu profiter de cet avantage qu'augmentait ma récente blessure. Il ne le fit pas. Au contraire. Ce jour-là, par l'élégance qu'il mit, de son côté, à ne point l'aggraver, j'acquis la certitude qu'il était homme d'honneur. Et que dame Loanna, tout comme son époux et son fils dont je n'avais plus reçu de nouvelles, avait bel et bien disparu entre notre campement et le sien. Je ne pus en apprendre davantage sur ma bien-aimée, hélas ! Me croyant en danger, Merchadier accourut avec d'autres, mettant fin à cet échange. Saladin fila au loin avec son armée, mise en déroute. Trois jours plus tard, Joppé se livrait à nous. Le 10, après avoir, une nouvelle fois, échappé à la camarde grâce à Guillaume des Préaux qui se laissa capturer pour faire diversion, je me rendis à la raison. Mes hommes étaient épuisés de cette guerre que je menais contre tout bon sens. Ils continuaient, Merchadier en tête, par habitude plus que par goût, à me protéger des autres, sans parvenir à me guérir de moi-même. Ce ne pouvait durer. Je conduisis Bérangère et Jeanne à Joppé, entrepris de reconstruire la cité, endommagée par les Sarrasins.

« Mais, plus que tout, j'avais besoin de rouvrir ce dialogue avec Saladin interrompu sur le champ de

bataille. Le 17 octobre, je fis porter deux lettres à son frère placé aux avant-postes. La première, officielle, rappelait au sultan combien tous nous étions épuisés. Les morts se comptaient par milliers des deux côtés, le pays n'était plus que ruine, les cours d'eau viciés par les charniers, les champs par le sang versé. Il devait rendre la Vraie Croix, symbole de la Chrétienté, dont il s'était emparé dans les gorges de Hattin quelques années plus tôt et qu'il gardait en trophée. Il devait se retirer de Palestine. Alors seulement, nous pourrions jouir d'une paix reconstructrice. Il refusa de céder. Pouvais-je lui reprocher ses arguments ? Son attachement à la Ville sainte qui avait vu le prêche puis l'élévation au ciel de Mahomet ? Quant à la Croix, disait Saladin, elle ne pourrait être remise à la Chrétienté qu'en échange d'un avantage considérable pour l'Islam tout entier[1]*.*

« La seconde missive, officieuse, lui racontait l'étrange disparition des Rudel, insistant sur la nécessité, puisqu'il s'y prétendait étranger, d'une alliance, hors cette guerre, afin d'en découvrir les coupables. Enfin, oubliant tout orgueil, je l'y suppliai de me donner d'autres nouvelles d'Eloïn.

« En retour, je reçus la visite d'un ambassadeur. Remplaçant Jaufré Rudel en cette fonction, Onfroy de Toron nous servit d'interprète. Le frère du sultan se montra sans équivoque. Saladin espérait, autant que moi, retrouver les Rudel vivants. Preuve m'en fut donnée dans le billet que Malik al-Adîl me remit. Ma tendre aimée y affirmait se porter bien. Elle compensait la tristesse de sa captivité par l'étude des ouvrages

1. Citation du chroniqueur arabe Bahâ ad-Dîn.

d'une prodigieuse bibliothèque. Elle me confirmait que la magie refusait de renaître en elle, qu'aucun des siens n'avait été vu au camp de Saladin et qu'elle reprenait espoir en nos recherches communes.

« Par ces quelques mots, le manque d'elle me poignarda. Deux jours durant, cherchant à vaincre ce chagrin qui m'avait peut-être, sans que j'en soupçonne la noirceur, poussé au massacre, je refusai de croiser quiconque, laissant Malik al-Adîl aller et venir à sa guise dans la cité de Joppé en chantier. Lorsque je réapparus, ce fut pour entendre l'étrange requête de ma sœur Jeanne. Elle s'était éprise, d'un seul regard, du diplomate et m'invitait à la proposer en épousailles pour sceller la paix avec le sultan. Je ne pouvais rêver mieux pour entamer de nouvelles négociations, d'autant que le musulman m'apparut aussi épris d'elle qu'elle l'était de lui. Le 20 octobre, je fis porter lettre en ce sens à Saladin, lui affirmant que l'alliance serait conclue s'il acceptait d'offrir au couple les terres de Palestine pour lesquelles chrétiens et musulmans s'entredéchiraient. Afin de le convaincre, je lui fis remettre cette copie de Marmiadoise que Jaufré Rudel avait fait forger avant son départ. Sans Loanna pour réveiller sa flamboyance, le sultan ne pouvait douter de son authenticité. Il s'en montra hautement satisfait ; mieux, il s'accorda à ma requête, affirmant en outre qu'il avait déjà dépêché des espions pour tenter de retrouver trace de mes disparus et qu'Eloïn me serait rendue après les épousailles.

« Jamais paix ne fut plus proche, mère. En Terre sainte et dans mon cœur. Ce fut, une fois encore, sans compter sur Conrad de Montferrat. Abandonner Jérusalem à cette dot le privait d'un royaume. Cette idée

lui fut insupportable. Sans que je puisse l'en soupçonner, il répandit son venin parmi mes chevaliers les plus preux. Comment femme du lignage et de la vertu de Jeanne pouvait-elle concevoir de s'accoupler à un infidèle, d'abjurer sa foi ? Si elle ne se reprenait, elle vaudrait moins encore au regard de Dieu que ces catins livrées à la piétaille. Pire, elle salirait le nom de tous ceux qui avaient péri dans cette guerre. De nature fière et défensive, Jeanne n'osa se plaindre de ce que l'on s'indignait auprès d'elle. Lorsque je l'appris, ce fut à mon tour de m'emporter. Jeanne avait été reine de Sicile, d'une vaillance, d'une piété, d'un courage et d'une rigueur tels, dans ses actes, ses choix, sa gouvernance, que nul n'avait le droit de lui dicter ses choix ! Hélas, le mal était fait. Le prince musulman la vit pâlir et jugea qu'il n'était pas digne d'elle. Que cet hyménée ne pouvait se conclure. Jeanne se referma puis, à son tour, se rétracta. À la vérité, mère, je crois qu'elle craignait moins l'opprobre que l'assassinat de Malik al-Adîl si elle cédait aux élans de son cœur. Je n'ai pu le lui faire avouer, et en restai là, tant la tristesse troublait son œil chaque fois que j'abordais le sujet. Nous le savions tous deux. La fierté du prince musulman avait été piquée. Il ne reviendrait pas.

« Comprenant que cet accord rompu annulait celui concernant Eloïn, je finis à mon tour par céder à la pression des grands croisés, déterminés, avec ou sans moi, à marcher sur la Ville sainte. C'est ainsi que, de nouveau, le 31 octobre, nous nous mîmes en route, laissant une arrière-garde conséquente à Joppé pour protéger mes dames et achever les travaux de rebâti. C'est ainsi que, de nouveau, nous tirâmes l'épée contre ceux qui nous barraient le passage. Le 6 novembre, un

groupe de Templiers écarté de l'ost fut surpris par des Bédouins. André de Chauvigny leur prêta renfort. Il se trouva encerclé à son tour par des Sarrasins. Une heure plus tard, les nôtres faiblissant, on me faisait prévenir que quatre mille hommes s'entretuaient à quelques lieues du gros de l'armée. Sans attendre, je fondis à leur secours, emportant avec eux une nouvelle bataille, regagnant un peu de mon prestige perdu, mais ruinant une fois encore mes efforts de paix avec Saladin. Le 22, enfin, nous parvînmes ici, à Ramla. Tout était à rebâtir, des murailles éventrées aux toits incendiés des habitations. Depuis, mère, pris par l'hiver, nous nous y cantonnons, luttant contre le froid sous des tentes de fortune que les bourrasques glacées nous arrachent parfois, abandonnant nos silhouettes encapuchonnées au grésil et à la pluie. Elle s'abat sans discontinuer, avec tant de régularité et de violence que nombre de bêtes, qu'elles soient de somme, de bouche ou de guerroie, ont été perdues. C'est dans l'un de ces abris précaires que je rédige cette lettre. Les journées sont longues, inutiles et mornes. L'épuisement gagne, les épidémies couvent. Les survivants serons-ils encore en état de combattre aux beaux jours ?

« Ce jourd'hui, le conseil des sages a tranché. Assiéger Jérusalem dans ce contexte serait insensé. Décision vient d'être prise de lever le camp et de regagner Ascalon, le temps du moins de renforcer nos gens, nos vivres et nos subsides. Le temps aussi de fortifier la cité et de protéger l'arrivée de nouveaux croisés. Dès demain, défiant la colère du marquis de Tyr et de ses partisans, nous rebrousserons chemin.

« Voici, mère, où se tient votre fils : dans la boue d'une terre qui lui a ravi les siens et pour laquelle

il n'est plus convaincu de la légitimité de nos prétentions. Je me souviens des enseignements d'Eloïn. Tous les dieux n'en sont qu'un. Rien ne se crée, tout se transforme. Et le plus important de tous : la magie est en chacun de nous, étincelle de lumière dans ce monde d'obscurantisme. Alors, en ce 13 janvier de l'an de grâce 1192, j'en viens à me demander : Pourquoi l'avons-nous perdue ? »

Richard reposa la plume dans son écrin, près de l'encrier, le souffle court d'avoir écrit d'une traite, pressé par ses émotions et ses souvenirs. La nuit était tombée depuis longtemps, le campement s'appesantissait sous les trombes d'eau. Il soupira dans le vacarme. S'épancher ainsi l'avait apaisé, pourtant il n'était pas dupe : il s'endormirait d'un bloc, pour s'éveiller dans un nouveau jour, privé de vraie lumière, balayé comme les précédents de torrents célestes qui ressemblaient à des larmes. Comment, dès lors, trouver le repos ? Il n'était pas homme d'attente et de renoncement. Il aimait l'action et la vie. Or, espérant une embellie depuis trop longtemps, il avait le sentiment d'être déjà au tombeau.

Refusant de se relire, il repoussa son siège, puis se dirigea vers la couche aux rideaux relevés sur laquelle, étendu de profil, Merchadier faisait rouler des osselets. Son amant leva les yeux à son approche. Une fois de plus, Richard y découvrit l'amour sans faille qu'il lui portait.

Détournant les yeux des siens, il remonta un oreiller contre le dosseret du lit, seul ornement de cet espace si l'on exceptait l'écritoire sur laquelle, à cause de l'humidité ambiante, sa lettre tardait à sécher. Deux pages, un écuyer et un échanson se partageaient un recoin derrière un paravent sculpté à l'orientale. Bien qu'il ne l'ait réclamée, Richard était un des rares à posséder telle intimité, à croire qu'en approchant l'enfer par ses actes meurtriers et ses goûts sodomites, tous s'inquiétaient par ricochet pour le salut de leurs âmes. Même Guy de Lusignan, qui portait toujours le titre de roi de Jérusalem, partageait habitat avec Onfroy de Toron, Bohémond d'Antioche, le comte de Tripoli, et quelques autres de haut lignage. Richard aurait pu finalement profiter de cet avantage, satisfaire chaque nuit au désir charnel souhaité par son compagnon de couche. Il n'y parvenait que lorsque le besoin dardait trop sa verge. Si d'autres que lui trompaient l'ennui dans les bras des catins dont le camp regorgeait autant que de vermine, il n'avait jamais réussi à s'accorder de vraie débauche, refusant en cela de ressembler à son cadet ou à son père. Merchadier ne s'en offusquait pas. Il prenait quand on lui donnait. Caresses ou troussée, tendresse ou colère défoulée. Plus que tout cependant, il veillait. Malgré les gardes autour de la tente, l'homme ne dormait que d'un œil, prêt à protéger de sa vie celle d'un roi qui ne l'aimait que pour ce qu'il était : une diversion pour son cœur émietté.

Un sourire à peine esquissé sur ses lèvres craquelées par le froid, Richard attendit sans impatience qu'il range les osselets dans leur saquet. Ensuite de quoi, laissant un de ses serviteurs détacher les rideaux pour les isoler, il quitta sa pelisse pour se glisser sous la couverture garnie de duvet. Merchadier le rejoignit aussitôt. Richard hésita quelques secondes devant la brûlure de son regard, puis, finalement, s'en détourna.

Avant que son valet ne rabatte le dernier pan de toile matelassée, puis, sa paillasse regagnée, ne mouche la lampe, son œil accrocha le parchemin, retenu aux quatre coins par des galets. Il avait tout son temps pour cacheter sa missive. Avec cette tempête aucun courrier ne partait ni n'arrivait. De sorte qu'il était toujours sans réponse concernant l'éventuelle destruction de Brocéliande. Il commençait à croire que sa lettre ou celle de sa mère avait été perdue en chemin avec son messager. À moins qu'Aliénor n'ait eu d'autres raisons de se taire. Il ne put s'empêcher de s'inquiéter pour elle, même s'il répugnait à croire Jean capable de la faire assassiner.

Il retint un soupir. Il ne pouvait plus jurer de rien désormais. Il y a peu encore, il aurait disputé quiconque aurait sous-entendu déceler chez lui la moindre cruauté gratuite. La folie semblait, tôt ou tard, cuirasser l'esprit des Plantagenêts. Y avait-il réellement succombé ? Cette voix intérieure lui avait semblé si impérieuse, pourtant, si... omniprésente... Il douta d'elle, de lui, une fois de plus. Le visage de Loanna de Grimwald passa furtivement devant ses yeux lourds. Pour avoir éprouvé les effets de la liqueur d'opium, elle seule aurait été en mesure de démêler le vrai du faux. Plus les mois passaient, pourtant, et plus il en venait à accepter, comme pour sa fille et son fils, l'idée qu'il ne la reverrait jamais.

L'obscurité retomba. Lui aussi. À plat dos. La nuque lourde sur l'oreiller froid. Seule la main qui s'accrocha à la sienne ne l'était.

7

Ascalon, Palestine.
12 avril 1192.

« Mon très cher fils,
« Le pouvoir malin de cette voix inexpliquée dont vous parlez ne cesse de me tourmenter, car pas un instant je ne veux croire que la folie vous ait gagné. Je vous ai toujours connu vindicatif mais juste, coléreux mais miséricordieux. Vous n'avez pu, pour seulement quelques heures, tant changer. Le temps apportera ses réponses, cependant vous avez raison : faute est accomplie et il faut l'assumer. En ce qui me concerne, pour avoir foulé ce sol de Palestine autrefois, et rougi ma lame du sang des Sarrasins, je ne peux que baisser la tête humblement. Qui de nous est encore innocent ? Je prie pour ceux que vous avez occis ; néanmoins, sachez que, si ce n'est le cas en vos rangs, ici, votre mérite demeure intact. On le proclame même haut et fort, faisant de vous plus encore le pourfendeur des infidèles, le défenseur de la foi. Vous avez reculé devant Jérusalem ? Je l'ai fait avant vous. Qui n'a eu les yeux rongés par les vents de sable, vu les pluies diluviennes pourrir les pieds ou rouiller les cottes de mailles, senti le soleil broyer les crânes, et la chaleur ramollir autant les corps que l'acier, ne peut savoir ce qu'un croisé doit

endurer pour, chaque jour, retourner au combat. Pire encore, pour garder intacte la certitude qu'il tue non par férocité naturelle, mais au nom d'un Dieu qui, pourtant, a édicté cette loi : Tu ne tueras point. Ainsi sont les contradictions. Est-ce pécher que de les accepter pour telles ? Le Très-Haut s'en accommode en armant ses soldats. Cessez de vous sentir coupable puisque vous n'y pouvez plus rien et rengorgez-vous de ce prestige que l'on vous prête. Ici, croyez-le, mon cher fils, c'est du rugissement d'un lion impitoyable que j'ai besoin pour préserver votre royaume des scélérats.

« Comme je vous l'écrivais dans ma précédente lettre, celle que vous m'assurez n'avoir pas reçue, Brocéliande n'est plus. Peu à peu, j'en viens à accepter l'idée que ma chère Loanna se soit éteinte avec ses terres, même si le départ de Gwalf Letors pour la retrouver me couvrit, début décembre, d'un sincère espoir. Votre missive me l'a ôté. De sa présence à vos côtés, vous ne parlez point. Quelles chances avait-il, si petit homme, de fendre les flots d'hiver et de parvenir à bon port ? J'en suis encore bouleversée, mon fils ! Je n'ose l'annoncer par courrier à son épouse et à cette douce Agnès de Blaye. Quant à me rendre auprès d'elles, la trahison de votre cadet m'en a, hélas, ôté la possibilité.

« C'est peu avant la Noël, à Bonneville-sur-Touques, en pleins préparatifs pour la cour plénière, que j'ai appris le retour en France de Philippe Auguste. Deux jours plus tard, votre chancelier, Jean d'Alençon, m'annonçait que Jean était entré en possession de Caliburnus. Bien qu'il n'ait réussi à la faire flamboyer, votre frère galopait de château en forteresse, brandissant l'épée arthurienne en place d'étendard et hurlant à vos partisans que vous aviez péri ainsi que votre fils.

Affirmant sa double légitimité au trône, celle d'Avalon et celle de Rome qu'incarnait à lui seul le jeune archevêque Geoffrey voyageant à ses côtés, il exhortait vos barons à lui verser subsides pour protéger le royaume des ambitions du roi de France.

« Flairant au contraire la connivence de ces trois fourbes, mon sang, vous vous en doutez, n'a fait qu'un tour. Dépêchant messagers, je fis aussitôt renforcer nos places frontalières de la France. Le 20 janvier, Philippe Auguste, nanti d'une solide armée, se faisait refouler par le sénéchal de Normandie devant Gisors. Huit jours plus tard, mes espions confirmaient mes doutes : décidé à remettre la cité au roi de France en échange de l'investiture du duché de Normandie, Jean enrôlait des mercenaires et concentrait une flotte à Southampton. Ce fut suffisant, cette fois, pour que je me rende moi-même en Angleterre. Réunissant vos barons à Windsor, Winchester, Londres, Oxford, j'ai affirmé haut et clair que vous étiez en bonne santé. À ceux qui s'en inquiétèrent, j'assurai que vous n'aviez nullement l'intention de vous faire nommer roi de Jérusalem et de demeurer en Terre sainte. Tous ont renouvelé envers vous leur serment de fidélité. Tous ont renoncé à aider financièrement Jean. De sorte que ses navires sont toujours à quai et lui, présentement, retiré sur ses terres, où, bien entendu, il refuse de m'affronter. Vous le voyez, mon fils aimé, je veille sur ce royaume que j'ai bâti et dont vous avez hérité, néanmoins ce ne sera point suffisant, je le crains. Enfin révélé sous son véritable jour, votre frère est déterminé. Si vous tardez trop, il s'emparera du trône, aidé par Philippe Auguste. De grâce, mon fils, guerroyez quelque temps encore pour asseoir votre renommée, puis revenez.

« En attendant, sachez-le, je prie pour qu'Eloïn vous soit rendue bientôt. Je prie aussi pour le repos de l'âme de tous ceux que nous avons perdus et que j'ai tant choyés.

« Votre mère, Aliénor d'Aquitaine, en terre de Poitiers, ce 27 février 1191. »

Le front plissé par la contrariété, Richard replia la lettre avant de se planter devant l'une des rares fenestrelles du donjon d'Ascalon. De cette pièce qu'il avait transformée en salle de justice à son arrivée, fin janvier, il dominait la rade. La prolongeant, la frange côtière s'était révélée majestueuse avec ses criques resserrées, piquetées de pins maritimes, et de palmiers. La Méditerranée, d'un turquoise profond, s'ombrait par endroits du reflet des cumulus qu'un vent de mer poussait vers l'intérieur des terres. Dans le port à la longue jetée de bois, navires anglais, français, pisans, génois ou vénitiens arboraient pavillons et coques colorés, comme autant de nénuphars sur des flots tranquilles. Le printemps était doux. Quelques enfants s'éclaboussaient, courant d'une grève caillouteuse aux vaguelettes qui s'écrasaient mollement au pied de la tour portuaire. D'autres décrochaient des arapèdes[1] du roc sur lequel elle avait été bâtie. Des parfums de chèvrefeuille et de jasmin montaient jusqu'à lui, se mêlant à celui, iodé, des poissons et des mollusques vendus à la criée, à peine débarqués des felouques des pêcheurs. Gonflés par les subsides que les croisés leur abandonnaient, des marchands

1. Mollusques comestibles.

vénitiens habillés de toges et de larges chapeaux ne leur jetèrent pas même un regard en longeant leurs étals. On racontait que certains se faisaient bâtir des palais somptueux grâce à l'hégémonie commerciale qu'ils avaient ancrée en Palestine.

Les pensées de Richard s'envolèrent vers Philippe Auguste. Leur neveu commun, Henri de Champagne, lui avait rapporté, hier, quelques nouvelles reçues de la cour de France. Depuis son retour de Terre sainte, le monarque avait entrepris le renfort et l'extension des enceintes extérieures au-delà des limites des grands et petits châtelets. Sur l'île de la Cité, non loin de cette fameuse cathédrale appelée Notre-Dame et commencée sous le règne de son père, il venait de lancer la construction d'un nouveau palais qui engloberait l'ancien. Sans parler du pavage des rues les plus fréquentées, notamment celles du quartier des commanderies templières, décidé avant son départ en croisade. À l'inverse de son père dont l'ambition s'était bornée à louer Dieu à travers la pierre, Philippe Auguste voulait briller. La croisade ayant ruiné le royaume, où comptait-il trouver les fonds nécessaires à des travaux de si grande envergure ? Où, sinon en Angleterre en remerciement de l'aide apportée à Jean pour s'emparer du trône ? Richard crispa son poing refermé sur le parchemin. Ce chien galeux ne perdait rien pour attendre !

Se détournant de la croisée, il jaugea les quelques plaignants qui espéraient son jugement. Rien que de la piétaille. Il fit signe à Robert de Breteuil de régler leur querelle. Lui avait, désormais, plus urgent à faire.

Laissant le chevalier investir l'estrade qu'il avait abandonnée quelques minutes plus tôt pour lire à la lumière cette lettre trop longtemps attendue, Richard quitta la pièce par une porte latérale. De là, il enfila un long corridor plongé dans la pénombre, descendit les degrés pour finalement traverser la salle des banquets. Repoussant le cortège des serviteurs zélés qui se pressaient à sa rencontre, il gagna l'extérieur du palais, traversa la cour sans répondre aux courbettes de ses vassaux, puis remonta une volée de marches qui menait à une tourelle de guet, située face à la côte. Son toit crénelé avait été garni d'une tonnelle fleurie afin que Jeanne et Bérangère puissent jouir de la vue imprenable sans trop souffrir de la morsure du soleil. De la musique s'échappait de cet inattendu jardin. Richard trouva ses dames à l'ombre des bougainvilliers plantés dans d'imposantes jarres de terre. Assises sur des coussins de sol colorés, rafraîchies par des feuilles de palme qu'agitaient des Mauresques, elles trompaient leur ennui en compagnie d'Henri de Champagne, du romancier Chrétien de Troyes, et d'un jeune troubadour formé par Rudel fils à ses heures perdues. C'était lui, muni de la citole laissée par son maître, qui enchantait son auditoire d'un timbre velouté. La canso était de Bernard de Ventadour, dont Richard avait appris, quelques années plus tôt, qu'il était le grand-père naturel d'Henri. Richard ne savait si son neveu était au fait de cette vérité, néanmoins l'idée que le roi de France ait été cocufié par sa mère, en cette heure où son rejeton s'apprêtait à le spolier, lui fit plus encore apprécier l'air qu'il entendait.

Le jouvenceau se tut dès qu'il le vit sur le palier. Avant que tous ne se lèvent pour le saluer, le monarque battit l'air d'une main lasse.

— Laissez-nous, ordonna-t-il simplement, chassant troubadour et esclaves.

Les autres constituaient maintenant son garde-fou face à ses conseillers, totalement indifférents au sort d'Eloïn ou de sa mère. Pour preuve, les grands prélats du royaume avaient fait main basse sur les écrits des chroniqueurs relatant la présence des Rudel en Terre sainte et l'implication des flamboyantes[1]. Comme si, en taisant leur existence, ils éradiquaient la survivance de ce paganisme au sein de l'armée de Dieu. Richard avait laissé faire. Mieux valait que l'Église brûlât des écrits. Depuis quelques années, trop de prétendus sorciers, en Occident, finissaient au bûcher. Par mesure de prudence, il évitait à présent de prononcer le nom de son amante, préférant l'ombre à la lumière pour la ramener à lui. Et les siens avec elle.

Prenant la place du troubadour, Richard leur brossa la situation sans attendre.

Après s'être éteint à l'annonce de la perte de Brocéliande et de Gwalf, le regard de Jeanne fulmina.

— Comment Jean peut-il être si différent de nous ? si préoccupé de lui-même quand nous avons tous tout sacrifié à notre devoir ? Non, décidément, je ne comprends pas.

---

1. Trois lames forgées en Avalon, Marmiadoise, Excalibur appelée à l'époque Caliburnus et Durandal. La légende veut qu'elles flamboient lorsqu'elles se trouvent entre les mains des maîtres qu'elles se sont choisis.

Richard la couvrit d'un regard chargé de tendresse.

— Tout troupeau a sa brebis galeuse, ma sœur.

Elle crispa les poings.

— Alors abattons-la !

— N'éprouvez-vous pour lui aucune tendresse ? s'étonna Bérangère.

Jeanne hésita quelques secondes face à cette question qu'elle-même ne s'était jamais posée. Elle ressentait respect et affection profonde pour Richard, une chaleureuse bienveillance à l'égard de sa sœur Éléonore, reine de Castille, les autres, hélas pour le royaume, s'étaient éteints trop tôt. Étant la plus jeune de la fratrie, elle les avait peu côtoyés. Jean non plus, du reste, bien qu'il fût son cadet. Elle finit par secouer la tête. Non, ce qu'il déclenchait en elle n'était que colère et indignation. Elle ne le cacha point.

— L'amour est comme l'amitié. Il n'est pas un dû. Il se gagne ! Vous me trouverez à vos côtés, Richard, si votre bras doit s'armer.

— Celui de notre mère suffit pour l'heure à cette tâche, Jeanne. Avant que de botter Jean, il me faut régler l'avenir de cette croisade.

Henri de Champagne approuva d'un hochement de tête.

— C'est un épineux problème, sire. Si vous décidez de regagner l'Angleterre, il me paraît évident que Saladin vous rendra Eloïn, cependant vous ne pouvez abandonner vos vassaux, et l'ost en lui-même, avec la désinvolture qui caractérisa Philippe Auguste.

— Je l'entends bien, mon neveu, mais à qui en confier le commandement ? Le seul qui soit légitime est le roi de Jérusalem. Or, aux yeux de la majorité des chrétiens, Guy de Lusignan reste l'homme qui a perdu la Ville sainte et la Vraie Croix.

— Puis-je, Votre Majesté ?

Chrétien de Troyes venait de lever un index timide. Malgré l'affection sincère dont le couvrait le roi, il se sentait toujours de trop dans le parterre de leurs confidences. Pour autant, il savait qu'il s'en montrait digne. Il eût préféré mourir sous la torture que de trahir un seul de leurs secrets. Eux-mêmes partageaient les siens.

Encouragé par un sourire bienveillant, il se lança :

— Vous le savez tous, pour les besoins de mon roman, je furète toujours de-ci de-là. Cet état me laisse à l'écoute de ce qui se dit, se pense, se vit dans les différents quartiers de l'ost. Oh ! je ne dis pas que je détiens la vérité, sire. Cependant je peux affirmer, humblement, que je m'en approche autant, sinon davantage, que vos chroniqueurs.

— Si je n'avais eu confiance en toi, je ne t'aurais pas demandé d'ouvrir l'œil et l'oreille au sujet de la liqueur d'opium.

Chrétien de Troyes sentit ses joues s'embraser.

— Las, concernant ce sujet, j'ai failli. Je n'ai toujours pu apprendre d'où vous était venue cette voix.

— Oublie-la. Qui mon armée verrait-elle pour me remplacer ?

— Sauf votre respect, sire, le seul nom qui revienne est celui de Montferrat.

Richard se crispa. Montferrat. Encore et toujours lui. Et pourtant, bien que cela lui coûtât, il devait admettre que seul le marquis de Tyr possédait la trempe, l'autorité et la stature indispensables pour rassembler tous les combattants.

Il se tourna vers Henri.

— Qu'en pensez-vous, mon neveu ?

Henri tordit la bouche.

— Je partage cet avis ; néanmoins, il me désespère autant qu'il désespérera mon ami Onfroy de Toron.

Richard embrassa sa sœur et son épouse du regard.

— Mes dames ?

— Avez-vous le choix sans y perdre vous-même un royaume ? soupira Jeanne.

— Je n'y vois, moi, que le retour d'Eloïn, lui sourit Bérangère avec bienveillance.

Cette réflexion emporta sa réserve. Richard quitta l'assise moelleuse du coussin, se pencha pour biser cette joue dorée par l'abondante clarté, avant de se redresser de nouveau et d'apostropher Henri :

— Nul autre que vous. Je ne veux nul autre que vous pour émissaire auprès de ce chacal. Mais, pour l'heure, il me faut convaincre Guy de Lusignan de renoncer sur-le-champ au trône de Jérusalem.

— Il vous faudra de solides arguments.

— Plus que cela, mon neveu. Oui, plus que cela, admit Richard en lissant sa barbe ambrée.

Moins d'une heure plus tard, Guy de Lusignan était devant lui, dans la salle de justice. Richard lui exposa, en ami, les raisons de son choix puis, en guise de dédommagement, lui offrit le royaume de Chypre[1] en place de celui de Jérusalem. Épuisé par le siège d'Acre autant que par la perte de sa femme et de ses filles, isolé dans cette guerre, Guy de Lusignan se laissa plus facilement convaincre que Richard ne l'avait redouté. Chypre était une place stratégique en Méditerranée, convoitée par tous quand Jérusalem demeurait hypothétique. Lusignan ne perdait pas au change. Comme l'avait pressenti Henri de Champagne, seul Onfroy de Toron, à qui Montferrat avait ravi son épouse, tordit le bec. Il ne souffla mot pourtant, se contenta de féliciter son vieil ami pour son nouveau titre avant de saluer le roi d'Angleterre, puis, y ayant été autorisé, de quitter la pièce.

Dès le lendemain, flanqué de Chrétien de Troyes ainsi que d'une quarantaine de chevaliers et d'archevêques, Henri de Champagne quitta Ascalon pour gagner Tyr et annoncer la nouvelle à Montferrat. Richard le regarda s'éloigner comme il en avait vu partir d'autres, aussi chers à son cœur. Si ce fut sans inquiétude cette fois, il était loin d'avoir anticipé les conséquences de son choix.

1. Les Templiers auxquels il avait cédé l'île n'ayant remboursé qu'une faible part de leur dette, Richard n'avait pas été en peine pour la leur racheter.

8

Mont Méron, Palestine.
18 avril 1192.

Répondant au craquement des os, le hurlement brisa le silence qui régnait sous la voûte rocheuse. Lorsqu'il retomba, répercuté en écho, l'homme secoua la tête, les yeux baissés sur sa main broyée. Ses doigts enflaient à vue d'œil. Impitoyable, la douleur devenue lancinante lui vrillait le bras, remontait l'épaule jusqu'à tarauder sa nuque.

— Pitié, messire, gémit-il à bout de courage.

— Un nom. Je ne veux rien d'autre, intima l'un de ses bourreaux.

Le plus âgé. Le plus glacial.

L'homme hésita quelques secondes encore avant de relever enfin un nez fracassé. Il était exténué. Son visage, tuméfié déjà par les coups, ruisselait d'une sueur aigre. Lorsqu'il vit de nouveau s'approcher le marteau de pierre, sa voix monta dans les aigus.

— Conrad de Montferrat. C'est Conrad de Montferrat.

Debout au-dessus de lui dans la lueur d'une lanterne, ses deux tortionnaires échangèrent un regard sombre.

— Où la garde-t-il ? demanda le plus jeune.

— Tyr sans doute, la place est imprenable. Je n'en sais pas davantage, sinon qu'elle est en vie.

Jaufré Rudel scruta ce regard effaré levé vers lui, sondant l'épuisement de ce routier anonyme dont ils avaient traqué inlassablement l'existence, guidés par un simple marchand de chevaux.

Neuf mois. Neuf mois que son fils et lui attendaient cet instant. Neuf mois à fureter partout, vêtus de guenilles à l'orientale pour passer inaperçus, osant même infiltrer le campement de Saladin, jusqu'à s'assurer que Loanna ne s'y trouvait pas, jusqu'à y entendre le rire d'Eloïn mêlé à celui du sultan, jusqu'à comprendre que, seuls, ils n'arracheraient pas cette dernière de là.

Neuf mois à tendre l'oreille, à se mâcher le cœur, à vivre d'expédients, à mendier de l'espoir pour continuer à respirer, à avancer, à marteler la poussière des chemins, le sable des dunes, les ruelles empuanties des villes musulmanes ou chrétiennes.

Neuf mois. Sans renoncer. Ils étaient de la même race, ils avaient vu s'embraser le ciel, avaient ressenti la fin de Brocéliande en même temps que Richard leur apprenait la mort de la petite Anne. Désormais, le nom des Rudel[1] collait comme un gant à leur peau tannée par le soleil, flétrie par les nuits de veille, de doute, de désarroi, les soudant l'un à l'autre plus encore qu'hier.

Huit jours plus tôt, enfin, la chance leur avait souri. Le lundi, ils apprenaient que deux chevaliers dont l'un se prétendait fils du roi d'Angleterre avaient été capturés par un pirate au large de Venise

1. Le rude.

puis revendus depuis comme esclaves au Vieux de la Montagne[1]. Le mardi, ils découvraient, enfin, le nom de l'homme qui avait vendu Fauvel[2]. Si la cache du Vieux de la Montagne était encore à localiser, c'était dans une taverne d'Acre qu'ils avaient trouvé le mercenaire. Quelques pièces avaient eu raison de sa méfiance. Il les avait suivis sans discuter. C'était ensuite seulement, arrivé dans cette grotte et découvrant qu'il n'y avait rien à y voler, qu'il avait compris avoir été joué. Il s'était entêté à taire la vérité, affirmant qu'il serait retrouvé et tué s'il parlait. N'ayant, lui, plus de maître que ce cœur écorché qui continuait de battre pour la femme qu'il aimait, Jaufré avait commencé à frapper.

— Grâce, mendia le mercenaire.

Jaufré arracha du fourreau l'épée Marmiadoise que lui avait confiée son épouse.

L'homme se rencogna contre la muraille, le cul raclant le sol contre lequel on l'avait maintenu, un poignet ligoté au dos.

— Pitié. Je n'ai fait qu'obéir aux ordres.

Le cœur de Jaufré Rudel, prince de Blaye, se serra. Il ne s'abaissait à tuer de sang-froid que pour protéger sa famille. Cette fois encore. Car, il en était convaincu, à peine relâché, le mercenaire courrait les vendre, anéantissant leurs chances de réussite.

— Sois en paix. Je ne t'en veux pas, dit-il simplement avant de le piquer à la poitrine.

1. Chef d'une secte chiite.

2. Destrier de grande valeur et qualité, récupéré par Henri lors de la conquête de Chypre. Loanna devait l'offrir à Saladin en se rendant à lui. L'animal avait disparu avec elle.

Une estocade propre, rapide, telle que cette lame légendaire aux pouvoirs si particuliers entre les mains de son épouse savait les porter. Le regard du routier se vitra. Jaufré ne s'en détacha que lorsqu'il fut éteint. Un hommage à la vaillance de leur prisonnier face à la torture.

— Nous l'ensevelirons au petit jour. Je refuse qu'il soit écharpé par les bêtes sauvages. Nous les avons suffisamment suppléées, décida-t-il en pivotant enfin vers son fils.

Geoffroy lui renvoya son aval d'un hochement de tête. À l'instar de son père, il exécrait la violence et n'avait consenti à celle-ci que par nécessité. D'un même pas, ils se détournèrent du cadavre, revenant vers l'embouchure de cette grotte située au cœur du mont Méron.

Surplombant la vallée de Tibériade, invisible depuis le sentier qui creusait la montagne, elle s'évasait en de multiples galeries toutes bouchées à plus ou moins de distance. Une seule en permettait l'accès, à trois lieues de là, sous une mince chute d'eau. Jaufré Rudel en connaissait chaque méandre pour y avoir caché, bien des années plus tôt, armes, nourriture et butin entre deux raids contre les caravanes musulmanes. Une autre vie qu'il avait cru terminée, jusqu'à ce qu'on lui ravisse son épouse. Il vint s'asseoir en bordure de l'à-pic, les pieds ballants.

La pluie avait cessé. Un manteau d'étoiles illuminait une nuit humide, accentuant les reflets de la lune aux alentours. Geoffroy vint s'installer à ses côtés. Savoir, enfin, avait soudainement allégé leur fardeau commun, même si la rage était là, sourde et partagée.

Conrad de Montferrat, le chacal. Comment avait-il osé s'emparer d'elle ?

De longues minutes durant, ils gardèrent le silence, le regard perdu dans l'immensité céleste.

Au soulagement succéda le vide. Longtemps Jaufré avait été certain de la culpabilité de Saladin, jusqu'à ce qu'en visitant son camp il soit assuré du contraire. Il avait envisagé toutes les hypothèses, mais pas celle de Montferrat. Un homme de sa lignée, de sa trempe, qui n'avait jamais manifesté la moindre animosité à leur égard, même s'il avait toujours été proche de Philippe Auguste… Avait-il voulu le venger des affronts du roi d'Angleterre ? Ce massacre des musulmans dont toute la Palestine s'était fait l'écho prouvait à quel point l'esprit de Richard avait vacillé d'avoir perdu les siens. Les Rudel en avaient tant été affectés qu'ils avaient failli regagner le Mate-Griffon pour rassurer le roi sur leur sort, avant de se raviser. Laissés pour morts, ils auraient plus de chances de déjouer la prudence du ravisseur. Ils avaient eu raison. Mais à quel prix ? Le cœur de Jaufré se serra. Tout ce temps perdu, alors que son épouse se trouvait là, si proche, si accessible finalement puisque aux mains des Francs ! À l'époque où elle était captive d'Henri Plantagenêt[1], il ne pouvait douter qu'elle fût traitée telle une reine. Mais chaque fois qu'il rêvait d'elle ces derniers mois, il la voyait enguenillée dans une fosse sombre, et cette image lui arrachait tant le

1. Voir *Aliénor*, tome II, *L'Alliance brisée*, XO Éditions, 2012.

cœur qu'il s'éveillait avec le sentiment d'être mort avec elle. Lui qui n'avait pas souffert jusque-là de l'usure de l'âge semblait en être rattrapé, même si son fils affirmait qu'il n'y paraissait pas. Il venait de tourner les quatre-vingts ans. Si peu parvenaient à cet âge, si peu étaient encore capables de manier l'épée, de mener destrier et combat ! Jusque-là, la magie d'Avalon avait entretenu en lui ferveur, courage et santé. Pour combien de temps encore ? Et quand bien même. Sans elle, aurait-il seulement l'envie de continuer ? Il s'aperçut avec amertume qu'il ne tolérerait plus qu'un autre s'en approche, qu'un autre la lui prenne, ne fût-ce que de pensée, ne fût-ce que pour quelques heures. Il comprit avec regret qu'il avait irrémédiablement changé ces derniers mois. Il avait toujours été lié à elle par la pensée, le cœur, l'âme et la magie. Depuis ce funeste 31 juillet, seule sa détermination à la retrouver l'avait guidé, pas sa volonté à elle, le ramenant en arrière, à cette liqueur d'opium dont le Plantagenêt l'avait nourrie plus d'une année durant, avant qu'il ne la lui reprenne. Ne se détournerait-elle pas de lui s'il arrivait trop tard cette fois ? Il avait si souvent failli la perdre. Non, cette fois, il n'y survivrait pas. Il chassa cette idée. Vivante. Elle était vivante, avait affirmé le mercenaire. Dans quel état pourtant, si, comme il le ressentait, ses pouvoirs s'étaient éteints avec Brocéliande ?

Un grondement de tonnerre déchira le silence, roula de longues secondes vers le sud, avant de s'atténuer. Rompant sa propre réflexion, son fils tourna la tête vers lui.

— Que décidez-vous ? demanda-t-il d'un timbre qui trahissait impatience et inquiétude.

Jaufré inspira une bouffée de cet air purifié par le vent froid qui frappait la muraille.

— Il existe un passage secret qui permettait autrefois de rallier la grotte miraculeuse de Qana al-Jalil à la première église bâtie sur l'île de Tyr. Ta mère et moi l'avons découvert par hasard il y a de nombreuses années. Un tronçon passait sous la mer et souffrait d'infiltrations sévères. Il est possible qu'il soit inondé aujourd'hui. Si ce n'est le cas, il débouche toujours dans un des murs de la crypte transformée en geôle. Il n'y a que là que Montferrat puisse la détenir au secret.

— Ne risque-t-il pas de nous cueillir à l'arrivée ?

— Je doute qu'il connaisse son existence. Il nous faudra trois jours au moins pour atteindre le village. Si le tunnel est impraticable, alors nous aviserons. Rassemble nos affaires. Je me charge du cadavre. Nous partirons à l'aube.

Geoffroy allait acquiescer lorsque son instinct l'alerta d'un danger derrière eux. En guerrier accompli, il roula sur le côté au risque de basculer dans le vide, rebondit sur ses jambes et dégaina son poignard, certain de la présence d'un fauve. Il resta bouche bée devant les deux imposantes silhouettes qui se détachaient à peine du seuil obscur de la grotte. Il ne les avait pas entendues approcher.

— Tout doux chevalier ! Nous n'avons d'armes que notre courage et d'intention que l'amitié.

Cet accent…

Jaufré se redressa à son tour, un franc sourire aux lèvres.

— Bernard le Haut ! Par le diable ! comment as-tu réussi à nous trouver ?

Une petite silhouette émergea alors de derrière les grandes et se mit à dodeliner. Une chaleur bienfaitrice gagna les veines de Jaufré Rudel en même temps que l'émotion le submergeait.

— Sacré bon sang ! Gwalf Letors, vous ne ferez donc jamais ce que l'on vous a conseillé ?

— À quoi sert Gwalf si ses maîtres sont tués ?

Geoffroy avait rengainé sa lame. Il devina les larmes du petit homme au tremblement dans sa voix. Jaufré les sécha d'un élan. Précipité en larges enjambées, il s'agenouilla pour lui donner accolade.

— Ni maîtres ni valet Gwalf ! Ni maîtres ni valet.

Ensuite de quoi, il éclata d'un rire salvateur. Si Marmiadoise avait guidé le petit homme jusqu'à elle, c'était que la magie d'Avalon n'était pas toute consumée. Plus rien ne l'empêcherait à présent de retrouver Loanna. Ensuite, dans la foulée, ils iraient reprendre Eloïn, Philippe et Godefroy et reformeraient un clan, une famille, une entité.

À ses côtés, serrant tour à tour dans ses bras les membres de son escorte inespérée, Geoffroy était parvenu au même constat.

Semblant vouloir les narguer, la nuit éructa à cet instant d'un éclair éblouissant.

Se détournant des siens, Jaufré défia le suivant d'un poing levé.

9

Palestine. Avril 1192.

Ma mémoire avait gardé intacte la teinte de cette aube vers laquelle, juchée sur le splendide alezan Fauvel, je m'étais élancée. J'avais à peine quitté l'enclos du campement des croisés que m'était apparue dans ces nuées sanglantes l'image de ma terre de Brocéliande, ruinée par la folie du prince Jean et de son demi-frère, ce fils que m'avait fait Henri Plantagenêt.

Ce 31 juillet 1191, choquée par les images de la fin horrible de mon intendant, j'avais poussé ma monture sur le sentier qui gravissait la montagne. Emballé de détresse et de frayeur, mon cœur bondissait au rythme du galop. Cette vision me foudroyait d'autant plus cruellement qu'Eloïn, dans le campement de Saladin, devait être en proie à la même. Il me fallait rejoindre ma fille. Vite. Plus vite. Que le sultan prenne ma vie en échange de la sienne me devenait égal au fur et à mesure qu'en moi s'amplifiait le crépitement des flammes sur le val enchanté. Je comprenais que, parce que la magie blanche dans laquelle j'avais été élevée venait d'être assassinée, la colère d'Avalon n'allait pas tarder à s'abattre sur moi qui en étais responsable et sur nous tous par ricochet. Je devais en protéger Eloïn.

Le sentier formait coude. Au-delà, j'allais disparaître à la vue de l'ost, à celle de Jaufré et de mon fils qui devaient, côte à côte et angoissés, suivre mon cheminement depuis la tour haute du Mate-Griffon. Peut-être même lire, dans l'azur incandescent, ces flammes que mes larmes n'éteignaient. J'ai laissé Fauvel s'engager sur le raidillon dans une envolée de poussière, puis l'ombre du piton rocheux nous avaler lui et moi.

Sur le plateau, le diable m'attendait.

Poussée par l'extérieur, la porte tourna sur ses gonds dans un grincement sinistre. Le muet entra, comme à son habitude, découplant son inhospitalière silhouette dans la tiède lueur de ma lampe à huile. Il déposa, sur l'unique tabouret du cachot, le plateau de bois chargé de ma misérable pitance, pivota sur lui-même puis ressortit. Sans un signe, sans un geste de plus. Il savait que je ne tenterais plus rien contre lui. J'avais usé mon espoir trop de fois déjà, dans les débuts, me fracassant les poings et les pieds sur cette stature si imposante qu'elle devait se plier en deux pour passer sous l'encadrement voûté du battant. Un jour, lassé, il s'était écarté. J'avais cru à sa clémence : je m'étais trompée. Au bout d'un long corridor voûté puis de quelques marches, une herse abaissée sur un palier m'avait barré le passage vers le haut de l'escalier. Il était revenu derrière moi, s'était immobilisé, indifférent à mon angoisse. Il avait attendu que des gardes descendent, déverrouillent puis, tandis qu'il sortait, m'interdisent d'aller plus loin du piquant de leurs lances. J'étais restée accrochée aux barreaux rabattus, hurlant ma détresse d'être tenue éloignée de ma fille en ces heures effroyables, exigeant de voir mon geôlier, d'en connaître, au moins, l'identité, puisque leur mise excluait qu'il soit musulman. Seuls le bruit des pas qui décroissait et l'obscurité retombée avaient répondu à mon désarroi. En larmes, je m'étais laissée choir sur les marches, résignée à attendre qu'ils reviennent, décidée à supplier encore et encore, tandis que ma mémoire tentait de ressusciter ce qu'elle avait oublié : car ma seule certitude s'arrêtait à une ombre noire, grandissante, enveloppante, qui avait surgi dans l'éblouissante mare sanglante de cette aube du 31 juillet.

Effrayé, Fauvel s'était cabré. Je m'étais sentie projetée en arrière, privée de mes étriers. En touchant le sol, ma tête, pourtant protégée par le métal du heaume, avait heurté un rocher qui affleurait. Lorsque j'avais repris connaissance, je me trouvais dans cet endroit sans fenêtres, au sol, aux murs et au plafond de roche humide, si sombre que j'avais cru avoir perdu la vue. J'avais appelé à l'aide. Puis, me heurtant au silence, je m'étais mise à explorer l'espace, à tâtons. Jusqu'à revenir à cette paillasse et à comprendre que j'étais emmurée.

Après ma tentative d'évasion, on m'avait abandonnée. Deux ou trois jours, peut-être davantage, je ne sais. Pour me punir. Me dissuader de recommencer. J'étais restée accolée à la herse, humant un air qui, je le devinai, venait de l'extérieur, même si je ne percevais aucune lumière. La faim, la soif, la peur de la vengeance de Saladin sur ma fille autant que mon impuissance désormais à la sauver m'avaient creusé le ventre jusqu'à m'anéantir. Je n'avais pu m'empêcher de songer à Rosamund Clifford, la maîtresse en titre du feu roi Henri Plantagenêt que j'avais réduite dans le sous-sol d'une abbaye. Elle avait fini par y mourir, sans avoir revu le jour. Je m'étais mise à ricaner avant de battre les barreaux de rage. Elle l'avait mérité. Moi aussi. Jamais je n'aurais dû révéler à ce fils renié les incantations destinées à ouvrir le passage dans la forêt de Brocéliande[1]. Même à Aliénor je ne les avais pas confiées. Qu'avais-je espéré ? Qu'en écoutant les révélations de l'homme qui m'avait sevrée de la liqueur d'opium, le jeune Geoffrey s'extrairait de l'influence néfaste de Jean ? Mon aïeul Merlin m'avait pourtant avertie : rien de pur ne pourrait advenir de cet être dont la naissance avait été baignée de magie noire[2] par son père. Il avait fallu, pourtant, une fois de plus, que moi, Loanna de Grimwald, je me considère comme plus talentueuse que les autres, mieux inspirée ! Que je décide que tout pouvait être changé ! Orgueil imbécile ! dévastateur ! N'avais-je pas suffisamment bouleversé Jaufré par le passé en me plaçant au-dessus des lois universelles ? Jaufré que je n'avais pas seulement consulté avant de trahir celles de Brocéliande, certaine, au fond de moi, qu'il m'aurait désavouée. Cette fois serait la dernière. Je le compris ce jour-là, en regagnant ma cellule, le pas lourd. Quel que soit celui qui me détenait, il avait décidé de

1. Voir *Richard Cœur de Lion*, tome I, *L'Ombre de Saladin*, *op. cit.*
2. Voir *Aliénor*, tome II, *L'Alliance brisée*, *op. cit.*

me briser. L'angoissante attente à laquelle Saladin m'avait contrainte après l'enlèvement d'Eloïn avait déjà usé ma résistance. Le visage des miens s'était mis à tournoyer devant mes yeux. Sans l'aide de la magie, parviendraient-ils à délivrer Eloïn ? à me délivrer ? Je ne devais pas me laisser gagner par la fatalité, pourtant un vent de terreur m'avait dévastée de nouveau. Pliée en deux, les viscères tordus, je m'étais vidée de tous côtés, avant de sombrer.

À mon réveil, la paille sentait le frais. Le muet avait dû la changer. Trop épuisée, je n'avais rien entendu. Il avait aussi déposé des vêtements propres, de l'eau claire et de la nourriture sur un large tabouret, près d'une lampe à huile dont il avait réduit au minimum la clarté. Cet espoir que j'avais cru perdu s'était ranimé avec elle. Je m'étais nourrie, lavée, changée. Ma porte n'avait pas été rebouclée, me laissant jusqu'à la grille pour me déplacer.

À dater de ce jour, certaine que Jaufré me retrouverait comme il l'avait toujours fait, je m'étais astreinte autant à des exercices physiques qu'à la prière pour ne pas sombrer dans la folie.

Hélas, les semaines avaient succédé aux jours, les mois aux semaines et il m'avait fallu me rendre à l'évidence : mon geôlier avait réussi à effacer de moi toute trace en ce pays où les cadavres ne résistent pas longtemps au vol des charognards. Quelle carcasse avait servi sa cause ? Celle d'une pauvrette, sans doute, choisie pour l'ambre de ses cheveux, sa stature semblable à la mienne. Ma pierre de lune n'était plus à mon cou. L'avait-on attachée au sien ? Mon époux, ma fille, mon fils s'étaient-ils laissé berner par ce subterfuge, à cause même de cette magie qui avait cessé de nous lier ? Étaient-ils encore en vie eux-mêmes ? Le saurais-je un jour, de même que le nom de celui qui m'avait enlevée ? Face à ces questions sans réponse, je m'étais sentie étonnamment détachée. Était-ce ainsi que l'on meurt vraiment, m'étais-je demandé ? Lorsque la lumière, au-dehors, a définitivement cessé de briller ? Alors j'ai compris : la lumière que je reverrais était celle, intérieure, qu'il me fallait retrouver. Un seul moyen pour y parvenir : me convaincre qu'Eloïn avait retrouvé la sienne et que son père l'avait sauvée.

J'attendis, comme j'en avais pris l'habitude, d'entendre le claquement de la herse sur la pierre du palier pour manger. Assise en tailleur sur le sol de paille régulièrement renouvelée, je plongeai les doigts dans l'épais gruau tiède avant de les porter en bouche.

Paradoxalement, sitôt que j'eus accepté d'être morte pour tous, le goût de vivre m'était revenu. Depuis, je faisais de cette bouillie écœurante un festin quotidien. Le corps repu, l'esprit pouvait caracoler loin. Assez loin pour me permettre de retrouver l'essentiel : ce que Merlin m'avait enseigné des forces blanches du grand Tout. Ce que les événements du monde, mon implication dans son histoire, dans celle d'Aliénor, d'Henri, de Jaufré ou de nos enfants m'avaient fait oublier. Contre toute attente, j'avais fini par redevenir moi, seulement moi, telle que j'avais été enfantée : Loanna de Grimwald, héritière des secrets d'Avalon, la dernière des prêtresses.

Mon repas achevé, ce fut le bruit qui m'arracha à la prière dans laquelle je m'étais installée. Bien qu'il fût léger, mes sens affûtés par des mois de silence et d'obscurité le perçurent comme inhabituel. La grille s'était relevée, mais ce n'était pas la démarche lourde et pesante du muet qui approchait.

Adossée au mur opposé à la porte, je demeurai immobile, me contentant de remonter les jambes contre ma poitrine dans laquelle les battements venaient de s'intensifier. Non par la crainte, elle m'avait quittée, mais par la curiosité de découvrir enfin le visage de mon geôlier, puisque, de toute évidence, les autres s'étaient résignés à ma disparition. L'huis n'était pas bouclé. Une main ferme l'écarta. Aucune lumière. Seulement une ombre plus dense dans l'encadrement. Et un effluve jasminé. Je le reconnus sans hésiter, vexée, soudain, de m'être tout ce temps laissé berner.

— Ma punition serait-elle enfin achevée, noble sultan, que tu daignes me visiter ?

Saladin s'avança jusqu'à moi. Une main tendue.

— Faudra-t-il toujours que tu te trompes à mon sujet, Loanna de Grimwald ?

Il m'arracha à ma posture. Je me retrouvai debout, si proche de lui que son souffle mentholé caressa mon visage. Je reculai d'un pas. D'un pressement de doigts, il m'en interdit davantage.

— Plus tard, guerrière. Plus tard je te donnerai à m'affronter. Pour l'heure il faut nous hâter, sauf à risquer de voir débouler tes gardiens.

Perplexe, je ne bougeai pas. Lors, d'un mouvement vif, il me précipita contre lui, sa bouche au creux de mon oreille.

— Je crois que tu ne comprends pas. Si tu ne me suis pas, nul autre que moi ne viendra te délivrer.

L'arbre mort qui me servait de corps s'en trouva foudroyé. Je hochai la tête contre son épaule. Il m'entraîna vers la sortie. Passer cette grille qui avait si longtemps délimité mon univers me troubla plus encore que de suivre cet homme, habile à se mouvoir dans l'obscurité. À mi-marches, une poignée de mamelouks l'attendaient sur un palier. D'un murmure, il leur donna l'ordre de refermer le passage derrière eux puis me fit emprunter un boyau de roche ouvert dans le bâti de la muraille. Un sentiment étrange de déjà-vu s'insinua dans ma mémoire sans que je parvienne à la déverrouiller.

De longues minutes durant, Saladin me tira de l'avant, en silence, conscient que mes forces s'émoussaient un peu plus à chaque enjambée. Lorsque ma main devint molle dans la sienne, mon souffle trop court, il pivota pour me cueillir dans ses bras et continuer. Tandis que je calais ma tête bourdonnante contre son torse cuirassé, une pensée douloureuse me traversa : pourquoi était-ce lui, mon pire cauchemar d'hier, qui me sauvait ? Où était Jaufré ? J'eus l'impression de manquer d'air. L'écho du martèlement des bottes sur la roche s'atténua. Je me laissai avaler par ce néant qui nous cernait.

Je repris connaissance dans le tangage régulier d'un *hawdaj*[1]. Une toile épaisse tendait la toiture du

1. Nom arabe désignant le palanquin porté par un dromadaire et servant au transport de personnes.

palanquin. Elle me préservait de la pluie fine que j'entendais crépiter, masquant le ruminement du dromadaire mais pas le trot du cavalier à ma droite. Courbaturée, je repris une posture plus adaptée au voyage puis écartai un pan de toile. L'eau ruissela le long de mon poignet, réveillant une sensation perdue. Pour la première fois depuis des mois, je pris conscience de cette crasse qui m'était devenue une seconde peau en dépit de mes toilettes sommaires. J'enfilai mon cou par l'ouverture. Un hochement de tête accueillit mon initiative. Saladin montait un alezan, à la robe luisante sous l'averse. L'horizon bouché ne me révéla rien de l'endroit vers lequel la caravane cheminait. Je n'eus soudain qu'une envie : recevoir cette bénédiction du ciel sur mes épaules. Le comprit-il ? Il hurla quelques mots au conducteur, attendit que l'animal de bât s'immobilise pour y accoler son cheval. Sa main se délia. Son sourire aussi. Mon cœur bondit dans ma poitrine. Je quittai le *hawdaj* pour le cuir de sa selle, enroulai mes mains à sa taille. Il les recouvrit d'une des siennes, pour prévenir un nouveau malaise, en déduisis-je. Je lui en sus gré à l'instant où il talonna sa monture. Il me fallut quelques secondes pour m'accoutumer à la vitesse, à cette file de chameaux qui soudain me sembla immobile. Puis, renversant le visage en arrière, je me laissai fouetter par le vent et la pluie.

Je m'en grisai longtemps, buvant par intermittence les gouttes, incapable de mesurer la distance parcourue. Lorsque la sente ouverte devant nous se creusa en chemin dans la montagne, Saladin ramena son destrier au trot. De nouveau, ses mamelouks nous encadrèrent. Nous nous dirigeâmes vers un promontoire rocheux qui dominait la vallée. La pluie s'était changée en crachin, dévoilant, enfin, au loin, la frange côtière et sa cité fortifiée. Tout me revint en bloc : la grotte miraculeuse, les jarres qui avaient contenu l'eau changée en vin par le Christ, le passage découvert par Jaufré, le tunnel et enfin le mécanisme dans la pierre qui débouchait sur cet escalier… Tyr. C'était à Tyr que j'avais été emprisonnée. Tandis que je m'indignai intérieurement contre Conrad de Montferrat, Saladin reprit le sentier, bifurqua sur un autre, plus haut, puis un autre encore. Le jour déclinait lorsqu'il mit pied à terre devant l'entrée d'une grotte. Le ciel s'était dégagé et une myriade d'étoiles fleurissaient dans un azur assombri. Je demeurai quelques secondes à m'en régaler les yeux avant d'accepter son aide pour descendre. Bien m'en prit, mes jambes flageolèrent à peine mes pieds nus eurent-ils touché le sol. Il me retint par un bras.

— Je crains que la guerrière ne soit plus en état de combattre, lui servis-je en guise de remerciements.

— Je suis certain du contraire, répondit-il en dégageant son flanc de la couverture de son mantel.

Bien que masquée par la pénombre, je la reconnus aux entrelacs de son fourreau : Marmiadoise. Mon épée. Le prolongement de cette magie que la dévastation de Brocéliande m'avait volée. Il laissa retomber le tissu. Rattrapée par le froid dans mes vêtements pouilleux et trempés, je me mis à grelotter. Il enroula un bras autour de mes épaules.

— Allons, viens. J'ai prévu dans cet abri de quoi te changer et te restaurer. Ensuite, nous réglerons ces vieux comptes qui t'ont si longtemps tenue à l'écart de ma vérité.

Moins d'un an plus tôt, cette phrase m'aurait glacée. L'idée qu'il fût de nouveau en possession de cette lame aussi. Était-ce le résultat de mes voyages intérieurs, de la reconquête de mon identité de prêtresse, ou simplement le ton de cette voix, chaleureuse et protectrice quand je l'avais connue sans pitié ?

Je me sentis en paix.

10

Tyr, Palestine.
25 avril 1192.

Les premiers temps de son mariage avaient été jouissifs pour Conrad de Montferrat. Bien que sa jeune épouse le reçût le visage détourné et les yeux humides, il la possédait comme on possède un butin inestimable : en prenant soin de se satisfaire sans la brutaliser. Une jubilation intense berçait ses mouvements de hanches, et, souvent, il se soulageait en elle l'esprit happé par la vision de son couronnement. C'était différent ce jourd'hui. S'il était toujours désigné par Rome comme le successeur *post mortem* de Guy de Lusignan[1], la perspective qu'il puisse succéder à ce dernier s'était envolée lorsque le roi d'Angleterre avait renoncé à reprendre Jérusalem. À quoi lui servirait d'avoir enlevé l'héritière en titre du trône, fait annuler ses épousailles avec Onfroy de Toron puis célébrer les leurs si ce n'était, somme toute, que pour laisser le royaume de Palestine aux Sarrasins ! Suivant les conseils du roi de France dont il était le vassal, il avait pour-

1. Roi en titre bien que dépossédé des terres de Palestine par Saladin.

tant fait le nécessaire pour diriger l'ost vers la Ville sainte tout en rabaissant, autant que possible, le prestige du Cœur de Lion. Il s'était même allié avec cette crapule de Pierre Basile, lui indiquant la meilleure manière de s'emparer d'Eloïn Rudel, puis de Loanna de Grimwald. Ces deux sorcières écartées et séparées, les flamboyantes dispersées, sa progéniture disparue, Richard s'était comporté comme Philippe Auguste l'avait prédit : en tyran instable et égoïste. Son accès de folie avait même laissé espérer à Conrad de Montferrat que Guy de Lusignan et Onfroy de Toron subiraient de conserve sa disgrâce. Dès lors, il aurait pu obtenir du pape d'être couronné roi de Jérusalem sur-le-champ. Cela n'avait été. Lusignan s'était montré suffisamment habile pour s'éloigner du Cœur de Lion sans remettre en cause l'amitié qui les liait.

Montferrat s'en était accommodé, une fois de plus.

Pendant des mois, il avait subi les assauts furieux de l'hiver devant la cité détruite de Ramla. *Qu'importent les accès de colère ou d'abattement du Poitevin, qu'importe la morgue de mon rival*, se disait-il, *bientôt je serai roi !* Il s'en était convaincu jusqu'à ce que le conseil des sages tranche, jugeant qu'assiéger Jérusalem dans l'état actuel de l'armée ne servirait qu'une défaite. Montferrat s'était indigné, avait brandi moult arguments, suivi, une fois n'était pas coutume, par Lusignan. Richard avait refusé d'entendre. Pour cause, cette décision allégeait sa conscience, lui offrant enfin l'occasion qu'il attendait de pactiser avec le sultan ! Marquant son mécontentement, comme bon nombre des chevaliers francs, Montferrat avait abandonné l'ost et regagné Tyr. Il lui restait encore une carte à jouer pour se couvrir de gloire et atteindre son but : échanger sa prisonnière contre Jérusalem. Bien qu'il eût peine à le croire, selon Pierre Basile, les deux possédaient même valeur pour Saladin. L'espoir au cœur, Montferrat avait envoyé courrier au sultan quatre jours plus tôt.

Pour l'heure, le vit pris entre les cuisses serrées de son épouse, il s'amusait de ce regard vainqueur que, pour la première fois depuis leur hyménée, elle lui renvoyait. Elle le croyait battu. Sans doute même s'imaginait-elle vengée, elle qui brûlait toujours d'amour pour Onfroy de Toron. La devinant capable d'en jouir, il poussa plus profondément et rapidement sa cognée. L'œil se voila une fraction de seconde avant de s'emplir de haine. Cette chienne avait trop vite compris où il voulait l'entraîner. Pour preuve, elle lui cracha au visage.

— Un jour, je vous tuerai.

— Un jour, je vous aurai, lui répondit-il sans s'essuyer, laissant sa propre salive lui ruisseler dessus.

— Jamais, grinça-t-elle.

Sans cesser de la marteler, il lui bloqua le visage entre ses deux coudes repliés puis se pencha. Elle serra les mâchoires pour se garder du baiser. Il la punit en lui mordant les lèvres avant de se redresser, plus excité que jamais. Des larmes de rage et de douleur troublèrent le regard bleuté. Avec sa longue chevelure brune dispersée, son nez byzantin, sa carnation parfaite et ses formes sensuelles, Isabelle de Jérusalem était aussi séduisante que sa dot. Plus encore lorsqu'elle se rebellait.

Il s'activa, frénétique, décidé à la plier.

À cet instant, un poing martela l'huis de la chambre. Déconcentré, Montferrat décida de n'y point répondre. Les coups redoublèrent, assortis d'une voix suffisamment impérieuse pour transpercer le bois épais.

— De grâce, Conrad !

Il s'immobilisa, le souffle court.

— De grâce ! insista-t-on.

Cette fois, plus de doute. Un sourire narquois regagna les lèvres tuméfiées de son épouse tandis qu'il se retirait d'elle. Il s'en agaça. Empoignant un drap pour se masquer le vit, il se dirigea vers le battant puis l'ouvrit d'une poigne décidée. Derrière, son ami Hugues de Bourgogne était fébrile.

— Elle a disparu.

Il tiqua.

— Qui a disparu ?

Le duc de Bourgogne baissa d'un ton.

— Loanna de Grimwald. Elle n'est plus dans son cachot. Nul ne l'en a vue sortir pourtant. C'est comme si elle s'était… volatilisée.

L'ardeur invaincue de Montferrat retomba d'un bloc.

— Réunis les gardes. Fais fouiller le château de fond en comble, si ce ne suffit, la cité tout entière. Et amène-moi ses geôliers dans la salle d'armes. J'arrive.

Il referma la porte pour se trouver nez à nez avec son épouse. Nue, les cheveux lui battant les épaules, elle le toisa, de la fureur dans le regard.

— Ainsi donc c'était vous… Que vous m'ayez ravie à mon aimé, je peux en comprendre les raisons, mais elle ? Que vous a-t-elle donc fait, par tous les saints ?

Il l'écarta sans ménagement d'un revers de bras.

— Cela ne vous concerne en rien.

Sans plus s'intéresser à elle, il se dirigea vers ses vêtements abandonnés près de la couche défaite. Il devait éclaircir cette affaire au plus tôt.

Un rire de défi éclata dans son dos, suivi de ces mots, aiguisés tel un couperet :

— Vous ne la retrouverez pas.

Ses trousses remontées, il pivota vers elle.

— Auriez-vous quelque chose à voir avec cette évasion ?

— Non, et je le regrette, car, croyez-moi, si j'avais seulement pu concevoir que vous emprisonniez une des amies de ma défunte mère dans le dénuement le plus total, je n'aurais pas attendu aussi longtemps pour la rendre aux siens !

Il fondit sur elle. Elle ne bougea pas, encaissa la gifle sans sourciller.

— Habillez-vous et retournez dans la chambre des dames. La première d'entre vous qui en sortira avant que je l'y ai autorisée sera fouettée au sang. Vous comprise. Suis-je assez clair ?

Elle ne répondit pas, se contentant d'essuyer d'un revers de main la blessure de sa lèvre. De nouveau, il se détourna, récupéra sa casaque d'un geste rageur, l'enfila, l'attacha avec des aiguillettes puis boucla les attaches de fer de ses heuses. Lorsqu'il pivota, ce fut pour constater que, si elle avait revêtu son bliaud de laine épaisse, elle continuait de le fixer par-delà la largeur du lit. Elle lui parut étonnamment sereine malgré la trace des doigts imprimée sur sa joue et le gonflement de ses lèvres. C'était suffisamment inhabituel pour qu'il s'en agace à nouveau. De sa place, il ouvrit une paume menaçante et l'agita.

— Ne vous ai-je point donné un ordre ?

— Avant de m'y ranger, je tenais à graver votre visage dans ma mémoire...

Un étrange sentiment de malaise le faucha. Isabelle de Jérusalem affichait une assurance qu'il ne lui avait jamais connue.

— Qu'est-ce à dire ?

Le regard bleu qui le couvrait devint d'acier.

— Vous n'avez pas la moindre idée des pouvoirs que vous avez enfermés avec elle. Moi je l'ai vue à l'œuvre autrefois. Et je sais. Vous allez mourir, Conrad de Montferrat...

Le sourire dont elle se fendit lui glaça l'échine.

— Et je ne vous pleurerai pas.

11

Hauteurs de Tyr, Palestine.
25 avril 1192.

Loin de l'abri sommaire auquel je m'attendais, j'eus la surprise de découvrir que Saladin avait fait aménager la grotte, du temps qu'il me venait délivrer. Des tapis rehaussés par des coussins épais couvraient le sol humide et, sur un plateau d'argent, des viandes fumées ou en salaison voisinaient des pâtisseries mielleuses. Au-dessus d'un lit de braises, des tranches fines d'agneau achevaient de cuire, répandant un fumet délicieux. Le sultan me désigna un paravent à six vantaux derrière lequel, éclairée par la lueur tremblante des nombreuses bougies disséminées, de la buée s'élevait.

— J'ai choisi ce lieu pour la source chaude qu'il abrite. Deux de mes esclaves sont à ta disposition. Prends ton temps, guerrière. Ici, tu es en sécurité.

Je l'avais haï, redouté jusqu'à la terreur. Pourquoi n'était-ce plus le cas ce jourd'hui ? À méditer ainsi des mois durant, m'étais-je détachée de tout, plus profondément que je ne l'avais imaginé ? Les sensations perçues depuis mon évasion tendaient à prouver le contraire, pourtant. L'espace d'une seconde, mon regard soudé au sien, je doutai de la réalité de cette situation tant elle était incongrue. Et puis j'obéis. Oui, Saladin était capable de créer cette ambiguïté. N'avais-je pas été respectueusement traitée et soignée lorsque, quinze ans plus tôt, il m'avait faite prisonnière ? Cela ne l'avait pas empêché le lendemain de me lier à un poteau et de m'offrir à la piqûre des scorpions. Quel serait, cette fois, le prix de ma libération ? Ce qu'à l'époque, déjà, il m'avait réclamé ? Ce chant de Marmiadoise qui préparait l'âme au passage vers l'au-delà ? Le contrôle de l'épée ? Je ne parvenais pourtant pas à m'en inquiéter. Son regard couvrait le mien d'une chaleureuse bienveillance, il me rendait ma dignité. Pour l'heure, je ne désirai rien d'autre, sinon m'arracher à la crasse du cachot puis goûter aux délices dont sa table s'ornait.

Répondant à l'appel silencieux d'une Mauresque, je contournai les panneaux de bois. Lorsqu'elle m'eut dévêtue de mes hardes trempées, je me glissai dans l'étroite cavité rocheuse. La chaleur intense de l'onde enserra ma peau, relâchant un à un mes muscles tétanisés par la course. Des mains glissèrent dans ma chevelure, démêlant son écheveau, des doigts relevèrent les miens qui flottaient. Le parfum du savon se mêla à celui des fleurs, de la myrrhe et du benjoin, le fredonnement langoureux des esclaves au chuchotement des hommes, si proches de l'autre côté. Je fermai les yeux, mon esprit retrouvant aussitôt le chemin de la source de Barenton en Brocéliande. Ce sanctuaire, je le sentais, avait seul survécu à la furie de Jean et de son cadet. C'était vers lui que, durant ces longs mois, je m'étais évadée. Une fois de plus, je m'abandonnai, certaine maintenant qu'Eloïn avait accédé, comme moi, à la sérénité.

Je reparus devant le sultan, vêtue d'un *jilbab*[1] de lin brodé d'or, une longue tresse retenant sur le côté ma chevelure huilée. Il se leva à mon approche, s'inclina devant moi à l'orientale puis, ayant dispersé ses hommes, m'invita à m'asseoir face à lui sur un des épais coussins de sol.

De longues minutes durant, il me regarda picorer dans les plats, découvrir que peu finalement suffisait à me rassasier tant mon estomac s'était resserré. Lorsqu'un serviteur s'approcha pour me proposer du vin de rose, mon refus brisa le silence qu'il avait laissé s'installer. Il s'y engouffra avec délicatesse.

— Ta vitalité recouvrée me réjouit, Loanna de Grimwald.

Je plantai mon regard gris-vert dans le sien.

— Comment as-tu su où j'étais ?

— Une erreur commise par ton geôlier. L'armée chrétienne a profondément souffert du climat de Palestine. Elle n'est plus assez combative et nombreuse pour me reprendre la Ville sainte. Ton roi s'en est détourné, préférant fortifier les places qu'il m'a regagnées. Montferrat m'a donc proposé un marché : toi ou Jérusalem. J'ai jugé qu'il ne méritait ni l'une ni l'autre.

Mon sourire s'étira.

— Eloïn ?

— Elle se porte bien. Tu la verras bientôt si tu acceptes de me suivre.

---

1. Vêtement long, avec ou sans capuchon, appelé aussi djellaba au Maghreb.

Je tiquai.

— Ne suis-je point ta prisonnière ?

— Tu ne l'as jamais été.

Une aiguille se planta au creux de mes reins. Mon timbre se durcit.

— Tu as la mémoire courte, illustre sultan. Moi, je n'ai rien oublié !

Son œil flamboya. Enfin je reconnaissais cet homme qui avait hanté mes cauchemars. Je compris qu'il ne m'avait délivrée que pour cette seule raison : ce face-à-face dont Montferrat l'avait privé en juillet dernier. Bouleversée comme je l'étais, aurais-je pu alors mieux l'affronter ? J'en doutai.

Je relevai un menton fier.

— Je ne te crains plus.

— Tu le devrais pourtant.

— Pourquoi ? Avec la transcription du chant de Marmiadoise que tu m'avais arrachée, j'ai repris ce qui m'appartenait, puis, de longues années durant, je me suis tenue à mes engagements : disparaître avec ma lame, ne plus attaquer tes convois, cesser de te combattre[1]. Si tu n'avais enlevé Jérusalem, si mon roi n'avait réclamé mon aide, je ne me serais pas dressée contre toi.

Il haussa les épaules.

— L'important n'est pas ce que tu fis, mais ce que tu me dois.

— Autant dire rien.

Il sursauta.

— Rien ? Est-ce rien ce chant pour lequel, avec ce chien de Chastillon, tu t'avanças autrefois jusqu'aux

1. Voir *Richard Cœur de Lion*, tome I, *L'Ombre de Saladin*, *op. cit.*

portes de La Mecque ? tuas les plus valeureux de mes guerriers ?

Mon cœur s'accéléra dans ma poitrine. Je connaissais ce regard, le timbre acéré de cette voix. Il avait signé ma condamnation à mort une fois. Refusant de redevenir esclave de ma peur, je m'enfermai à mon tour dans une froideur d'acier.

— Utilisé en masse sur un champ de bataille, ce chant n'y laisserait que désolation et cadavres, sans distinction de race ou de religion. Il était de mon devoir de préserver nos deux peuples de son pouvoir !

Ses traits perdirent aussitôt toute agressivité.

— Aurais-je eu d'autres intentions que les tiennes à ton sens ?

Je me troublai. Il secoua la tête, l'œil attristé.

— Si cela avait dû être, Loanna de Grimwald, sitôt t'avoir abandonnée près de la forteresse détruite du gué de Jacob, il y a quinze ans, j'aurai usé de ce pouvoir dont tu parles, au lieu de placer parchemin et épée sous la protection du Prophète. Je craignais ce qu'il advint au matin de ta capture par Montferrat. Que le ciel, par ton bras, nous cingle de sa colère et que cette terre, si chère à mon cœur, ne soit engloutie comme le fut la tienne de Brocéliande.

Je m'entêtai.

— Si tu dis vrai, alors pourquoi n'avoir pas essayé de m'en convaincre, au lieu d'écorcher vifs tes prisonniers ? Pourquoi m'avoir offerte aux scorpions ?

— Tu n'as vu de moi que ce que tu voulais. Moi, j'ai éprouvé ton cœur pour y découvrir ta vérité.

— Je ne comprends pas.

— Ces hommes dont tu parles furent bien mutilés sur mes ordres, néanmoins ils étaient morts avant, durant la bataille.

— Tu mens. Je les ai entendus hurler.

— Des mamelouks se sont appliqués à te le laisser croire.

— Pourquoi ?

— Afin que tu me craignes comme je te craignais, toi.

Je vacillai sur mes certitudes. Il soupira.

— « Déesse ? Djinn ? » t'ai-je demandé en découvrant que tu détenais le pouvoir de briser tout un peuple par le chant mortuaire de cette épée. « Simple mortelle » fut ta réponse. Tu mentais. Alors oui, je t'ai soumise au châtiment d'Allah. Certain que tu y survivrais. Mais espérant de toute force que ma cruauté te ferait cesser le combat. Je me suis trompé. Tu suivis Chastillon dans ses exactions, repris ta lame et la transcription de son chant. Dès lors, pas un jour ne passa sans que je pense à cet instant où il me faudrait te convaincre de rendre à Dieu, sinon à moi, la puissance qu'il te donna. C'est pour cela que j'ai fait enlever ta fille. C'est pour cela que tu es ici, devant moi.

La sincérité de son regard me faucha, déchirant ce voile épais qui recouvrait mon cœur depuis tant d'années. Les paroles prononcées par Merlin à Brocéliande avant mon départ pour la croisade[1] me revinrent en mémoire.

« — Caliburnus a rejoint ses sœurs, avait-il dit. *Elle porte notre espoir de réconciliation et de paix. Jusqu'en Terre sainte.*

---

1. *Ibid.*

— *Mais Saladin…*

— *Regarde, Loanna. Au-delà de ta peur. Au-delà de ta rancœur. Tu y trouveras des raisons d'espérer. Alors tu agiras. Comme tu dois. Comme tu l'as toujours fait.* »

Saladin déplia son long corps maigre. Remis debout, il m'offrit sa main tendue. Je m'y accrochai.

Il me sourit.

— Je ne suis pas ton ennemi, Loanna de Grimwald.

Il retira Marmiadoise de son fourreau et me la remit.

— Cette lame que l'illustre Richard m'offrit est une copie ; néanmoins, son fil servira ta cause. Je te laisse le choix, guerrière. Me tuer pour délivrer Jérusalem et te couvrir de gloire ou t'allier à moi pour vaincre la véritable source du mal. Celle qui décide bien au-delà de toi, de moi ou des rois.

Surprise de comprendre qu'aucun de ses mamelouks ne s'interposerait, je demeurai interdite, l'épée dans le prolongement de mon bras.

Saladin soupira :

— J'avais une autre raison que le tombeau du Prophète pour enlever Jérusalem. Une raison qui nous unit depuis le premier jour, toi et moi. Une raison qui me fit m'allier à ce chacal de Pierre Basile, remplacer Caliburnus qu'il avait dérobée en Sicile par une copie aussi habile que celle-là et le laisser repartir avec vers son maître. Une raison qui me fit ravir ta fille. Non pour briser le Cœur de Lion mais pour la protéger de bien plus vil que moi. Saytan est en marche. Il porte le Graal noir. Seule, tu ne l'arrêteras pas.

Un sentiment d'évidence frappa ma conscience. Saladin me fixa avec une telle intensité qu'elle explosa en moi. Les flamboyantes n'avaient jamais été destinées qu'à cela : ramener l'équilibre. Je l'avais rompu en opposant Marmiadoise à Caliburnus lorsque Richard avait été attaqué sous les murs d'Acre par Pierre Basile. En ce qui concernait Durandal, j'ignorais si Godefroy et Philippe l'avaient retrouvée. Las, en livrant les secrets de magie blanche à un être engendré dans le mal[1], n'avais-je pas ruiné tous les espoirs d'Avalon ? Un voile de tristesse alourdit un peu plus mes épaules plombées par la fatigue.

Je secouai la tête.

— Mes pouvoirs d'hier ne sont plus, noble sultan. Je les ai perdus.

Il m'offrit un sourire étrange.

— Brocéliande n'est pas le seul endroit où la magie d'Avalon et de Merlin peut s'exprimer.

Devant mon air surpris, il se mit à rire.

— Ta fille s'est révélée une admirable conteuse. À présent je sais tout de toi. Allons, guerrière, puisqu'il semble que tu aies fait ton choix, laisse la nuit reprendre ses droits. Demain nous nous mettrons en chemin pour intercepter ton époux que j'ai devancé à Tyr. Il serait regrettable que Montferrat le capture à son tour.

Mon cœur bondit dans ma poitrine.

— Jaufré… Tu avais dit…

— Que nul ne te sauverait si tu ne me suivais pas, oui. M'aurais-tu écouté de la même manière s'il t'avait délivrée avant moi ?

1. Geoffrey Plantagenêt, né d'elle et Henri.

Non. Évidemment non, songeai-je.

Il me désigna un matelas à l'écart de ceux des hommes.

— Repose-toi. Nous partirons à l'aube.

Il se détourna.

— Que la nuit te soit douce, Salâh al-Dîn, le remerciai-je.

Dans la pénombre qui grandissait au fur et à mesure que les serviteurs mouchaient les chandelles, son pas se fit plus lourd. Sa main battit l'air, poussant son souffle jusqu'à moi.

— *Inch'Allah*, Loanna de Grimwald… *Inch'Allah*.

12

Tyr, Palestine.
26 avril 1192.

Vautré dans un faudesteuil tendu de velours cramoisi, Conrad de Montferrat vida d'un trait un hanap de vin épicé. La nuit avait été longue. Il avait entendu un à un les geôliers. Rien. Aucun, se relayant, n'avait quitté sa faction derrière la lourde porte de bronze qui barrait l'accès à l'escalier de la crypte. Selon les consignes scrupuleusement appliquées depuis neuf mois, c'était le muet qui l'avait déverrouillée devant eux, avant de les suivre jusqu'à la herse, les laisser la remonter puis la rabattre du temps qu'il portait, au bout du couloir, le repas à la prisonnière. Loanna de Grimwald n'avait pu s'évader par là. Il fallait donc qu'un autre passage existât. Montferrat détenait Tyr depuis sept ans et, bien qu'il se soit appliqué à renforcer les bases défensives de la cité pour la préserver de Saladin, il s'était peu intéressé à son histoire. Or les églises y étaient légion : Saint-Cosme-et-Damien, Saint-Démétrius, Saint-Jean, Sainte-Marie-des-Arces, Saint-Pierre, Saint-Thomas… Il était de coutume qu'on les reliât entre elles par des souterrains. S'il avait appris plus tôt que les cachots avaient été aménagés dans les bas-fonds de la plus ancienne chapelle de Palestine, peut-être aurait-il ordonné qu'on sonde les murs avant d'y enfermer cette sorcière ! Au lieu de quoi, depuis sa disparition, la peur s'inscrivait sur le visage des soldats. Agacé autant par leur couardise que par sa propre négligence, il tendit le récipient en direction d'un de ses esclaves commis au rôle d'échanson. Aussitôt le musulman se précipita, son cruchon en main. L'espace d'une seconde, Montferrat espéra le voir s'empêtrer et déverser le vin à terre. Le rosser aurait soulagé sa colère. Il le fixa méchamment. Ne pouvait-il, comme le roi d'Angleterre, se défouler quand bon lui semblait ? On ne lui en laissa pas le temps. Une main impérieuse ébranla le bois de la porte. Obéissant à son ordre, l'esclave sursit à son geste pour déverrouiller le battant. Tandis que, congédié, ce dernier quittait la pièce, le duc de Bourgogne l'y remplaça.

— Nous avons trouvé le souterrain. Il se situe au-delà de la grille, à mi-palier. Elle n'a pu y accéder seule, lui servit-il en avalant d'un pas décidé la distance qui les séparait.

— Saladin ?

— Qui d'autre ? Lui révéler que nous la détenions n'était pas une bonne idée.

Montferrat bondit. Ses longs cheveux noirs tressautèrent sur le col du hoqueton[1] de laine sans manches.

— C'était la seule qui me restait ! s'emporta-t-il.

Sans attendre de réponse, il enchaîna :

1. Sorte de gilet avec ou sans capuche.

— Si ce chacal a trouvé le moyen de franchir mes lices, il reviendra, cette fois en nombre, pour enlever la cité. Le jour se lève. Avant que l'office des laudes[1] ne soit achevé, je veux que le mécanisme d'ouverture soit détruit, les joints maçonnés. Dans un deuxième temps nous provoquerons l'éboulement de la voûte. Nul ne doit plus pouvoir entrer ou sortir de Tyr par là.

Hugues de Bourgogne posa le creux de son gantelet de cuir sur l'épaule massive de son ami.

— J'en ai déjà pris l'initiative. Après avoir envoyé quelques-uns de mes soldats à la découverte de ce souterrain, cela s'entend. À leur retour par la grand-route, nous serons fixés sur son embouchure.

Montferrat s'en trouva soulagé. Il tapota cette main qui lui pesait.

— Bien… Bien… Il ne nous reste donc plus qu'à attendre.

— Et à jouer de discrétion. Une troupe de cavaliers se dirige vers Tyr à vive allure. Selon la sentinelle qui l'a repérée depuis la coursive du donjon, elle porte les couleurs du Cœur de Lion. Avant tierce[2], celui qui la commande mendiera de nouveau le soutien de nos armées pour aider à la fortification d'Ascalon… ou des explications si cette garce a déjà rallié son roi…

Le regard de Montferrat se durcit.

— Je suis prêt à recevoir cet émissaire. Quoi qu'il espère. Va de ton côté. Et veille à ce que le

1. Première des grandes messes de la journée, vers 6 heures du matin, peu après l'aube.

2. Troisième heure après le lever du jour.

bruit de cette affaire ne leur parvienne pas s'ils ne sont pas là pour ça.

Le duc de Bourgogne relâcha sa tenaille chaleureuse.

— Ceux qui auraient pu l'ébruiter ne ressortiront pas de cette geôle qu'ils n'ont su garder. Quant au muet, sans ce moine, que j'ai occis, capable de traduire ses gargouillis, il ne constitue pas une menace.

Un sourire satisfait étira les traits fatigués de Montferrat. Ne lui restait plus qu'à faire taire son épouse. Si Jérusalem était définitivement perdue pour lui, il n'aurait aucun scrupule à cela.

Il la trouva dans la chambre des dames, au milieu de ses suivantes. Hugues de Bourgogne s'amusait de ce « harem » tant Montferrat avait, auprès de ces jouvencelles, trouvé matière à étourdir quelques nuits. Loin de s'en courroucer, Isabelle ne voyait en l'infidélité de son mari qu'un moyen d'échapper au devoir conjugal. Mieux, elle incitait ses compagnes à s'offrir généreusement si, à l'inverse d'elle, elles y trouvaient leur content. Certaines la jugeaient d'une froideur inadaptée à son jeune âge, d'autres, qui connaissaient son histoire, la plaignaient lorsque Montferrat venait l'arracher à son sérail. Couchées encore, elles ne bronchèrent pas lorsqu'il la saisit brutalement par le bras pour qu'elle se lève. Le seuil de la porte franchi, il l'entraîna par le corridor, puis dans sa propre chambre.

— Nous n'avons pas terminé notre conversation, rugit-il en la poussant sans plus de ménagement sur le lit.

Elle y tomba de dos et y demeura, préparée depuis la veille à cette altercation.

Cette fois, il se contenta de dégrafer ses braies puis de lui relever le chainse à hauteur de taille. L'idée de la soumettre lui ayant redonné vigueur, il lui suffit d'un violent coup de reins pour pénétrer en elle. Elle ne cilla pas, se contenta de regarder le mur latéral, pour éviter son regard.

À sa docilité, il crut son pouvoir sur elle retrouvé. Il se trompait. La nuit durant, tandis qu'il interrogeait les gardes, elle avait laissé couler ses larmes dans la discrétion de son oreiller. Non qu'il l'eût blessée par sa gifle ou ses ordres. Sa morgue retombée, elle avait seulement pris la véritable mesure des actes de son époux. Loanna de Grimwald, l'amie de sa défunte mère, avait toujours été très proche du sire de Lusignan et d'Onfroy de Toron dont Isabelle était encore éprise. Depuis que Montferrat l'avait ravie à ce dernier, elle n'avait cessé d'espérer un revirement de Rome en leur faveur. Peu à peu, cet espoir s'était émoussé. Bien qu'elle sût Tyr imprenable, elle s'était consolée en se disant que, tôt ou tard, Onfroy viendrait l'enlever, narguant l'Église, narguant son rival. Hier encore, parce que cette évidence la nourrissait, elle la préservait en elle comme un trésor. C'en était terminé. Par le simple fait de leurs épousailles, Montferrat l'avait rendue complice de ses actes. Onfroy de Toron était un homme de principes et d'honneur. La vérité éclatant, il ne pourrait, au regard de tous, lui pardonner. Il se trouverait toujours un chevalier franc pour affirmer qu'elle savait. De fait, qui pourrait douter qu'elle n'ait rien vu, rien entendu, rien compris, neuf mois durant, de ce qui se passait sous ses fenêtres ? Elle-même ne parvenait à l'admettre. Sa seule excuse était ce chagrin trop grand qui la rongeait et l'avait détachée de tout. Quand bien même Onfroy l'entendrait, s'il n'avait rien tenté depuis tout ce temps pour la reprendre par la force, cet argument achèverait de l'en dissuader. Elle l'avait cru chevalier émérite. Peut-être, au fond, en dépit de son amour pour elle, n'avait-il jamais eu l'étoffe d'un roi.

Un râle au-dessus d'elle. Montferrat s'électrisa, tendu dans le plaisir comme un animal aux abois. Elle avait à peine senti la violence de ses coups de boutoir. Elle était ailleurs, dans ce vide auquel elle devrait désormais s'habituer pour renoncer à son amour perdu.

Montferrat se retira d'elle sans plus de délicatesse qu'il y était venu. Il rattacha les agrafes à son entrejambe puis la toisa d'un œil mauvais.

— Visite nous est rendue, madame. J'attends de vous que vous vous montriez avenante et prévenante. Si, par inadvertance, vous osiez prononcer encore le nom de Loanna de Grimwald ou laisser entendre qu'elle me fut captive, sitôt les envoyés du roi d'Angleterre repartis, vous seriez emmurée à sa place et soumise au même traitement. Suis-je assez clair ?

Elle s'obligea à tourner tête vers lui.

— Soyez rassuré, Conrad. Vous n'aurez plus à vous plaindre de moi.

Elle tendit la main vers lui. Retrouvant aussitôt un semblant de savoir-vivre, il l'aida à se redresser.

— Je l'espère, Isabelle. Quoi que vous en pensiez, votre présence à mes côtés m'est aussi chère que le trône de Jérusalem.

Se forçant à sourire, elle lui laissa croire qu'elle n'en doutait pas. Pourtant, à cet instant, sans que Montferrat puisse seulement le deviner, ce fut l'espoir de retrouver un jour les bras du sire de Toron qu'elle enterra.

13

Qana al-Jalil, Palestine.
26 avril 1192.

L'aube en était à ses prémices lorsque la petite troupe menée par Jaufré Rudel traversa le village. Les volets de couleur vive étaient clos encore sur les façades de torchis. Le pas des chevaux amorti par la poussière du chemin, ils ne rencontrèrent âme qui vive jusqu'à la grotte dont se souvenait le troubadour. Ses abords, creusés dans le relief tourmenté, avaient à peine changé. Quelques buissons épineux, un olivier centenaire et cette rocaille caractéristique de la région, capable de briser net la jambe des chevaux lorsqu'elle s'éboulait brusquement. Sitôt mis pied à terre sous la voûte rocheuse, ils attachèrent leurs montures à une aspérité. Battant briquet, Bernard le Haut enflamma la mèche d'une lanterne puis, plaçant Aimery de Ulster en embuscade pour protéger leurs arrières, il suivit Gwalf et les Rudel vers le fond de l'excavation. Une trentaine d'imposantes jarres de terre cuite y reposaient, masquant la muraille de granit.

Jaufré en désigna une dizaine, sur sa gauche, devant l'entrée du souterrain. À en juger par les traînées sur le sol, on les avait déplacées récemment.

— Hâtons-nous, dit-il seulement, en réponse à l'inquiétude qui déteignit de ses traits sur le visage de ses compagnons.

Si quelqu'un les avait devancés, il était peut-être encore dans les lieux. Mieux valait qu'ils deviennent invisibles. Le falot éteint, ils dégainèrent leurs lames puis enfilèrent, les uns derrière les autres, le boyau dont l'embouchure, avant de s'évaser en hauteur, se situait presque à ras de terre.

Ils avaient parcouru plus d'une lieue sans incident, à pas de loup, lorsque des voix leur parvinrent. Jaufré, qui marchait en tête, reconnut sans peine, pour l'avoir entendu sous les murs d'Acre, le dialecte employé par les hommes du duc de Bourgogne. Un écho s'avérant souvent trompeur, ils ne pouvaient évaluer le nombre réel de leurs ennemis et y faire face sans danger. Rompus aux mêmes réflexes qu'autrefois, ils firent demi-tour.

Les premières lueurs du jour rasaient le sol lorsque Aimery de Ulster les vit reparaître. C'était bien trop tôt. Ils le lui confirmèrent d'un geste, avant de se dissimuler derrière les jarres. Abrité par un recoin d'ombre, Ulster arracha une flèche à son carquois puis s'installa de manière à utiliser la légère luminosité ambiante pour viser l'embouchure du tunnel. Geoffroy et Bernard le Haut firent de même tandis que Gwalf sortait sa fronde, et Jaufré, Marmiadoise. Ils se tinrent prêts. Moins de cinq minutes plus tard, la lumière d'une lanterne révélait le premier soldat. Deux autres suivirent, haches et boucliers au poing. Lorsqu'ils furent convaincus d'être seuls, ils relâchèrent leur garde, écarquillant les yeux pour sonder l'étendue de la grotte dans laquelle le jour peinait à se frayer.

— Boutre Dieu, où c'qu'on s'trouve ? gronda le premier.

— J'en sais fich' de rien mon gars, mais l'duc de Bourgogne l'a pas prévu d'ânes pour nous ram'ner au bercail.

— J'croyerais plutôt qu'c'eye nous au't', les ânes ! soupira le dernier en rangeant à son tour, à sa ceinture, son arme de taille.

Jaufré n'attendait que cela.

— Mieux vaudrait ne plus bouger ! les cueillit-il d'un timbre sans équivoque en s'avançant d'un pas.

— Boutre Dieu ! s'exclama de nouveau le premier, plus prompt à réagir.

Il plongea de côté pour gagner le souterrain. Une flèche lui transperça le flanc. Il s'effondra. Ses comparses crièrent merci sans qu'il fût besoin d'insister. Pris en tenaille par la troupe, ils furent aussitôt désarmés puis rassemblés loin du passage, bouché avec une jarre pour éviter toute nouvelle surprise. Penché au-dessus du plus loquace, Jaufré ne fut pas long à découvrir que son épouse s'était évadée.

— Qui ? Qui l'a arrachée à sa geôle ? vocifératil, en lui piquant poignard à la jugulaire.

— Moi, Salâh al-Dîn le Grand, répliqua une voix rehaussée par l'écho de la voûte.

Comme les autres, armes instinctivement reprises au poing, Jaufré pivota d'un bloc vers l'issue de la grotte qu'ils avaient négligée. Un tremblement de colère emporta son cœur. Il fut fauché aussitôt.

Je venais de lui apparaître en contre-jour aux côtés du sultan. Abandonnant ses prisonniers à ses compagnons, il fit un pas vers moi.

— Loanna...

Je courus me jeter dans ses bras.

Les minutes qui suivirent me laissèrent au cœur un sentiment étrange. J'étais éperdue de joie de les découvrir, Jaufré à leur tête, empressés de m'étreindre tour à tour, de s'assurer de ma bonne santé et de ma vaillance, mais gênée de ma connivence avec Saladin quand ils m'avaient aidée à le combattre autrefois, quand ils savaient, tous, la terreur qu'il m'avait inspirée jusque-là. Pour m'en troubler plus encore, la voix de ce dernier tomba par-dessus mon épaule alors que je donnais l'accolade à un Gwalf en larmes.

— Mieux vaut ne pas s'attarder ici, guerrière.

Je perçus le glissement discret de l'épée sortie du fourreau. M'écartant du petit homme, je me redressai. Le temps de pivoter vers Jaufré, mon troubadour s'était dressé entre le sultan et moi et lui faisait face, Marmiadoise pointée.

— Elle rentre avec moi, affirma-t-il, du défi dans une voix que je ne reconnus pas.

Elle me glaça. En une fraction de seconde, je compris que quelque chose avait changé en lui. Irrémédiablement. Le sultan l'avait aussi perçu. Saladin ne manifesta pas la moindre hostilité en retour, mais son regard, ombré de contre-jour, se creusa.

— C'est à elle de décider. Je ne la retiens pas.

Le cœur battant à tout rompre, je m'interposai entre eux.

— Il dit vrai, Jaufré. Je ne suis pas sa prisonnière. J'ai aujourd'hui besoin de lui comme il a besoin de moi.

Pour mieux l'en convaincre, je rejoignis le sultan. Laissant les mamelouks se charger des prisonniers, mes amis d'hier, mon fils vinrent encadrer mon époux. L'incompréhension noyait leur regard. Celui de Jaufré dardait sur son rival un feu jaloux que je ne lui avais jamais connu. Même du temps d'Henri. Cette fois, c'était différent, devinai-je. Un autre que lui m'avait sauvée. Et c'était vers cet autre que je venais de retourner.

Ma voix trembla :

— Nous sommes venus te chercher. Vous chercher. Ayez confiance en moi.

Je lui tendis la main. Déjà, fort de sa victoire, Saladin s'était détourné. Tous attendirent qu'il ait quitté la grotte pour m'encercler.

— Gwalf n'aime pas ça, dame Loanna. Non, Gwalf n'aime pas ça, répéta le petit homme en secouant la tête, l'air égaré.

Je plantai mon regard dans celui, amer, de Jaufré.

— J'ai besoin de toi, mon amour.

— En es-tu sûre, Loanna de Grimwald ? me lança-t-il d'une voix cinglante.

Je posai ma paume à la naissance de sa barbe, blanche à présent, perçus sous mes doigts la maigreur de sa joue. Ma voix se brisa :

— Plus que jamais. Un immense malheur est arrivé. Brocéliande…

— Oui, je sais. Gwalf nous a raconté, me coupa Jaufré en se dégageant, d'un mouvement vif, de ma caresse.

Cette fois, sa froideur me fit mal. Ne pouvant soutenir la rancœur de son regard, je détournai le mien, cherchant le soutien aimant de mon fils. Geoffroy, lui aussi, me resta distant. Alors, comme dans ce cachot, où trop de fois je m'étais parlé à moi-même, je me fis murmure :

— Je suis responsable de ce chaos. J'avais chargé Aliénor de remettre une lettre au jeune Geoffrey, lettre dans laquelle je l'incitais à se rendre au château du Lac et à y écouter la version d'Aristophane Bec concernant sa naissance. Je croyais ainsi le ramener à moi, à nous, racheter son pardon en lui ouvrant les secrets de sa lignée. Je me suis trompée. Il y a emmené Jean. Il s'est déchaîné avec lui sur Aristophane Bec, puis sur le domaine. Les forces du mal réveillées par le combat entre les deux lames d'Avalon ont fait le reste.

— De là à vous allier avec Saladin, vous n'y allez pas de main morte, Loanna de Grimwald ! désapprouva Bernard le Haut avec son franc-parler, exprimant l'opinion de tous.

Dans le prolongement du bras de Jaufré, Marmiadoise, qu'il n'avait pas rangée, brillait, elle, d'un éclat mauvais, relayant sa colère et sa détresse. Mon cœur s'emballa d'espoir dans ma poitrine. La magie était toujours là puisque ma présence l'avait réveillée. Pourtant, sa vraie lumière s'en était allée. Je devais la lui rendre. Je devais la ranimer, compris-je. C'était par l'amour que nous avions toujours vaincu. Par l'amour que nous avions toujours été liés, Jaufré et moi. Je ne devais laisser personne, ni Dieu, ni diable, ni Saladin, nous le voler. Sinon, alors, oui, tout serait terminé.

Sans cesser de la fixer, je vins me coller contre le gambison[1] de mon époux. Il ne bougea pas. J'entendis le pas lourd des nôtres s'éloigner. Je demeurai là, immobile, tandis que du fond de moi remontait un sanglot. Lorsqu'il explosa, Jaufré me serra contre lui, comme tantôt, à l'instant trop bref de nos retrouvailles.

— Je te demande pardon, hoquetai-je.

Son menton fouilla le haut de ma chevelure tressée. Il tremblait.

— C'est à moi que j'en veux. J'aurais dû arriver plus tôt. J'aurais dû arriver le premier.

Il m'enlaça plus étroitement. De longues minutes durant, je fus incapable de parler. Je percevais en moi sa détresse, sa peur, sa colère, sa jalousie, tandis que chantait Marmiadoise à son poignet, comme pour appeler nos âmes à sombrer. Son chant aussi avait changé. Il ne préparait plus l'âme au passage vers l'au-delà, il la détruisait. Saladin avait raison. Il fallait agir vite. Pour cela, je devais ramener Jaufré à la paix. Mais comment, si moi-même je n'y parvenais plus, en dépit de ce que j'avais cru ces derniers temps ?

Mes sanglots finirent par s'apaiser au bercement de ses bras. Je pus enfin trouver les mots qu'il attendait :

— Neuf mois durant je fus emmurée, sans quiconque avec qui parler. Sans même connaître le nom de mon geôlier. Au début, j'ai espéré, et puis

1. Appelé aussi « jaque », pourpoint de protection, en cuir ou en étoffe, rembourré et piqué, porté sous la cotte de mailles ou la cuirasse. Parfois aussi comme seule protection si de cuir sur l'extérieur.

j'ai fini par ne plus me préoccuper que de survivre, par habitude, à cause de cet instinct plus fort que tout accroché en moi comme un lierre parasite, certaine que mes actes avaient détruit jusqu'à ce lien qui nous unissait. Je n'en ai voulu à personne, sinon à moi-même. Et puis il est venu. J'aurais préféré que ce soit toi, pourtant ça n'aurait rien changé. Je me serais, malgré tout, rangée à ses arguments, Jaufré. Car, je le sais maintenant, lui et moi poursuivons les mêmes ombres. En vérité, tout au long de ces années, c'est de moi que j'avais peur, non de lui. Peur de redevenir la prêtresse d'Avalon, peur que le devoir ne nous sépare toi et moi, comme il nous avait déjà séparés par le passé.

Alors que j'étais traversée par un éclair de lucidité, mon poing se crispa contre son gambison.

— J'ai cru que j'avais le choix de n'être qu'une femme à tes côtés, je m'aperçois qu'en fait je ne l'ai jamais eu. J'ai essayé de concilier les deux. Même avec Henri, j'ai essayé... jusqu'à ce que vienne cet enfant du diable qu'il m'a imposé ! En le mettant au monde, je n'ai fait que réveiller ce que ma propre naissance devait enrayer. J'ai offert au mal ses armes les plus tranchantes ! C'est à moi de réparer, tu comprends ? C'est à moi..., trembla ma voix, étranglée par un nouveau sanglot.

Sa paume ouverte enveloppa mon crâne, ses doigts le pétrirent comme s'ils voulaient franchir la barrière osseuse, en retrouver l'âme. La sienne s'y fondit-elle ? Un frémissement l'ébranla tout entier.

— Non, c'est à nous de réparer. Car tu es toi, Loanna de Grimwald, telle que tu as toujours été : la descendante du grand Merlin et de Viviane d'Avalon. C'est d'elle que je me suis épris, c'est elle que j'ai épousée en pleine connaissance de cause, même lorsqu'elle rêvait de n'être qu'une femme à mes côtés. C'est elle que je viens de retrouver…

Il soupira lourdement avant de poursuivre :

— Seulement, avec elle est revenu ce sentiment oublié de n'être pas à la hauteur, alors qu'un autre, hier notre ennemi, irradie de lumière à ses côtés.

Forçant le poids de sa main, je relevai la tête. Je devinai la morsure de son regard planté dans le mien.

— Ne le crains pas, Jaufré. Je t'en prie. Ne le crains plus… Le temps est venu où, près de lui, je dois, nous devons nous battre contre le Graal noir. J'ai besoin de toi, tel que tu es. Tel que je ne cesserai jamais, moi non plus, de t'aimer.

Il pencha ses lèvres sur les miennes. À l'instant où elles se joignirent dans la profondeur d'un baiser, Marmiadoise illumina la grotte d'une lumière blanche. Lors, je sus, comme au jour de nos épousailles, quarante ans plus tôt, que la grande prêtresse d'Avalon ne pourrait être complète qu'avec lui à ses côtés.

14

Tyr, Palestine.
26 avril 1192.

Henri de Champagne accepta sans hésiter l'accolade de Conrad de Montferrat. Ils avaient souvent guerroyé ensemble ces derniers mois, sous les ordres du roi de France. S'il appréciait peu l'individu qu'il jugeait sans scrupules, il reconnaissait courage et dextérité au guerrier. Montferrat n'avait-il pas, seul en son temps, réussi à conserver Tyr quand les autres places fortes avaient été prises par le sultan ?

Ils se congratulèrent durant les quelques minutes qu'il leur fallut pour aller du parvis du donjon à la salle de justice, située à dextre de celle de festoie qu'ils devaient traverser. Derrière eux, trottinant de ses souliers ferrés au mitan des chevaliers aux heuses poussiéreuses, l'archevêque de Rochester suivait d'un regard hostile le ballet des serviteurs qui dressaient les tables ou nourrissaient de chandelles les immenses lustres de fer descendus à l'aide de poulies. Richard avait choisi le prélat pour sa sévérité à l'égard des faiblesses humaines, espérant ainsi rappeler à Montferrat qu'aucun de ses actes ou de ses dires ne souffrirait plus le moindre écart. En effet, selon la rumeur, les murailles de son château de Tyr recelaient, depuis qu'il y était revenu, plus de festoie que de prière. Si Richard avait été contraint, par le bon sens, de se rallier à cet être qu'il mésestimait au plus haut point, il refusait de lui concéder ce qu'on n'avait cessé de lui reprocher, injustement, à lui.

La lourde porte aux ferrures de bronze refermée derrière les huit hommes de la délégation anglaise, Montferrat les convia à s'asseoir autour de la table de bois de cèdre que les compagnons ébénistes venaient d'achever. Il en était si fier qu'il profita de ce que deux de ses esclaves sarrasins servaient à tous du sirop de myrte dilué d'eau de rose pour vanter l'habileté de leur travail. Ensuite de quoi il s'enquit du motif de leur visite. Henri de Champagne prit le temps d'essuyer une perle ambrée à la commissure de ses lèvres avant de lui tendre un pli sorti d'un rouleau de cuir accroché à sa ceinture de taille. Sourcils froncés, Montferrat brisa le sceau royal. Son visage s'éclaira dès les premières lignes. Lorsqu'il reposa le parchemin, tout en lui suintait l'orgueil et la victoire.

— Ainsi donc ce vieux rat de Lusignan regagne son trou !

— Pas n'importe lequel, mon fils. Sa Majesté Richard Cœur de Lion lui offre le royaume de Chypre en échange du sien, s'empressa de rectifier l'archevêque de Rochester pour rabattre son détestable dédain.

Une pointe de jalousie piqua Montferrat. Il en chassa l'agacement en même temps qu'une mouche près de son oreille. Si l'ordre du Temple acceptait d'être dépossédé de Chypre, c'était qu'il y avait trouvé bien moins d'avantages qu'escompté, se convainquit-il, avant de se tourner vers Henri de Champagne.

— Le roi d'Angleterre ne m'ayant jamais été favorable, savez-vous ce qui influença cette décision ?

Henri de Champagne haussa les épaules.

— Qui d'autre que vous ?

De nouveau Montferrat goûta son triomphe.

— Qui d'autre, en effet.

— Nous avons reçu l'ordre de demeurer à vos côtés jusqu'à la date de votre couronnement. Nous sommes le 26. Il aura lieu le 7 du mois prochain. Ici même. Ce qui nous donnera le temps de goûter votre dévotion, ajouta l'archevêque, ses mains trop sèches croisées sur la croix ornée de rubis qu'il portait en sautoir.

Une fraction de seconde, indifférent à la réprobation inscrite dans ces yeux de fouine, l'esprit de Montferrat s'envola vers des nuées somptueuses. Il en redescendit violemment, rattrapé par le souvenir de l'échappée de Loanna de Grimwald. La présence de ces gens à Tyr, en pareille circonstance, n'allait guère lui simplifier la tâche. Il ne pouvait pourtant les renvoyer, encore moins les distraire à en juger par l'austérité de cette face de carême. Il acquiesça d'un sourire faussement satisfait. Ensuite de quoi, l'office de matines approchant, il les guida jusqu'à la chapelle du château. S'imposant déjà en maître, l'archevêque de Rochester venait de décider de dire la messe. Quel argument lui opposer ?

Isabelle de Jérusalem était déjà agenouillée sur son prie-Dieu. Absorbée par la prière, son front touchant ses mains jointes, elle ne le releva pas à leur approche. Montferrat vint s'installer à côté d'elle, repris par une bouffée d'angoisse. Et si cet archevêque se mettait en tête de les entendre tous deux en confession ? Lui ne révélerait rien de l'emprisonnement de Loanna de Grimwald, mais elle ? Il la savait trop honnête et pieuse pour se taire, malgré ses menaces. Elle s'accuserait d'avoir péché par omission. Certes, Rochester avait autant condamné les pratiques sodomites que les amourailles du Cœur de Lion avec la sorcelière, ou encore l'utilisation d'armes païennes dans cette croisade, mais approuverait-il son geste pour autant ? Quel en serait le prix ? Son silence contre le partage du pouvoir, tel Suger du temps de Louis le septième ou Thomas Becket de celui d'Henri II d'Angleterre ? Oui, derrière son allure de rat, Rochester était de la trempe des ambitieux, il était prêt à le jurer. Rien ne devait transparaître. Rien qui puisse lui laisser croire qu'il le craignait.

Après avoir poliment mais sèchement déchargé l'abbé en présence, l'archevêque venait de se glisser derrière l'autel, forçant l'assemblée à se lever.

Négligeant son épouse qui s'était redressée, et déterminé déjà à cette guerre de l'ombre, Montferrat accorda au prélat toute son attention. Il n'eut donc pas à regretter d'avoir installé Henri de Champagne à gauche d'Isabelle. Il ne s'aperçut pas non plus du trouble qui, sans qu'ils le cherchassent l'un ou l'autre, d'un seul regard poliment échangé, venait, communément, de les gagner.

15

Hauteur de Tyr.
26 avril 1192.

Durant tout le trajet qui nous mena, au galop, de Qana al-Jalil à la grotte où j'avais passé la nuit, Jaufré et les miens m'encadrèrent, refusant, en dépit de mes allégations, de se départir de leur méfiance à l'égard de Saladin. Comprenant leur réserve, le sultan chevauchait en tête de ses hommes, sur un de ces petits chevaux nerveux dont j'avais toujours loué la beauté sauvage. Haut désormais dans un azur profond, un franc soleil brûlait mes joues. Je n'en avais cure. Comme la veille, chaque foulée de ma monture m'enivrait, réveillait ma musculature endormie. Mes sens savamment aiguisés par ma réclusion percevaient chaque martèlement des sabots comme une échappée de plus qui me ramenait à la vie. Seuls mes yeux, trop longtemps réduits à la pénombre, larmoyaient encore sous la clarté et les envolées de poussière. Rien de comparable à la veille pourtant, grâce à l'eau florale avec laquelle on me les avait lavés à plusieurs reprises.

Visage fermé, Jaufré fixait le dos de notre ennemi d'hier, à quelques encolures de sa monture. Mes paroles avaient été un baume. Trop léger pourtant pour chasser quinze années d'angoisse et d'envie de vengeance. Je le devinais prêt à arracher son épée du fourreau, cette copie de Marmiadoise qu'il m'avait échangée contre la véritable, de nouveau à mon flanc. Je le devinais prêt à mourir plutôt que de m'abandonner à cet homme qu'il haïssait. Neuf mois plus tôt, il s'y était résigné pour Eloïn, mais on nous avait trop longtemps séparés pour qu'il puisse, maintenant, s'y résoudre. Le manque de moi en lui était une plaie que, trop souvent par le passé, j'avais creusée. Les autres ne pouvaient que partager son sentiment. Mon fils, Bernard le Haut ainsi qu'Aimery de Ulster restaient visiblement sur leurs gardes. Seul Gwalf, qui percevait la magie redevenue blanche de Marmiadoise, affichait le sourire généreux d'un enfant. Lorsque parfois il tournait visage vers moi, son regard m'apparaissait pétillant sous le capuchon du haubert. Il ne comprenait pas davantage que les autres ce qui motivait ma soudaine confiance en le sultan mais, comme autrefois, il faisait corps avec moi, avec nous, et cela suffisait à son bonheur de l'instant.

Bien que j'ignorasse hier que Jaufré serait si chaleureusement accompagné dans sa quête, j'avais convaincu Saladin de marquer une pause avant de piquer sur Jérusalem pour y retrouver Eloïn. Il avait éveillé ma curiosité en évoquant un Graal noir. Curiosité que j'avais insidieusement transmise à Jaufré pour retenir son attention et le convaincre d'attendre. Je savais que, comme pour moi, cela ranimerait en lui le souvenir de la bénédiction de Merlin après nos fiançailles. Cet instant qui avait précédé notre départ de la forêt de Brocéliande. Soulevant l'eau vive de la fontaine de Barenton dans ses mains en coupe, Merlin avait psalmodié :

« Graal de sel et de sang mêlés, aux confins d'Avalon et par-devant l'immaculé, d'eau, de feu, de terre et d'air, je forge votre destinée. L'un à l'autre vous êtes ce jour, l'un à l'autre vous êtes à l'éternité. »

Le nom de « graal » étant communément donné à un plat creux, je m'étais alors étonnée que Merlin l'employât. Si j'avais retenu le serment prononcé parce qu'il nouait ma vie à celle de Jaufré, je n'avais pas cherché à éclaircir ce point de détail. Or, la veille, à l'instant de m'endormir, il m'était revenu. Au réveil il était encore présent. Interrogé plus avant, Saladin m'avait couverte d'un regard insondable avant de me sourire tristement.

— Retrouvons ton époux, guerrière. Là est notre priorité. Les réponses viendront. Après.

Cet après s'inscrivit en prière dans l'œil de Jaufré lorsqu'il m'offrit son aide pour descendre de cheval. À la lueur du plein jour, la cicatrice ouverte au flanc de la montagne me parut aussi profonde que celle au cœur de mon époux. Sur le seuil, Saladin, qui nous avait précédés, se retourna vers notre troupe après l'avoir, jusque-là, volontairement ignorée.

Sans ciller, il accusa le regard noir de Jaufré.

— Je comprends ta méfiance et ton hostilité, prince de Blaye. Moi-même, à ta place, aurais déjà traversé l'espace qui nous sépare pour venger fille et femme des affronts subis.

Ramenée à l'envie, la main de Jaufré se referma sur le pommeau de sa lame.

— Donne-moi en ce cas une raison, une seule, de ne pas te pourfendre.

— La vérité. Je ne puis croire qu'un homme de ta valeur refuse de la connaître avant de tuer.

La main de Jaufré retomba. Saladin s'inclina à l'orientale puis, tel un serviteur, s'écarta du passage pour nous laisser l'y devancer. Comme les nôtres, parce que c'était là, maintenant, dans cette rivalité d'hommes, que tout se jouait, j'attendis que Jaufré accepte l'invitation pour avancer.

Il tiqua devant l'aménagement de l'espace, la tiédeur apportée par la source chaude, les tapis et les coussins au sol près des tables basses, la nourriture que, durant notre absence, les serviteurs y avaient déposée. Il n'aurait pu m'offrir gîte plus accueillant à ma sortie de l'enfer. Laissant les nôtres, trop silencieux, s'installer, il s'assit en tailleur à mes côtés, face au sultan. Comme la veille au soir, Saladin avait écarté ses mamelouks. Un seul de nous aurait suffi pour le tuer. Tous y songèrent. Néanmoins, Jaufré avait accepté son hospitalité et aucune hostilité ne marquait le regard ou les traits du sultan.

Saladin claqua dans ses mains et l'on nous présenta des hanaps de bois emplis d'infusion d'hibiscus. Il leva le sien en direction de Jaufré.

— L'amitié est un bien précieux. Acceptes-tu de boire en son nom ?

Un sourire ironique fendit le visage anguleux de Jaufré, me révélant des rides que jusque-là le temps n'avait pas marquées.

— L'amitié n'est pas un acquis. Elle se gagne,

Salâh al-Dîn… Néanmoins, je veux bien boire à la paix que cette assemblée évoque.

Saladin hocha la tête, avala une gorgée avant de répondre :

— Je la cherche plus que tu ne le crois, Jaufré Rudel. Même s'il porte nom différent, nous nous battons pour le même Dieu.

Sans le quitter des yeux, Jaufré reposa son hanap sur la table basse.

— Non. Malgré notre différence d'âge[1], nous nous battons pour la même femme.

Mon sang s'accéléra dans mes veines. Mon fils devina mon trouble. Sa main couvrit mon avant-bras, encourageant mon silence. Les traits de Saladin s'étaient durcis. À l'inverse, d'avoir enfin exposé les faits, Jaufré sembla recouvrer son aise. Il piqua une datte fourrée à l'amande dans une coupelle puis la porta en bouche. Saladin se détendit à son tour. Son soupir s'envola sous la voûte.

— Je t'ai proposé la vérité. Je ne peux donc nier celle-ci.

— L'aimes-tu ? insista Jaufré.

La pression sur mon avant-bras se fit plus forte. Les regards des nôtres, gênés, s'étaient baissés pour ne pas croiser le mien. Même à l'époque d'Henri, je n'avais éprouvé semblable sentiment de frustration et d'humiliation. Un instant, j'en voulus à Jaufré

1. En 1192, Saladin avait cinquante-quatre ans, Jaufré quatre-vingts ans et Loanna soixante-dix. Grâce à la magie héritée d'Avalon au jour de leur hyménée, Jaufré et Loanna en paraissaient physiquement vingt de moins.

de m'imposer cela. Et puis la réponse vint. Qui me glaça plus encore.

— Depuis le premier instant. Comme toi sans doute. Et pour les mêmes raisons.

— Cette nuit ?

Cette question m'arracha le cœur.

— Jaufré...

— Tais-toi, m'ordonna-t-il sans quitter son vis-à-vis des yeux.

Des larmes piquèrent les miens. J'aurais voulu disparaître à nouveau, ne pas me sentir souillée par ce duel masculin, assurer Jaufré que cette jalousie primaire n'avait aucun sens. Néanmoins, elle en avait pris un dans l'aveu de Saladin. Elle en avait pris un dans le doute de Jaufré. Peut-être avait-il perçu bien avant moi, comme pour Henri, le trouble que le sultan m'avait inspiré et m'inspirait encore, même s'il n'était pas charnel.

Saladin ne se déroba pas.

— Je respecte ce qui ne m'appartient pas, Jaufré Rudel. Je n'ai attendu d'elle que ce qui m'était accessible. Ni âme, ni cœur, ni corps. Seulement ses pouvoirs et son savoir pour compléter le mien. J'en tiens pour preuve d'avoir chevauché vers toi ce matin quand j'aurais pu me contenter de l'emmener à Jérusalem et de te laisser prendre par Montferrat. Une femme comme elle mérite qu'on se batte, qu'on souffre et qu'on meure. Elle mérite aussi que l'on fasse fi de son orgueil, de sa colère ou de ses préjugés. Elle mérite qu'on l'aide à accomplir sa destinée. Et tu es le mieux placé de nous deux pour en juger. Voici pourquoi je te repose ma question : acceptes-tu de boire à l'amitié ? Car seule l'amitié, semblable à l'amour, appelle serment d'entraide, de justice et de fidélité. Et plus que de ton épouse, j'ai besoin de confiance si nous voulons vaincre les maléfices invoqués.

Mon souffle se suspendit au mouvement de son hanap de nouveau levé. Jaufré récupéra le sien sur la table. Il hocha la tête puis en avala une gorgée. Mes épaules se relâchèrent. Le sang se remit à pulser à mes tempes. Les deux hommes vidèrent la coupe, les yeux dans les yeux. Ni vainqueur ni vaincu. Lorsqu'ils la reposèrent, un même sourire les tenait. Saladin claqua dans ses mains pour qu'on nous apporte les roulés d'agneau aux épices préparés la veille. Jaufré n'attendit pas qu'on les serve.

— Parle-moi du Graal noir, demanda-t-il au sultan, s'imposant par là, définitivement, comme le chef de notre communauté.

16

Tyr, Palestine.
28 avril 1192.

Isabelle de Jérusalem avait les mains moites. Depuis une des étroites fenestrelles de la tour haute du château, elle embrassait du regard cette ville qui, sous l'impulsion de son époux, était devenue imprenable. Bastions et murailles épaisses enfermaient dans leur enceinte les arènes, thermes, palestres et autres vestiges de la cité phénicienne ancrée sur son rocher surplombant la mer. Les ruelles bordées de maisons basses n'offraient plus, d'ici, que les tuiles ocrées de leurs toitures, les églises et la cathédrale que les pointes de leurs flèches ou le front de leurs portails. Du bourg, enserré entre l'enceinte du castel et les nouvelles fortifications, montaient par intermittence des parfums d'épices, de cuisson et de fleurs, quand ce n'étaient les odeurs de la merdoie, celle abandonnée par les hommes dans un recoin de bâtisse, ou celle des cochons, poules, chèvres, chiens, chats ou chameaux qui en plus des charrettes à bras ou des chevaux encombraient les sinueuses allées de terre ocrée. Lui parvenaient aussi les voix des marchands, des rôtisseurs, des artisans, des usuriers, des porteurs d'eau, des pèlerins, des prélats ou des commerçants selon que l'on tendait l'oreille vers tel ou tel quartier. Même les bruits du port, solidement contrôlé par les tours de guet et la chaîne qui en ouvrait ou fermait l'accès, atteignaient le sommet de ce donjon.

Tout un monde qu'elle ne côtoyait plus depuis que Montferrat avait fait d'elle sa prisonnière. Avant qu'elle ne comprenne qu'Onfroy de Toron était, par la volonté du pape, à tout jamais perdu pour elle, c'était au loin, vers le large, qu'elle laissait couler sa détresse, qu'elle s'enivrait d'échappée et d'espoir. À présent, elle se contentait d'écouter monter les clameurs des festoies, le rire des enfants, les discussions des servants, les bruissements d'une ville que son époux avait consacrée comme un refuge contre Saladin. Il y était pour cela respecté et aimé. D'autant plus à présent que l'annonce de son couronnement coulait de place en place. D'elle, en bas, on ne savait rien, sinon l'essentiel aux yeux de tous : elle était la dernière descendante d'une lignée royale, celle qui assurait le trône de Jérusalem à Montferrat. Elle n'avait pour eux pas d'autre importance, pas d'autre consistance que cela. Que la vérité éclate au sujet du marquis de Tyr n'y changerait rien. Qui pourrait croire qu'un chevalier aussi héroïque que lui était en réalité un être vil, violent et lubrique ? Un être prêt à tout pour satisfaire sa soif de pouvoir ? La Chrétienté avait besoin de lui pour continuer de se battre, Richard Cœur de Lion avait besoin de lui pour rentrer en Angleterre. Qui se souciait d'elle ? Elle était la sacrifiée de cette croisade.

Pour ajouter encore, elle avait eu la confirmation ce matin qu'elle était enceinte. Quand bien même Onfroy écarterait sa responsabilité dans l'engeôlement de Loanna de Grimwald, il était trop tard pour eux. Elle ne lui imposerait pas l'enfant de leur pire ennemi. Elle devait prendre son destin en main. Dans les secondes qui avaient suivi cette prise de conscience, une haine farouche l'avait cueillie. Montferrat n'était pas digne de Jérusalem. Il ne le serait jamais ! Si elle n'était en mesure d'arracher cet enfant de son ventre, elle pouvait œuvrer pour que Montferrat n'y plante plus sa vénéneuse épine ! Elle n'avait qu'une chose à faire : convaincre Henri de Champagne de la sauver tout en vengeant Onfroy.

En s'ouvrant, la porte grinça légèrement sur ses gonds, et de nouveau en se refermant. Isabelle s'essuya les paumes sur le devant de sa robe, le cœur cavalant dans sa poitrine. Pour le calmer, elle s'efforça de l'accorder au rythme des pas qui coulaient dans sa direction. Cela ne fit qu'accentuer son trouble. *À quoi bon !* céda-t-elle. Quittant son observatoire, elle se retourna délicatement pour offrir le fard de ses joues à son visiteur.

Henri de Champagne s'inclina devant elle. Lorsqu'il se redressa, tout en lui trahissait cette attirance contre laquelle il avait, depuis deux jours, lutté en vain.

— Avez-vous veillé à mes recommandations, chevalier ?

— Nul ne m'a suivi. Quant à votre billet, les flammes l'ont réduit à merci. Nonobstant cela, madame, je n'ose me réjouir de cet instant volé, tant j'ai peur de m'en montrer indigne. Le chevalier de Toron est mon ami et, à ce titre, c'est pour glaner de vous quelques mots à lui confier que j'ai bravé l'ire de votre époux, et l'émoi dans lequel votre présence, si proche, me met.

Elle vacilla sous le poids de cet aveu. Onfroy… S'en guérirait-elle un jour ? Non. Sans doute non. Mais, même libérée de Montferrat, elle savait que la Chrétienté tout entière s'opposerait à leurs retrouvailles. Il n'avait jamais eu la faveur des croisés.

Elle baissa les yeux.

— Il m'a fallu me résoudre à l'oublier, chevalier. Vous êtes mon seul espoir et celui de cette croisade, alors, écoutez-moi sans m'interrompre, je vous le demande, puis essayez, si vous le pouvez, de me comprendre et de me pardonner.

Repoussant son épée sur le côté, il posa genou à terre devant elle.

— Je suis votre serviteur, princesse.

— De grâce, mon ami, relevez-vous. De cette fenestrelle on pourrait entendre des bribes de notre conversation, or nul autre que vous ne doit savoir.

Il obéit, la rejoignit contre un des murs latéraux, à égale distance de la porte et de la croisée. La pièce, étroite, servait à entreposer les vieilleries. De nombreux objets ainsi que plusieurs coffres s'y entassaient. À son invite, il s'installa à ses côtés sur l'un d'eux dont le couvercle refermé semblait robuste. La pénombre les enveloppa, abolissant la distance vertueuse entre eux, sans pour autant l'entamer. Si l'on venait à les surprendre, là, tous deux, Montferrat les ferait exécuter pour venger son honneur. Le temps de tendre l'oreille pour s'assurer que personne n'approchait, puis Isabelle, dans un murmure, lui révéla la vilenie de son époux.

Durant quelques secondes, Henri de Champagne demeura silencieux, jaugeant l'incidence de cette nouvelle sur la décision royale avant d'arriver à la conclusion qu'il était trop tard. Le couronnement de Montferrat était annoncé et le sort de Loanna de Grimwald importait peu face à la réalité de la lutte contre Saladin. Au contraire. Elle et Eloïn étaient à présent bien trop associées aux exactions commises par le roi d'Angleterre. Richard en serait fou de rage, mais il ne pourrait revenir en arrière. Henri de Champagne le lui affirma, avec regret.

En réponse, un soupir fendit l'air lourd de la pièce.

— Je m'en doutais, chevalier. Aussi n'est-ce point la vengeance du roi que j'espérais, mais votre aide.

— Elle vous est acquise, princesse.

Elle tourna vers lui son visage durci de détermination.

— Un autre que Montferrat doit régner sur Jérusalem.

— Il est trop tard, vous dis-je.

— Point si je suis veuve.

Henri de Champagne sursauta. Il sonda ces prunelles d'azur qu'un fin rai de lumière venait d'éclairer en oblique. Isabelle ne les baissa pas assez vite pour que lui échappe l'espoir qu'elle avait placé en lui par ces quelques mots. Il blêmit. Elle recouvrit son visage de ses mains. Seul un filet de voix s'en échappa :

— Vous ne pouvez concevoir à quel point je le hais, chevalier. Ses mains sur moi, son souffle dans mon cou, tout me répugne, et pourtant, je me plie, je me couche. Quelle différence, dites-moi, avec ces putains offertes en pâture aux soldats ? Il m'arrive de les envier tant je les ai vues rire sous les grasses caresses des soudards, comme si elles parvenaient à trouver leur content dans cette misère. La mienne est d'orfroi et de pierreries, mais privée de joie, de tendresse. J'ai tant connu le bonheur d'aimer que j'en viens à souhaiter mourir chaque fois qu'il me force.

Son regard revint se planter dans le sien.

— Onfroy de Toron ne possède pas, aux yeux des grands feudataires des trois royaumes, l'envergure nécessaire pour mener l'ost à la victoire, reprendre Jérusalem et y régner. Vous, vous l'avez, chevalier. Vos mérites vous précèdent et je ne doute pas que l'on se rallierait derrière vous, mieux encore que derrière Montferrat. Sauvez-moi de lui, je vous en supplie. À vous, je serai fidèle. Auprès de vous, je redeviendrai aimante, je le sens à ce cœur qui s'affole de trop par votre présence.

— Ne me tentez pas, Isabelle.

Maintenues fermement posées sur ses genoux cuirassés, ses mains se recroquevillèrent pour mieux y rester chevillées. Elle en recouvrit une.

— Soyez-le, au contraire. En m'arrachant à lui, c'est la vengeance d'Onfroy de Toron que vous accomplirez. Il est votre ami et préférera, j'en suis convaincue, me laisser à vous pour le salut de tous qu'entre les mains de cet infâme.

Tuer Montferrat. Sauver l'honneur bafoué de cette femme. Quel âge avait-elle ? Vingt ans ? Vingt-deux à peine ? La tristesse avait déjà cheminé sur son visage, affadissant l'éclat de sa beauté. Il chancela sous la douceur de sa peau au contact de la sienne, sous la promesse de son regard planté dans le sien. Elle se tenait si proche. Il s'embrasa. Irrésistiblement attiré par ses lèvres, il se pencha.

À l'instant où il allait les prendre, le tocsin s'ébranla. Il s'écarta d'elle, trop brusquement. Gênée par sa propre attitude, elle détourna la tête. Il se leva pour se précipiter à la fenestrelle.

Une clameur montait de la ville, relayée de quartier en quartier. Le temps d'en apprivoiser la teneur, les cloches de toutes les églises se répondaient.

Reprise, Isabelle s'était levée. Henri de Champagne revint vers elle, troublé.

— Redescendez, madame. On ne va pas tarder à vous chercher.

Elle se mit à trembler.

— Qu'est-ce à dire, chevalier ?

— Je crains que ce trépas dont vous espériez la grâce n'ait pas eu besoin de mon bras. On clame en bas que votre époux vient d'être assassiné.

Il lui accorda quelques minutes d'avance avant de quitter la pièce. Par mesure de prudence, il négligea l'escalier qu'elle avait emprunté pour regagner le rez-de-chaussée de la tour, préférant rallier celle du corps de garde par une des coursives latérales. Il parvint dans la cour du castel à l'instant où le duc de Bourgogne y paraissait, accompagnant le lent mouvement d'une charrette à bras dans laquelle gisait Montferrat, le poitrail sanguinolent. Henri se précipita à leur rencontre, la mine de circonstance. Déjà de tous côtés l'on accourait, l'archevêque de Rochester en tête, des signes de croix plein les mains. La dernière à paraître en haut des marches du corps de logis, droite et digne en dépit de sa jubilation intérieure, fut Isabelle de Jérusalem. Bientôt la place fut pleine. Aux murmures d'étonnement ou d'effroi, Rochester imposa le silence du recueillement. Les réponses viendraient plus tard, comprit Henri devant la colère inscrite au visage du duc de Bourgogne. Représentant du roi d'Angleterre en ces murs, il se rangea à ses côtés pour présenter ses condoléances à la princesse, évitant tout regard qui eût pu les lier d'une quelconque manière à ce crime.

Ce ne fut que plus tard qu'il comprit que c'était déjà fait.

17

Tyr, Palestine.
28 avril 1192.

Les deux hommes portaient le froc des moines de Saint-Cosme. Munis d'une lettre qui, avaient-ils prétendu, appelait réponse immédiate, ils avaient abordé Conrad de Montferrat alors que ce dernier se rendait chez son vieil ami, l'évêque de Beauvais. Pris dans ses pensées, le marquis de Tyr ne s'était pas inquiété de mal distinguer les traits des deux messagers, masqués par le capuchon rabattu trop bas sur le nez. La missive étant d'une banalité déconcertante, il avait fini par relever le front, agacé d'être retardé pour si peu quand Beauvais lui avait laissé entendre qu'il connaissait moyen de tenir Rochester à merci. Trop tard. La douleur à son flanc lui avait coupé le souffle. Le temps qu'il tombe le regard sur ce poignard qui ressortait, un second traversait son gambison de cuir, tournait puis remontait dans ses chairs, lui arrachant un rictus de douleur. Il s'était écroulé, mort, aux pieds des prélats, emportant ses manigances avec lui.

Ses assassins avaient été aussitôt encerclés, puis, leurs armes lâchées, arrêtés par les soldats chargés d'escorter le marquis. Ils se trouvaient à présent retenus dans une petite annexe souterraine de la salle des gardes de la prison, avait annoncé, froidement, le duc de Bourgogne à Henri de Champagne.

— Ont-ils donné leurs raisons ?

Ils s'apprêtaient à descendre la volée de marches qui les séparait des criminels.

— Point encore ; néanmoins, je ne doute pas qu'elles vous apparaissent évidentes, comme à moi, lui répondit le duc de Bourgogne, du cynisme dans la voix.

Autant intrigué que surpris, Henri de Champagne ne releva pas. En sa qualité d'émissaire du roi, il pénétra le premier dans la petite salle voûtée qu'éclairaient deux torches piquées à la paroi de pierre.

Ligotés dos au mur, capuchons descendus sur les épaules, les prisonniers étaient assis l'un à côté de l'autre. Henri de Champagne accusa un choc en découvrant leurs visages émaciés. Pour lui comme pour tous, Richard compris, les deux hommes étaient perdus depuis longtemps. Une joie profonde le submergea. Si son œil n'avait, à cet instant, croisé celui, glacial et suspicieux, du duc de Bourgogne, il se serait précipité vers eux pour les étreindre.

Se reprenant, main sur le pommeau de sa lame, il se planta devant eux.

— Messires…

— Heureux de vous revoir, mon cousin, le salua Philippe de Falconbridge d'un hochement de tête.

— Je le serais aussi, en d'autres circonstances, tant votre disparition m'attrista. Las, les faits sont là. Êtes-vous coupables de la mort du marquis ?

— Nous le sommes.

Henri soupira.

— Soit. Chevaliers, vous êtes parents d'un grand roi ; ai-je votre parole que, libérés des fers, vous respecterez sa loi, que vous vous soumettrez au jugement de Dieu et des hommes ?

— Vous l'avez.

— Sire Rudel ?

— Le pouvoir de Durandal nous aurait déjà conduits hors cette ville si nous l'avions voulu autrement.

Henri pivota vers le duc de Bourgogne.

— En nom et place de Richard Cœur de Lion, je me porte garant de ces hommes.

— Cela ne me surprend pas, le cueillit le duc avec plus de cynisme encore.

Cette fois, le sous-entendu ne laissait aucun doute.

— N'allez pas trop vite en besogne, à moins de vouloir directement accuser le roi d'Angleterre à travers eux, le cingla Henri.

Un geste du duc lui répondit. Deux gardes se précipitèrent aussitôt pour les libérer.

Le timbre acéré d'Henri résonna sous la voûte de cette pièce noire et exiguë.

— Nous vous écoutons.

— Nos raisons concernent la princesse avant quiconque. Nous réclamons son arbitre.

— Duc ? s'enquit Henri aussitôt.

Ce dernier les plomba d'un œil sombre avant de secouer la tête.

— Je crains qu'il ne faille vous en passer. Isabelle de Jérusalem est bien trop affectée pour souffrir vos allégations.

— Tout au contraire, mon ami…

Henri se retourna le premier. Comme le duc, il s'inclina. Revêtue d'une mante noire, escortée par l'archevêque de Rochester, Isabelle venait de franchir le seuil de la porte laissée ouverte pour dissiper l'irritante fumée des torches. Indifférente au regard furibond du duc, elle s'avança vers les prisonniers.

— L'enfant que je porte vient de perdre son père ; le trône de Jérusalem, son roi. Je suis venue, en personne, pour comprendre comment deux prélats ont pu se rendre coupables d'un tel crime.

— De prélats nous n'avons que l'habit, princesse. Je me nomme Philippe, seigneur de Falconbridge, chevalier et fils du roi d'Angleterre, et voici mon cousin, Godefroy Rudel, fils de Geoffroy et fillot de Jaufré.

Henri la vit blêmir.

— Est-ce pour venger votre mère-grand que vous avez occis mon époux, sire Godefroy ?

— Qu'est-ce à dire ? crissa le timbre aigrelet de l'archevêque.

— Je ne vois pas, s'empressa de répondre le duc.

Isabelle, quant à elle, gardait les yeux rivés à ceux de Godefroy.

— Parlez sans crainte, chevalier. Avec mon époux, c'est le serment de silence que j'ai dû lui prêter que vous m'avez enlevé. La vérité m'importe plus à présent que ses mensonges.

Godefroy lui retourna son sourire engageant ; pourtant, ce fut Philippe qui, s'adressant à tous, répondit à sa place :

— Il n'a point été fait secret que mon cousin et moi-même nous nous étions élancés, depuis la Sicile, au cul du voleur de l'épée arthurienne. Nous fûmes capturés en mer, puis amenés auprès du grand maître Rashîd ed-Dîn, connu des chrétiens sous le nom de « Vieux de la Montagne ». Ardent défenseur de la paix, ce dernier s'oppose depuis toujours à Saladin.

— Nous savons, en effet, qu'il a tenté à plusieurs reprises de l'assassiner, admit le duc. Cela ne justifie pas pour autant votre geste.

— Guidé par le prophète Mahomet dont il est le descendant, le Vieux de la Montagne est un puissant devin. Il nous a révélé que Saladin s'était emparé de Caliburnus et qu'il détenait Eloïn Rudel prisonnière. Faisant appel aux djinns, il nous a aussi montré la geôle de sa mère, ici même, sous nos pieds, et les accords que le marquis de Tyr a proposés au sultan.

Le duc de Bourgogne arracha son épée du fourreau, le visage embrasé de colère.

— Vous osez ! Vous osez salir la mémoire de l'homme que vous avez assassiné !

Isabelle s'interposa, gonflant la poitrine devant la lame pointée.

— Rangez tout cela, duc ! J'étais en la chambre de mon époux lorsque vous vous êtes précipité pour lui apprendre que sa captive s'était évadée ! Mieux qu'une autre, je sais que ce que dit le chevalier de Falconbridge est vrai !

Henri jubilait intérieurement. Bien qu'il prît soin de remettre lame au fourreau, le duc ne se démonta pas :

— Que votre époux ait, avec mon aide, emprisonné cette sorcière est un fait ; néanmoins, ne confondez pas, madame. Elle se rendait chez Saladin pour lui remettre la magie de Marmiadoise en échange de sa fille, risquant ainsi la perte de l'ost tout entier ! Il était de notre devoir de chrétiens de l'en empêcher et votre époux s'en est montré plus digne qu'aucun autre !

— Où se trouve Loanna de Grimwald aujourd'hui ? s'exclama l'archevêque, vexé de n'avoir lui-même découvert la vérité.

— Chez Saladin, mon père. Ne pouvant passer par la grande porte pour la récupérer, il a emprunté un souterrain, sans doute indiqué par Montferrat. Bien que ce dernier se soit escrimé à en masquer l'accès, quelques coups de pioche au bas de ces marches le remettront au jour, ainsi que la geôle et les gardiens que vous-même, duc, y avez emmurés, affirma Godefroy. Le Vieux de la Montagne nous a envoyés récupérer ma grand-mère avant le sultan. Hélas, nous avons été retardés en chemin.

— Cela ne vous accordait pas le droit de justice ! s'emporta encore le duc.

Philippe posa un genou à terre devant Isabelle.

— Notre bras ne fut pas armé par la vengeance, princesse, mais par cette vision de demain qu'il nous révéla. Le roi Richard reparti en Angleterre, votre époux aurait été d'une avidité sans nom, précipitant l'ost à sa perte et servant Saladin. Nous devions l'arrêter. Par tous les moyens. Car c'est à un autre qu'est destiné le royaume de Jérusalem.

Henri la vit blêmir.

— Qui, chevalier ? Qui m'imposera-t-on encore ?

— Point, hélas, celui que vous aimez, mais le comte de Champagne qui se tient à vos côtés.

Si elle baissa les yeux sur un fard, le duc de Bourgogne, lui, devint écarlate. À défaut de cette épée qu'on l'avait contraint à ranger, il bretta d'un doigt accusateur.

— Ah ! voilà donc ! Voilà donc la teneur du complot ! Mensonges pour endormir chevaliers et prélats ! La vérité est que jamais le roi d'Angleterre ne voulut de Montferrat ! Apprenant, je ne sais comment, que la sorcière se trouvait en ces murs, il l'a fait enlever, probablement par ces deux-là, nourrissant ainsi leurs arguments pour tuer le prétendu traître et imposer son neveu ! Voilà, oui, voilà ce que je vois !

Godefroy arracha une lettre de la manche de sa bure. Il la tendit à Isabelle.

— Vous seule ici savez lire l'arabe, princesse. De grâce, traduisez pour tous.

Elle brisa le cachet de cire. En termes fleuris, le Vieux de la Montagne affirmait être le commanditaire de l'assassinat de Montferrat au nom d'Allah.

— Faux que tout cela ! s'insurgea de nouveau le duc de Bourgogne, son honneur menacé avec celui du marquis de Tyr.

C'en fut assez pour Isabelle. Retrouvant d'un coup son rang et cette dignité que lui avait volés son époux, elle lui fit face.

— Il suffit, monsieur ! Je vous impose de vous taire ! Veuve, ma qualité de princesse de Jérusalem me laisse seule maîtresse de cette cité. Il me revient donc le droit d'y faire régner ordre et justice. S'il faut instruire contre ces deux hommes en jugement, vous figurerez à leurs côtés au rang des accusés !

Le duc se décomposa.

— À quel titre l'entendriez-vous ?

— Si vous n'aviez, avec mon époux, emprisonné dame Loanna, trahissant ainsi la volonté d'un roi légitimé par l'Église au commandement des croisés, lame serait restée au fourreau ce jourd'hui ! En conséquence, je ne compte pas deux assassins en ces murs, mais trois !

Henri retint un sourire. Isabelle de Jérusalem lui était apparue douce et réservée, il la découvrait de la trempe d'Aliénor, sa mère-grand. Il s'en éprit plus encore et pour la première fois envisagea véritablement la possibilité de régner à ses côtés sur la Palestine. Face à cette colère justifiée, l'archevêque, toujours prêt à s'imposer, baissait museau, comme s'il se sentait coupable au nom de l'Église catholique d'avoir failli au profit d'un musulman. Quant au duc, d'une vaillance égale à celle de Montferrat au combat, il venait de se liquéfier. Henri jugea le moment opportun pour intervenir.

— Je représente ici le roi d'Angleterre, princesse. Puis-je me permettre une suggestion ?

— Je vous écoute.

— La croisade vient de perdre une de ses figures les plus illustres. Ce serait autant desservir sa cause que l'unité de l'ost si nous devions l'amputer encore de si vaillants, si prestigieux et si nobles chevaliers. Remettons-les tous trois au jugement de Dieu, mais sur un champ de bataille, face à Saladin. Là seulement, ils rachèteront leurs fautes et Montferrat, dont ils porteront l'écu, la sienne. S'il faut des coupables à la foule, nous trouverons sans peine deux malfaisants à pendre. Quant au crime lui-même, il est signé. Cela suffira bien. Ainsi, j'en suis convaincu, parlerait Richard Cœur de Lion, dans l'intérêt de tous.

Isabelle s'accorda quelques secondes d'une réflexion feinte. Pour elle, la cause était déjà entendue. Il lui était difficile de condamner à mort ces deux-là qui, outre le fait de l'avoir délivrée de Conrad, avaient été choisis par les flamboyantes. Le duc lui-même semblait s'accorder à ce choix. Il savait que, devant Richard Cœur de Lion, son titre ne suffirait pas.

L'archevêque toussota derrière son poing fermé avant de tapoter ses doigts les uns contre les autres.

— Pour autant qu'elle soit singulière, cette requête me semble forgée de bon sens, princesse. En effet, et bien que cela s'oppose aux fondements inébranlables de la religion catholique, je ne peux nier les pouvoirs des flamboyantes. J'ai donc été de ceux qui, il y a quelques mois et face au roi d'Angleterre, se sont opposés à l'idée que Loanna de Grimwald rejoigne le campement de Saladin. Si l'on doit en croire le chevalier de Falconbridge, elle s'y trouve maintenant. Il est probable que son épée aussi, avec Caliburnus. En conséquence, je ne vois guère, hélas, que messires Rudel et Falconbridge pour les récupérer ou, à défaut, s'opposer à elles dans la bataille.

Le regard d'Isabelle balaya tour à tour ceux de Philippe et de Godefroy.

— Vous avez prêté serment de croisés, pourtant vous l'avez rompu en vous alliant avec le chef d'une secte chiite. Je veux croire que ce fut au nom de la paix, je veux croire que la prescience de cet homme a guidé votre bras, vous accordant à la volonté de Dieu au travers de celle d'Allah. Je veux croire, enfin, que les pouvoirs qui vous furent donnés par la magie d'Avalon vous ont été gardés au service du juste, du bien commun et de la vérité. Mon affection profonde pour Loanna de Grimwald, que je connus en mes toutes jeunes années et qui fut l'amie de ma mère, nourrit ma confiance en son jugement en dépit, sans doute, de la rancœur causée par son emmurement ici. Elle ne trahira pas les siens mais aura besoin d'eux. De vous. Agenouillez-vous, chevaliers.

Ils obéirent, d'un même élan.

— Jurez. Jurez sur la Très Sainte Bible de rendre compte à Dieu, et seulement à Dieu, de vos paroles et de vos actes. Jurez de servir la cause du Christ et non celle de Mahomet. Jurez de mettre vos larmes et vos souffrances dans la foi et de vous battre pour cette croix que vous avez accepté de porter. Jurez de mourir pour elle. Alors seulement vous serez pardonnés.

Ils prêtèrent serment, sans hésiter. Isabelle leur tendit ses mains ouvertes. Ils y déposèrent les leurs.

— Relevez-vous. Avant que la nuit soit tombée, vous irez, auprès du comte de Champagne, annoncer au roi d'Angleterre votre retour, votre crime et les raisons qui m'ont amenée à vous en absoudre.

Lorsqu'ils furent debout, elle pivota vers l'archevêque rapproché du duc de Bourgogne, renfrogné.

— Quant à vous deux, je vous charge de convaincre Richard Cœur de Lion ainsi que les grands feudataires des trois royaumes engagés dans cette guerre. Afin de préserver l'unité de l'ost, et s'il y consent pour les mêmes raisons, c'est le comte de Champagne que je choisis d'épouser.

Pour toute réponse, Henri arracha sa lame du fourreau et la déposa à ses pieds.

18

Ascalon, Palestine.
30 avril 1192.

Portée par les marchands ambulants, la nouvelle de la mort de Montferrat les précéda à Ascalon de quelques heures, de sorte qu'ils pénétrèrent dans une cité en proie à la consternation. Elle avait gagné le palais dans lequel Richard tenait, auprès des sages, une assemblée extraordinaire afin d'estimer les conséquences de ce crime sur le sort de la croisade.

Craignant que le retour inespéré de son fils ne précipite le roi dans un excès d'émotion difficile à enrayer, Henri recommanda à son cousin de se rendre d'abord chez leur tante commune, Jeanne. Tandis qu'en compagnie de Chrétien de Troyes les deux hommes obéissaient, flanqués du duc de Bourgogne, de l'archevêque de Rochester et des quelques dignitaires qui l'avaient accompagné à Tyr, il se fit introduire dans la salle de justice.

Le débat, enflammé, portait sur la nécessité de rappeler Guy de Lusignan, embarqué deux jours plus tôt pour Chypre. Depuis son trône, Richard couvrait d'un œil morne cet aréopage de robes ou de hauberts qui, dispersé au pied des marches de l'estrade, gesticulait, s'entrecoupant haut et fort dans un désordre annonciateur de jours sombres. Lui qui, au matin encore, s'était ragaillardi, sentait ses épaules s'alourdir au fil des minutes de cet interminable combat verbal.

Profitant de la diversion que lui offrit l'entrée de son neveu, il imposa le silence.

Convaincus de leurs intérêts mutuels, les trois hommes s'étaient entendus sur la version des faits à donner, celle que, déjà, la rumeur avait relayée : Montferrat avait été poignardé dans une ruelle par deux musulmans de la secte des Assassins déguisés en moines.

Pour appuyer leurs dires, Henri remit au roi la lettre du Vieux de la Montagne avant de préciser que, n'ayant pu tirer davantage d'informations des coupables concernant les raisons de ce crime, ils les avaient fait pendre dans l'heure, afin d'apaiser la colère des habitants de Tyr.

— J'ai prononcé la sentence en votre nom, sire, ainsi que vous m'en aviez donné pouvoir, termina Henri en s'inclinant devant son oncle.

— Je n'aurais fait d'autre choix, lui concéda le roi, plus ennuyé encore.

L'aveu de culpabilité du Vieux de la Montagne, qu'il venait de tendre à un valet, circulait déjà de main en main. Si peu de membres du conseil lisaient l'arabe, tous s'attardaient sur la signature, partageant de conserve le même sentiment : malgré sa morgue, le marquis de Tyr avait incarné l'image idéale du croisé. Son héroïsme dans les combats, comme dans la défense de la cité portuaire que Saladin n'était parvenu à enlever, lui avait toujours valu admiration, y compris chez ses détracteurs. C'était une perte irremplaçable pour l'ost.

Seul Onfroy de Toron, invité à représenter parmi eux Guy de Lusignan, refusait de masquer la joie dans laquelle cette nouvelle l'avait plongé. Henri savait que son ami se plierait à la décision d'Isabelle, mais l'idée de lui briser le cœur lui arrachait le sien. D'autant plus qu'il connaissait maintenant cette douleur liée au manque de l'aimée, avec laquelle Onfroy avait dû vivre et continuerait de le faire.

Évitant soigneusement de croiser son regard, il se préparait à l'inéluctable lorsqu'il vit le roi piqué par une remarque que, secouant encore le parchemin dans sa main gantée, le baron d'Étampes venait de lancer.

— Qu'insinuez-vous ? gronda Richard en direction de ce dernier.

— Que ces aveux me semblent bien opportuns ! répéta l'homme - un géant aux allures de Viking, et l'un des plus tenaces partisans de Montferrat -, cette fois en fixant ostensiblement le comte de Champagne.

Arraché à son embarras, Henri porta aussitôt main au pommeau de sa lame.

— Oseriez-vous m'accuser de complot ?

— Je dis simplement qu'il est surprenant que l'on assassine le marquis sous votre nez, sans que motif judicieux soit donné.

Bien qu'il continuât de partager cette idée, le duc de Bourgogne ne laissa au roi que le temps de virer au pourpre et à Henri d'arracher son épée.

Il s'interposa, haut et clair :

— Votre chagrin vous égare, baron ! Le mien vaut le vôtre, quant à ma parole, vous l'avez entendue, elle conforte celle du comte ! Considérant mes liens privilégiés avec le marquis de Tyr, je n'admettrai pas qu'un seul d'entre vous la mette en doute !

Cela suffit à faire baisser museau au baron d'Étampes qui s'excusa platement de s'être laissé emporter. L'air s'en trouva néanmoins empuanti. Il était temps de le renouveler, jugea le roi tandis que son neveu rangeait sa lame.

Il congédia les membres du conseil, le retenant lui, la délégation tyrrhénienne et le chevalier de Toron à ses côtés. Il attendit qu'ils fussent seuls pour exprimer à voix haute ce que chacun d'entre eux pensait :

— Le baron d'Étampes n'a, hélas, fait que relayer une suspicion qui circule depuis que la nouvelle nous a frappés. Nonobstant ma décision de le couronner, tous connaissaient ma profonde antipathie pour le marquis et, par le passé, mon attachement à la cause d'Isabelle et Onfroy. Avant qu'il soit long, rumeur gonflera, me faisant le commanditaire de ce crime bien plus sûrement que le Vieux de la Montagne. Si je veux pouvoir m'en défendre, il me faut tout en connaître, dans le détail.

— En voici deux qui vous éclaireront aussi bien que les autres à ce sujet, lança joyeusement Jeanne.

Tous les regards convergèrent vers la porte latérale qu'elle venait de franchir. Celui d'Onfroy en particulier, rendu fébrile par l'idée, brutale, qu'Isabelle suivait. Tandis qu'il en accusait déception, Richard, lui, reçut le sourire de son fils comme un coup de bombarde dans une muraille. Elle s'éventra d'un bloc, laissant son cœur s'emballer dans sa poitrine privée soudain de carapace.

— Philippe !

Bondissant de son siège, il dévala les trois marches de l'estrade.

— Père !

Ils tombèrent dans les bras l'un de l'autre.

De longues minutes durant, Richard étreignit ce fils qu'il avait cru perdu à jamais. Il ne parvenait à croire à son retour. Il lui claquait les épaules, le reprenait contre lui pour mieux le repousser, le regardait sans parvenir à se rassasier de sa figure, riait de son rire, pleurait de ses larmes avant de lui redonner encore l'accolade. Henri ne put que se réjouir d'avoir différé les retrouvailles. Qui n'eût connu chez le roi son tempérament poitevin aurait définitivement conclu à sa folie tant l'émotion qui le submergeait poussait ses gestes à l'exubérance. Durant de longues minutes, il ne put parler. Rien entendre. Réconcilié avec cette vie qui depuis des mois n'avait amené en lui que souffrance. Puis il avisa Godefroy à leurs côtés, quitta les bras de Philippe pour attirer le Rudel dans les siens et reproduire même festoie.

Lorsqu'il eut enfin son content, il revint s'asseoir dans le faudesteuil aux lourds pieds tournés qui lui servait de trône.

— Montferrat attendra. Je veux tout savoir de ces longs mois qui vous éloignèrent de moi, exigea-t-il, tant réjoui qu'il en irradiait.

D'un même élan, les deux cousins mirent un genou à terre devant lui, s'interdisant de le relever malgré son insistance.

— Tout commença pour nous au large de Venise, alors que nous voguions vers Acre dans le sillage du voleur de Caliburnus, amorça Philippe. Un pirate aborda notre galée. Grâce à Durandal que Godefroy maniait avec férocité, nous lui opposâmes résistance jusqu'à ce que je sois pris et que, menacé de ma mort s'il n'obéissait, il soit contraint de la lâcher.

— L'homme était fils de Saladin, rejeté par son père pour s'être mis au service du Vieux de la Montagne, ajouta Godefroy.

À l'évocation du commanditaire de l'assassinat de Montferrat, les sourcils de Richard se froncèrent. Son œil dériva vers Henri, qui, avec les autres, et sur son invitation, avait gagné les bancs latéraux à l'estrade. Son neveu, assis à côté d'Onfroy de Toron, fixait, sans le voir, le mur d'en face. S'interdisant toute conclusion hâtive, Richard reporta son attention sur son fils dont la voix s'était de nouveau élevée.

— Débarqués dans une crique discrète, nous fûmes ligotés puis entraînés, à pied, au travers des montagnes du Liban. Une nuit, la chance nous sourit. Profitant d'un relâchement de la surveillance, nous nous échappâmes en direction de la forteresse de Qala'at Ash-Shqif[1] entrevue peu avant notre halte. Nous y parvînmes à l'aube, en pleine tempête de sable, certains de trouver assistance auprès des Templiers.

— Las, sire, nous ignorions alors que les quelques soldats de Dieu qui nous accueillirent avaient égaré

1. Château de Beaufort au Liban.

leur foi dans les drogues dont on les nourrissait chaque jour. Pressés de nous abriter des vents furieux, nous nous réfugiâmes à leur suite dans la vaste salle du donjon. Un vieillard s'y trouvait, qui s'était levé de table à notre approche. Il se tenait étonnamment droit, pourtant, sous sa *chachiya*[1], son visage était fripé comme une vieille datte. On devinait sa maigreur sous le *jilbab* blanc. Un bâton noueux dans une main, l'autre lissant sa barbe, il nous salua à l'orientale, un éclat rusé dans deux prunelles de jais. Avant que nous ayons pu nous étonner de sa présence, une vingtaine de mamelouks jaillirent des portes attenantes et de l'escalier. Derrière nous, les Templiers tirèrent épée. Nous étions faits.

Devant les traits durcis de son père, Philippe secoua la tête. L'idée de sa tristesse l'avait rattrapé plus d'une fois ces derniers mois. Avait-il eu le choix, pourtant, que de le laisser sans nouvelles ?

Déjà Godefroy poursuivait :

— Le vieillard s'approcha de nous sans animosité, nous surprenant par son parler des cours d'Europe que déformait à peine son accent. « Des événements graves concernant les détenteurs des flamboyantes se produisent en ce moment même. J'en ai eu la prescience il y a de cela plusieurs lunes. Voici pourquoi vous êtes ici. Mes invités. Non mes prisonniers », nous affirma-t-il.

Richard sursauta. S'interdisant pourtant d'interrompre ce récit, il battit l'air d'une main rapide pour les inviter à continuer.

1. Bonnet.

— Tandis que ses hommes quittaient la pièce, intrigués, nous acceptâmes la coupe de bronze qu'il nous tendit puis avalâmes d'un trait, comme lui, le liquide blanchâtre qu'elle contenait. « Venez », nous imposa-t-il en reposant le récipient. À sa suite, nous gravîmes l'escalier.

À leur regard soudain lointain, Richard devina la succession des images. Le souffle de Philippe se fit plus court.

— La furie des vents du désert nous rattrapa à peine la dernière porte franchie, nous contraignant à protéger bouche et nez avec les pans de nos capuchons. Indifférent, le Vieux de la Montagne s'approcha des créneaux de la coursive, face au levant. Il offrit son visage aux éléments, puis leva son bâton. Aussitôt, semblant suivre les mouvements qu'il leur imposait, les rafales se concentrèrent jusqu'à former tourbillons, écarter de l'horizon les grains de sable et révéler un carré sanglant au cœur de la tempête. Les tempes lourdes, nous vînmes l'encadrer. C'est ainsi, père, que nous assistâmes à la fin de Brocéliande et à tout ce que cette désolation généra.

La gorge nouée, Richard se contenta de secouer la tête. S'il entrevoyait à présent un lien étroit entre son fils, son neveu et les derniers événements, son cœur s'y refusait encore. Moult questions lui brûlaient les lèvres. Aucune ne les franchit.

— Le surlendemain, convaincus par le cheikh al-Jabal[1] qu'auprès de lui seulement nous pourrions apprendre à domestiquer le pouvoir désormais maléfique des épées, je récupérai Durandal

1. Le Vieux de la Montagne en arabe.

des mains du fils maudit de Saladin venu nous rejoindre, enchaîna Godefroy, avant d'ajouter tristement : Notre « hôte » ne mit qu'une seule condition à son enseignement. Nous devions disparaître aux yeux de tous.

Philippe baissa le front. Sa voix s'érailla.

— Nous vous en demandons pardon, père. Ce qu'il nous fut donné de voir cette nuit-là n'appelait d'autre engagement.

Une tristesse profonde broyait le cœur du roi. Il aurait aimé leur en vouloir pour la chasser. Il n'y parvint pas.

— Raconte-moi encore, comment était-ce, là-bas ? demanda-t-il simplement en s'adressant à son fils, le forçant à redresser la tête.

Sa confiance retrouvée en la clémence du roi, Philippe reprit :

— Des semaines durant, le Vieux de la Montagne nous initia à la magie qu'il tirait d'une coupe au noir d'encre. Entre deux séances éprouvantes destinées à mesurer nos capacités psychiques respectives, nous assistions à ces passes d'armes mortelles qui opposaient les frères musulmans entre eux, dans la poussière de la cour de la forteresse. Il en arrivait chaque jour, des quatre coins de Palestine, recrutés par le fils maudit de Saladin. Des fous d'Allah, prêts à mourir pour la cause de l'Islam. C'était le Vieux de la Montagne, en personne, qui les accueillait. Il leur donnait à boire le breuvage sacré puis leur remettait le kriss, cette épée courte à la lame ondulée avec laquelle ils devaient s'affronter. Qui vainquait accédait à l'étape suivante, celle qui le rapprochait des délices ultimes réservées aux élus d'Allah. Le défunt, lui, certain d'avoir gagné les premières portes du paradis, était enterré en fosse commune. Ainsi ne restaient en lice que les meilleurs. D'autres joutes les opposaient. De cent qui s'écorchaient, seulement dix entreraient dans l'armée du cheikh al-Jabal. Prêts à suivre aveuglément ses ordres, prêts à assassiner qui il leur désignerait.

Le cœur du roi semblait vouloir jaillir de sa poitrine. Crispé, il se redressa à moitié.

— Dois-je comprendre que vous êtes devenus des leurs au point d'occire Montferrat ?

— Oui, père.

— Oui, sire, opina à son tour Godefroy.

Rattrapé cette fois par la réalité, Richard retomba lourdement sur son siège. Le visage hermétique, il se contenta de peser plus lourdement sur le rembourrage des accoudoirs. À cet instant seulement, Henri se leva. Prenant le relais, il raconta les circonstances réelles du crime et ce qui en avait découlé. Au fil des révélations de son neveu, l'effarement de Richard se dissipa, jusqu'à disparaître lorsqu'il apprit la décision d'Isabelle de Jérusalem, l'aval de l'archevêque et le consentement, *de facto*, du duc. Seul Onfroy de Toron, livide, continuait de fixer, amèrement cette fois, Henri de Champagne.

Lorsque le silence revint dans cette salle austère aux plafonds hauts, aux fenestrelles étroites et à la cheminée désormais marquée des armes aquitaines, Richard porta son regard sur ces deux-là, soudain devenus ennemis.

— Coupant court à toute guerre de succession, Isabelle de Jérusalem fit preuve d'un grand courage et d'une profonde abnégation en vous choisissant, mon neveu. Car, Montferrat disparu, nul autre que vous ne possède autant de soutiens parmi les grands feudataires des royaumes d'Angleterre, de France et du Saint Empire germanique. Vous avez su, par votre loyauté et vos faits d'armes, gagner leur amitié, et je ne puis douter que, même s'ils suspectent mon implication dans ce crime, ils vous suivront au combat contre Saladin. Quant à vous, seigneur de Toron, je partage la douleur incommensurable que vous éprouvez en cet instant. Je souhaite pourtant que votre foi vous aide à la dominer et à préserver l'affection que vous portiez à la princesse autant qu'à son futur époux. Je vous espère semblable à ce chevalier Lancelot prêt à mourir pour Guenièvre autant que pour Arthur.

Comme Onfroy demeurait poings serrés, la bouche muselée par la rancœur, Henri vint poser une main fraternelle sur son épaule et capturer son regard noir.

— Je jure, mon ami, de la servir sans l'asservir, de me montrer digne de ses attentes autant que des espoirs de la Chrétienté. Je jure de l'aimer en ton nom, comme elle doit l'être. Je jure enfin de te garder place à nos côtés et d'agir tel Arthur qui détournait les yeux lorsque ceux de Lancelot croisaient ceux de Guenièvre. Il faut que tu saches qu'elle porte, parce qu'elle y fut contrainte, l'enfant de Montferrat. Par respect pour elle et pour toi, j'attendrai, moi, qu'elle m'accorde faveur et n'en userai que pour nourrir la descendance du royaume. Pas au-delà.

De la buée voila le regard d'Onfroy. Incapable d'un mot, il se contenta de hocher la tête.

À l'instant même où il attirait Henri à lui dans une accolade désespérée, le chagrin revint poignarder Richard. Il descendit de l'estrade pour prendre Philippe par les épaules, le forçant enfin, comme Godefroy, à se redresser.

— J'ai une mauvaise nouvelle à t'apprendre, mon fils, à moins que tu ne la connaisses déjà...

Il déglutit.

— La petite Anne que tu as aidé à mettre au monde en Sicile s'est éteinte tragiquement il y a de cela neuf mois.

Loin de la tristesse à laquelle il s'attendait en retour, ce fut un trait de haine qui fusa dans le regard de Philippe.

— Non, père. Ma sœur n'est pas morte.

Le cœur de lion de Richard cessa de battre. Philippe détourna son œil du sien pour fixer le duc de Bourgogne, soudain mal à l'aise.

— Godefroy peut en témoigner à son tour si ma parole ne suffit pas. L'aube sanglante ne nous révéla pas que le saccage de Brocéliande. Nous y vîmes la capture de dame Loanna par Pierre Basile alors que, vaincue par les ténèbres, elle glissait inanimée de son cheval. Nous vîmes ce même Pierre Basile lui faire absorber une potion puis la ramener, dormante, à Montferrat.

Les bras de Richard retombés, Philippe s'en écarta pour gagner en emphase et en dureté.

— La clairvoyance du cheikh al-Jabal nous montra aussi un canot accostant un navire au mouillage, la nourrice griffonne y descendre avec la petite Anne avant d'être assommée et précipitée à l'eau par un homme qui, en gage de sa trahison, lui avait promis de la renvoyer en Sicile. Nous avons vu l'embarcation, rasant les flots sombres encore, atteindre une galée portant pavillon franc…

Le cœur de Richard s'emballa dans sa poitrine. Philippe étendit un doigt accusateur.

— Nierez-vous, duc, avoir confié ma sœur au roi de France et à cette catin qu'il avait embarquée pour lui servir de nourrice ? Nierez-vous que Philippe Auguste leva l'ancre avec elles pour se venger de n'avoir reçu ma tante Jeanne en épousailles ? Nierez-vous avoir, vous-même, accepté d'accomplir cette besogne, par amitié et soutien pour Conrad de Montferrat et Guillaume des Barres, tous deux méprisés par le roi d'Angleterre ?

Écarlate, Richard explosa :

— Comment avez-vous osé ? Vous qui portez l'honneur en écu, vous qui, plus qu'aucun autre, avez reçu ma confiance ? Vous à qui j'ai abandonné le commandement de l'ost franc ?

Le duc de Bourgogne redressa le menton.

— J'ai agi sur l'ordre d'un roi dont je suis le vassal. Non pour nourrir quelque intérêt personnel ou amical. Philippe Auguste de France s'était convaincu qu'en détenant votre enfant, il s'assurerait de votre respect des accords de croisade s'il vous venait à l'idée de les trahir, comme ce fut déjà le cas. Bien entendu, la fillette vous sera rendue, saine et sauve, à votre retour.

— À moins qu'il ne s'en serve d'otage contre moi une fois allié à mon frère Jean !

— Il ne me confia rien de semblable.

Le rictus narquois qu'il afficha suffit à Richard pour l'assurer du contraire. Il traversa la salle.

Avant même que le duc de Bourgogne ait pu réagir, un poing ganté de cuir lui dévissait le nez, lui emportait la face et le déplantait du sol. Richard n'attendit pas qu'il s'en remette pour arracher son épée du fourreau.

— Ici ! Maintenant, duc ! J'exige réparation !

Le visage ensanglanté, Bourgogne tira lame. Henri de Champagne s'interposa aussitôt entre eux.

— De grâce, Votre Majesté, regagnez de raison à défaut de justice. Les barons français auront besoin d'être menés quand vous rentrerez en vos terres et nul autre que lui ne sera crédible dans mon sillage.

— Je conchie les barons français ! fulmina Richard, décidé à en découdre.

Philippe lui retint le poignet d'une main de fer.

— Soyez raisonnable, père. Mieux vaut qu'il meure face à Saladin qu'ici, de votre colère, dressant une fois encore entre elles les deux armées de Dieu.

Vexé qu'on le tienne déjà pour mort, le duc écarta d'autorité le comte.

— Vous mésestimez ma vaillance, messieurs.

— Je ne ferai qu'une bouchée de toi ! gronda Richard, se dégageant à son tour.

— Ne pérorez pas ! Je serai bien trop heureux de soulager l'Angleterre d'un si mauvais roi !

— Assez ! Assez ! Assez ! Ou vous en répondrez devant le pape ! tempêta l'archevêque.

— Qu'il aille au diable, lui retourna Richard.

Déjà les deux hommes se tournaient autour. Profitant du fait que le roi passait à portée, l'archevêque lui assena un coup de crosse si violent sur la cassure du poignet qu'il le désarma. Stupéfait, Richard en resta coi.

— Rengainez cette épée ou transpercez-moi ! gronda l'archevêque en se tournant aussitôt vers le duc.

Avant même qu'elle soit remise au fourreau, il apostrophait de nouveau Richard :

— Vous avez exterminé bien assez d'innocents pour ne pas accorder clémence ! Quant à votre fille, si vous aviez suivi les recommandations du pape, elle serait née loin d'ici et n'aurait servi d'enjeu ! J'en puis dire autant de sa mère dont le rapt valut à l'ost d'être détourné de ses fonctions premières ! Faudra-t-il encore que je cite sa mère-grand dont le sort décida de la mort de Montferrat ? Jusqu'à quand la famille Rudel s'imposera-t-elle comme argument de votre quête ? Jusqu'à quand le paganisme d'Avalon fera-t-il, en Palestine ou ailleurs, oublier la Vraie Croix ?

Richard bomba le torse.

— Jusqu'à ce que moi, Richard Cœur de Lion, je quitte la place ou ne sois plus roi !

— Eh bien, quittez-la ! Et vite ! Car vous insupportez chaque jour davantage l'Église ! Quant à votre royaume, je n'ose spéculer sur le temps dont vous en jouirez encore si vous persistez dans cette voie !

— Cette voie est celle de Dieu au travers d'Avalon !

L'archevêque devint aussi écarlate que sa mitre.

— Ah, il suffit ! Ne blasphémez plus !

— Ou quoi ?

Henri de Champagne estima que l'affaire devait en rester là.

— De grâce, Votre Éminence. Revenons à l'essentiel convenu en la cité de Tyr : récupérer les flamboyantes et avec elles les dames Eloïn et Loanna.

— Non, décréta Richard, rancunier. L'essentiel est de vous couronner, mon neveu. Le reste, qui concerne les affaires d'Avalon, revient aux chevaliers d'Avalon. Ils s'en iront le régler lorsque bon m'en jugera ! Ainsi, l'Église ne se mouillera pas !

19

Tyr.
4 mai 1192.

Depuis qu'il avait franchi les hautes murailles de Tyr au côté d'Henri de Champagne, Onfroy de Toron peinait à respirer. Un étau lui broyait la poitrine. Il avait passé la porte sud sans dire un mot, conscient que son voisin de chevauchée percevait son appréhension autant que sa torture. Cela faisait à présent deux ans qu'il n'avait croisé le regard d'Isabelle. Pas une nuit où il n'avait rêvé d'elle. Pas une nuit où il ne s'était éveillé en sursaut, brûlant de la serrer dans ses bras, de l'aimer à en perdre souffle comme autrefois, lorsque, mari et femme, ils se riaient du lendemain. Deux ans. Deux ans au cours desquels il n'avait cessé d'espérer le retour de l'Église en leur faveur puis la mort de Montferrat. Combien de fois, le hasard servant sa colère, avait-il aperçu ce dernier, guerroyant à quelques encolures de lui ? Combien de fois s'était-il élancé, déterminé à le laisser sur place puisque les Sarrasins n'y parvenaient pas ? Le voyant accourir, ce chien qu'on prétendait si preux avait toujours tourné bride, plaçant entre eux tant d'ennemis qu'Onfroy avait été contraint, en les réduisant, de renoncer à sa vengeance. Ce jourd'hui, le fourbe n'était plus. C'eût dû être le plus beau jour de sa vie. Isabelle en avait fait leur tombeau.

— Une chambre t'a été réservée au palais, lui avait glissé Henri devant la cour d'enceinte.

L'idée soudaine de la savoir si proche l'emplit d'un sentiment de panique.

— Je ne suis pas prêt.

Onfroy avait senti couler sur lui le regard chaleureux du comte.

— Elle t'espère, je le sais. Ne tarde pas, mon ami.

Derrière eux, Jeanne et Bérangère gloussaient entre elles, Philippe et Godefroy Rudel racontaient à Richard que c'était dans une des ruelles en contrebas qu'était mort le marquis.

Manquant d'air, Onfroy s'était excusé, puis, se détachant de ce long équipage qui venait célébrer le mariage puis le couronnement d'Henri, avait tourné bride. Son départ brutal avait tué les conversations. Chacun savait, comprenait son désarroi et son abnégation. Il avait forci le pas de sa monture pour échapper à leur sentiment de pitié.

Non loin du port, il s'était arrêté sous l'enseigne d'une auberge. Du temps qu'il mettait pied à terre, un garnement aux joues creuses lui avait proposé une litière et une étrille pour son cheval. Il lui avait lancé la pièce réclamée, était entré, avait accepté un bol de soupe épaisse, un pichet de vin. Il lui avait encore fallu un bain, un barbier et de longues heures assis, immobile, sur ce lit trop grand, la mise regagnée de superbe, pour retrouver courage. Le pire n'était pas de la revoir. Le pire était de ne pouvoir haïr celui qui, dès demain, la tiendrait dans sa couche. Le pire était de savoir que son amitié, indéfectible, serait pour lui muraille plus infranchissable que n'avaient été, ces longs mois durant, celles de Tyr.

Henri l'accueillit lui-même sitôt qu'il se présenta au palais.

Richard et les siens jouissaient des jardins clos. De la musique et des rires s'en échappaient. Sur l'ordre d'Isabelle, toute trace du marquis avait déjà été gommée. En reprenant sa liberté, elle s'était réapproprié les lieux.

Le sang d'Onfroy se remit à pulser à ses tempes. Son visage se ferma.

Henri lui enroula un bras autour des épaules.

— Viens.

La pièce dans laquelle il le fit entrer était éclairée de lumière douce. Henri referma la porte derrière eux.

— Je l'ai envoyé quérir, dit-il simplement.

Onfroy se retourna pour lui faire face. Il ne parvenait à apaiser cette douleur dans sa poitrine.

Henri s'en aperçut à la crispation de ses mâchoires. Il le prit aux épaules, força ce regard fier derrière lequel il lisait tant de détresse.

— Détends-toi, mon ami. Nul, mieux que moi, ne peut savoir ce que tu endures. Nul, mieux que moi, ne possède pouvoir de t'ôter ce chagrin. Je viens d'avoir longue discussion avec Bérangère de Navarre. Elle était venue plaider ta cause auprès de moi, mais point n'était besoin. Ma décision était prise avant même que de parvenir ici. Isabelle t'appartient, Onfroy. Je l'aime aussi, je vais devenir son époux, son roi, mais elle t'appartient.

Une larme roula sur sa joue, se perdit dans cette cicatrice à son menton. Il la chassa.

— Cet élan t'honore, mais je la connais, Henri. Sa vertu est trop grande. Elle a fait son choix et ce choix doit rester le mien.

Henri lui retourna un sourire.

— Nous verrons bien.

Le loquet grinça. Ils s'écartèrent l'un de l'autre.

Isabelle entra, les joues enflammées par cet émoi qui lui écartelait le cœur. Les paroles d'Henri continuaient de lui brûler l'âme. « Aimez-nous tous deux, ma dame, car je suis lui et il est moi. Aimez-nous comme nous vous aimons. Et pardonnez-vous de ne pouvoir y rien changer. » Elle était de trop grande piété pour accepter cela.

Des larmes lui montèrent aux yeux.

— Bonjour, Onfroy..., réussit-elle à murmurer.

— Isabelle...

Ils demeurèrent là, face à face, incapables de parler, rattrapés par cet amour si puissant que ni le temps, ni les hommes, ni les résolutions n'étaient parvenus à taire. Henri l'avait prévu, dès cet instant où, dans le grenier de la tour, il avait approché ses lèvres de celles d'Isabelle. L'attirance existait entre eux. Elle s'était changée en amour pour lui. Pas pour elle.

— Il suffit ! gronda-t-il, bouleversé autant qu'eux.

D'une foulée il fut devant elle, tremblante, lui empoigna le bras, l'amena devant Onfroy, tétanisé. À peine l'eut-il lâchée qu'elle recula d'un pas, le regard sur ses soliers[1].

1. Souliers d'intérieur, de cuir ou de tissu, richement décorés.

— Vous m'humiliez, Henri.

— Je pars. Vous ne me reverrez plus, décida Onfroy, broyé de l'intérieur.

Détournant la tête, il se dirigea vers la porte. La voix brisée d'Henri le rattrapa.

— Je vous interdis de vous sentir rabaissée, Isabelle. Qui pourrait, mieux que moi, vous juger ? L'Église ? Elle n'a su que bafouer l'amour que vous portiez au chevalier de Toron, briser un hyménée qu'elle avait elle-même consacré sans autre justification que son ambition perfide. Je refuse son arbitre ! S'il ne l'est plus au regard des hommes, pour moi et devant Dieu, Onfroy reste votre époux. Je ne devrais pas être ici. Vous imposer ma présence à tous deux. Seul le désir de briser en vous cette carapace de bienséance dans laquelle votre foi vous enferme m'y contraint. Alors sachez-le, si vous repoussez Onfroy, je renonce à Jérusalem...

Un sanglot lui répondit. La main d'Onfroy s'arrêta sur le loquet. Son cœur battait à tout rompre. Imperturbable, Henri continua :

— Ce royaume est celui du Christ. Si l'amour n'y est roi, à quoi sert-il de se battre pour lui ?

Onfroy se retourna.

— Plus un mot, mon ami. La perdre me fut insoutenable. Mais moins que d'être la cause de son désarroi.

Elle tendit vers lui son visage ravagé.

— Non, Onfroy. Il a raison. Pardonne-moi.

Le regard d'Isabelle trahissait l'immensité de son amour au cœur de son chagrin. L'étau qui comprimait la poitrine d'Onfroy céda d'un bloc. Il n'attendit pas davantage. Il gomma deux ans de souffrance en trois pas et la prit, frémissante, dans ses bras.

Lorsque, enfin, ils reprirent souffle, leurs lèvres s'écartant l'une de l'autre, ils s'aperçurent que leur protecteur n'était plus là.

Le lendemain, Isabelle épousait Henri, sous le sourire revenu d'Onfroy.

La nouvelle de la mort de Montferrat nous parvint en même temps que l'annonce de leur couronnement, grâce à un enfant venu spontanément au-devant de nos montures.

— Allah est grand ! commenta Saladin.

Gonflés de joie et guéris de vengeance, nous approuvâmes d'un hochement de tête. Nous étions le 15 mai 1192. Aux portes de Jérusalem.

20

Jérusalem.
15 mai 1192.

Al-Quds.

La Sainte en arabe. Traverser, au côté du sultan d'Égypte, du Yémen, de Syrie et de Mésopotamie, ses ruelles sinueuses et encombrées m'aurait semblé inimaginable un an plus tôt. Devant nos chevaux, les musulmans s'écartaient humblement en courbant la tête. Soufis, imams, soldats au casque orné de croissant côtoyaient les marchands ambulants, les esclaves, les meneurs de chèvres, les porteurs d'eau ou les servantes entièrement voilées. Lors de notre dernière visite, du temps du roi Baudouin et grâce à la trêve instaurée, juifs, chrétiens, musulmans se partageaient la cité. Les prêtres s'attardaient sur les marches des écoles de théologie avant d'aller dire la messe, les rabbins enseignaient la Torah, les chevaliers des ordres religieux militaires partageaient du vin épicé dans les tavernes, tandis que les muezzins appelaient à la prière. À présent, les églises étaient reconverties en mosquées et l'on servait dans les auberges des ragoûts de mouton accompagnés de cette mielleuse infusion d'hibiscus, de menthe ou de rose séchée dont Saladin faisait sa gourmandise. Quant aux quelques chrétiens qui rasaient les murs, ils en étaient prisonniers. Les souks que nous traversâmes pour gagner Al-Aqsa[1] n'étaient plus que l'ombre de ceux d'hier tant la région, dévastée par la guerre et les intempéries, souffrait de disette et de pénurie.

L'heure de la prière de dhor[2] approchant, Saladin accéléra le pas de sa monture. Il voulait atteindre la mosquée avant que les muezzins n'aient achevé de gravir les vertigineux escaliers des minarets. Derrière lui, troupe solidaire désormais, nous nous accordâmes d'autant plus volontiers à sa volonté qu'Eloïn était toute proche et que, réjouis des récentes nouvelles, nos cœurs exultaient.

Je me souvenais qu'Al-Aqsa était située à l'angle sud-est de Jérusalem. Après la prise de la cité par les premiers croisés en 1099, le dôme du Rocher, qu'elle protégeait, avait été identifié comme étant le Temple de Salomon. Lorsque le lieu devint une église, les pèlerinages se multiplièrent, au point que les habitants de la ville se mirent à vendre des morceaux du roc. Pour les en empêcher, le roi de Jérusalem ceignit l'esplanade d'une grille de métal et fit de

---

1. Mosquée proche de Qubbat As-Sakhrh (le dôme du Rocher), un des lieux présumés du « sacrifice d'Isaac ». Elle fait partie d'un vaste ensemble (le haram al-Charif) construit au VIIe siècle.

2. Prière musulmane. Comme pour les canoniales, les prières sont rythmées par les saisons et imposent les heures de la journée.

Fajr à l'aube, shourouq qui correspond au lever du soleil et fixe la limite d'accomplissement de fajr, dhor quand le soleil est à son zénith, açr en milieu d'après-midi, maghrib au coucher du soleil, ishâ une fois la nuit vraiment tombée.

l'endroit sa résidence. Elle le resta jusqu'en 1128, où elle fut donnée aux pauvres chevaliers du Christ et du Temple de Salomon devenu bien vite un ordre du Temple imposant de richesses.

Loué pour sa bravoure, sa piété et son intégrité morale, Eudes de Saint-Amand était déjà maréchal du royaume et vicomte de Jérusalem lorsqu'on lui confia la charge de grand maître. C'était un homme de valeur, dont, à notre arrivée en Palestine, nous avions pu, avec Jaufré, apprécier les grandes qualités. Son seul défaut résidait, à mon sens, dans son obsession. Elle lui était venue de la visite d'un émissaire du Vieux de la Montagne, alors que le roi de Jérusalem Amaury Ier[1] était sur sa fin et que son jeune fils, Baudouin le Lépreux, n'était pas encore couronné. Le *refick*[2] s'était présenté au monarque dans un espoir de conciliation et de paix, prétexte qui vola en éclats lorsque Gautier du Mesnil, l'un des chevaliers du Temple, le trouva dans le Saint des Saints, occupé à desceller une des pierres d'un mur ancien. Saint-Amand lui arracha sous la torture le secret du souterrain qu'il venait de mettre au jour. Seul Gautier du Mesnil, dont la main trop leste emporta la vie du *refick*, fut de la confidence. Lorsque le roi réclama du Mesnil à Saint-Amand pour le traduire en justice, ce dernier refusa, craignant que la vérité n'éclate. Il tint bon jusqu'à

1. Amaury Ier était aussi le père d'Isabelle et Sybille, laquelle épousa Guy de Lusignan. C'est ainsi qu'à la mort de Baudouin, Lusignan monta sur le trône. Lorsque Sybille mourut à son tour sous les murs d'Acre ainsi que ses deux filles, le trône revint à Isabelle.

2. Émissaire.

la mort du monarque. Ayant besoin du soutien des Templiers, son héritier étouffa l'affaire. Quant au Vieux de la Montagne, il eût été malaisé pour lui d'expliquer les raisons véritables qui avaient conduit son envoyé dans cette situation.

Saint-Amand n'eut alors de cesse qu'il ne sonde les soubassements d'Al-Aqsa dans le but, officiel, de retrouver l'Arche d'Alliance et avec elle les Tables de la loi de Moïse. De mémoire, il en avait à peine exploré le quart lorsque Jaufré et moi avons été contraints de nous retirer en Tripoli et à y prendre des allures d'aubergistes.

Au cours des années qui suivirent, les rumeurs qui coururent sur son compte nous firent peu reconnaître l'ami que nous avions quitté. L'évêque et chroniqueur Guillaume de Tyr alla même jusqu'à le décrire comme « un être méchant, superbe, arrogant, ne respirant que fureur, sans crainte de Dieu et sans égards pour les hommes ». Le 10 juin 1179, il fut capturé par Saladin alors qu'il lançait un raid avec ses chevaliers. Refusant d'être échangé contre le neveu du sultan, il fut emmené en captivité à Damas. Il s'y éteignit le 9 octobre de la même année.

C'était la version que la Chrétienté en avait.

Alors que nous étions dans la grotte aux sources chaudes, Saladin nous en avait révélé une autre, qui expliquait comment Eudes de Saint-Amand avait pu changer au point que nul, après sa mort, n'ait eu à le regretter :

— Parle-moi du Graal noir, avait exigé Jaufré, séparé du sultan par une table basse garnie de mets succulents.

Après s'être affrontés verbalement à mon propos, tous deux venaient de s'accorder à la paix. Saladin avait réclamé qu'on leur resserve à boire, puis s'était de nouveau tourné vers Jaufré.

— Je revenais d'une de mes campagnes victorieuses lorsque le chevalier de Saint-Amand me fit mander dans sa geôle. Il était mourant. Son courage, autant que son inflexibilité face à son devoir, ayant toujours forcé mon respect, j'ai cherché un prêtre dans la cité de Damas et le lui ai amené. Saint-Amand n'accorda au religieux que le temps d'une extrême-onction, réclamant comme une dernière faveur que je restasse ensuite, seul, à ses côtés. Sa voix était éraillée, ponctuée souvent par une méchante toux, pourtant ses mots sonnèrent clair à mes oreilles. Il ne s'adressa pas au combattant que j'étais, mais à l'homme qui avait arraché le chant de Marmiadoise à ton épouse, quelques années plus tôt. Voici, mot pour mot, ce qu'il me dit et que je n'ai jamais pu oublier :

« Tu deviens grand, Salâh al-Dîn. Ta foi autant que tes valeurs de stratège sont un danger pour la Chrétienté, et cependant, de tes victoires tu ne tires aucune vanité, aucun orgueil, aucun profit personnel. Tu vis chichement, distribuant jusqu'à ton manteau au malheureux que tu croises et enseignant à tes fils que dialogue vaut mieux que sang versé. Tu es un ennemi respectable et craint. Comme la guerrière à la lame qui chante, avant que je ne découvre le grand secret, je t'ai longtemps méjugé. Je ne peux mourir sans le transmettre, et je ne vois que toi, à part elle, qui sois capable d'en protéger les cupides et les envieux de mon espèce ; capable, un jour, avec elle, de le partager. »

Mon attention captée, il me raconta ce que moi, musulman, je n'aurais imaginé entendre. Ce que, par soif de pouvoir absolu, il s'était refusé, trop longtemps, à te révéler à toi aussi, guerrière.

L'histoire, arrachée sous la torture au *refick* du Vieux de la Montagne et qui guida ses recherches, remontait presque au commencement. Condamné à mort par le préfet romain Ponce Pilate, le prophète Jésus[1] venait d'être crucifié, une couronne d'épines au front. Épuisé par la flagellation et le poids de la croix qu'il avait dû porter jusqu'au mont du Golgotha, il se vidait de son sang par les plaies qu'il portait aux mains, aux pieds et au dos. Veillant à ce que nul ne s'en approche à l'exception de sa mère, des lanciers lui donnaient par moments à boire à l'aide d'une éponge imprégnée de vinaigre qu'ils lui présentaient au bout d'une branche d'hysope...

— Au fait, s'était impatienté Jaufré.

Saladin lui avait retourné un sourire.

— J'avais pensé que le troubadour se satisferait davantage d'une geste[2]...

— Je suis autant de trobar que d'épée.

Saladin en était convenu d'un mouvement de tête avant de poursuivre, élaguant ses effets :

— Un graal de jaspe vert aux nervures d'émeraude avait été déposé au pied de la croix. Tandis qu'il se remplissait, un second, de la taille d'une main et tenu à bras tendus par Marie, récoltait les larmes d'amour et de sang que le crucifié versait.

1. Le Coran ne reconnaît pas la divinité du Christ.

2. Récit épique, parlé ou chanté, en langue romane relatant des prouesses héroïques.

— Deux coupes. Récupérées lorsque Jésus fut décroché, j'imagine, m'étais-je exclamée.

— En effet, guerrière. Dans la première, vaste et profonde, le sang sécha jusqu'à devenir noir et ne faire plus qu'un avec la pierre du graal. Qui, dès lors, la recouvrait d'eau pure obtenait pouvoir de communiquer avec les morts, de parler et comprendre toutes langues, enfin, de commander au vent, aux djinns, aux démons et aux animaux. C'est elle qui fut mise au secret dans le Temple. C'est ce graal, retrouvé et étudié par Saint-Amand, qui, par sa noirceur, lui ébrécha l'âme. Sa confidence achevée, il me révéla l'endroit où il l'avait dissimulé.

— Le second ? s'était inquiété Jaufré.

— Mêlé au sel des larmes, le sang de Jésus y était devenu gemme indestructible de la taille d'une noix. Qui tenait cette dernière en main obtenait guérison des malades et des infirmes, entendait la voix de Dieu, échangeait avec lui et se trouvait garanti de vie éternelle. Lorsque le corps fut décloué puis déposé, recouvert d'un linceul, dans le Saint-Sépulcre, Marie, qui suivait, emporta ce graal de lumière avec elle.

— Veux-tu dire qu'elle l'utilisa pour aider à la résurrection, puis à l'élévation de son fils ? avait tiqué Geoffroy.

Saladin avait soupiré.

— À ce sujet, vous le savez, le Coran diverge avec la Bible. Vos Évangiles parlent d'une élévation physique, le terme *rafa*, dans nos sourates, désigne, lui, une élévation spirituelle. La différence est importante. Pour vous, Jésus était le fils de Dieu, pour nous, seulement un prophète que Dieu libéra de ses détracteurs par la mort avant de rappeler son âme à lui.

— Et le corps ! Que faites-vous du corps ? s'était indigné Bernard le Haut - qui avait longtemps porté soutane - en secouant un index féroce en direction du sultan.

Timidement, Gwalf s'était tortillé sur son coussin.

— Gwalf se souvient à ce sujet des paroles du druide Kelchw transmises aux siens de génération en génération avec la garde de Marmiadoise. Il peut les répéter si vous le souhaitez.

— Gwalf a suffisamment montré sa valeur et son courage, alors oui, je crois que son savoir a sa place dans cette communauté, l'avais-je encouragé.

Flatté, il avait bombé son torse cuirassé.

— Il prétendait que le corps de Jésus avait été enlevé du Saint-Sépulcre par les dames du lac.

J'avais sursauté.

— Avez-vous conscience, Gwalf, que c'est ainsi que furent nommées les grandes prêtresses d'Avalon ?

Gwalf avait hoché la tête avant de laisser échapper un rire léger.

— Gwalf ne croit pas qu'il s'agisse des mêmes, dame Loanna. Sans quoi, le druide Kelchw se serait converti au christianisme au lieu de pourfendre ses pairs et, du coup, d'être privé de ses pouvoirs et de sa liberté.

— Le petit homme dit vrai, guerrière. Nous sommes nombreux, parmi les musulmans, à penser que le corps de Jésus a été subtilisé. Le *refick* du Vieux de la Montagne affirma à Saint-Amand que Jésus n'était pas mort au moment où il fut décroché. Il fut conduit dans une tour conique érigée autrefois par les Elohims, au milieu de la mer de Galilée[1]. Grâce à la pierre de lumière, le cœur de Jésus ne s'arrêta de battre qu'un instant avant qu'il soit ranimé.

— Fadaises ! s'était dressé Bernard le Haut. Supposer que Jésus se soit prêté à un mensonge pour vivre une simple vie d'homme revient tout bonnement à nier son essence divine !

— Rasseyez-vous, Bernard, avait soupiré le chevalier de Ulster. Je partage votre indignation, toutefois, vous devrez admettre que cette version donnerait aux apparitions du Christ *post mortem* une dimension toute nouvelle.

— Je suis de son avis, était intervenu mon fils.

— Je ne veux rien entendre ! Il est assis à la droite du Père, affirment les Évangiles ! Eux seuls sont vérité !

J'avais insisté. Bernard le Haut avait consenti à reprendre sa place, bras croisés et regard noir. Saladin avait avalé une gorgée d'infusion d'hibiscus avant de planter son regard dans le mien.

— Je ne fais que répéter ce que le chevalier de Saint-Amand tenait du *refick* du Vieux de la Montagne et qu'il voulut bien me confier. Puis-je continuer, guerrière ?

— Si c'est pour affirmer d'autres inepties..., avait grincé Bernard le Haut.

— Je t'en prie, illustre sultan, avais-je tranché, intriguée par ce vocable des dames du lac utilisé par le druide.

1. Lac de Tibériade.

— Lorsque Jésus fut remis, sa première action fut de rassurer ses disciples. En cela, chevalier de Ulster, vous avez vu juste. À plusieurs reprises, il leur apparut. Il leur révéla que Jésus était mort sur la croix pour le salut des hommes et que son âme s'était élevée jusqu'au ciel, le temps d'y recevoir un nouveau nom. Car Dieu attendait de l'homme un autre sacrifice. Qu'il quitte la Palestine et, partout ailleurs, répande sa parole.

— Quel fut ce nom ? intervint de nouveau mon fils.

— Joseph, comme son père charpentier.

Profitant de ce qu'il prenait une datte fourrée à l'amande dans un des plats posés sur la table, le chevalier de Ulster s'était tourné vers moi.

— Il existe un buisson d'épines à Glastonbury, poussé, dit-on, sous le bâton de Joseph d'Arimathie, buisson qui décida de l'emplacement de la cathédrale. N'est-ce point à quelques pas de lui que fut retrouvée la sépulture du roi Arthur et, avec elle, entre deux petites pyramides de pierre, Caliburnus ?

Un souffle chaud m'avait parcourue. Était-ce un hasard ?

Saladin s'était empressé de réagir.

— Joseph d'Arimathie ne quitta jamais la Palestine. J'ai retrouvé son tombeau. Les disciples affirmèrent que le Christ ressuscité, rappelé par Dieu, disparut dans une nuée. Et ce fut le cas. L'esquif qui le transportait fut avalé par un de ces brouillards typiques du lac de Tibériade. Il emportait avec lui le Graal de lumière et s'en servit pour jalonner son parcours de miracles, accueilli cette fois non plus comme le fils de Dieu dont le nom avait été sanctifié par la Crucifixion, mais comme un guérisseur qui s'en remettait à lui.

Jaufré s'était tourné vers moi, devenue blême.

— Aurait-il pu croiser les dames d'Avalon ? Merlin ? Ce dernier n'a jamais cessé de répéter que tout se transforme, rien ne se crée, que tous les dieux n'en sont qu'un.

J'avais secoué la tête.

— Il m'a aussi enseigné la magie blanche et le culte lunaire, les bacchanales des solstices et le murmure des pierres. Rien qui soit en accord avec les rites chrétiens. Pourtant, tu as raison. Quelque chose nous lie.

Un profond soupir avait ébranlé Gwalf. À le voir croiser ses petites mains entre ses cuisses et tordre le nez, j'avais aussitôt compris qu'il en savait encore long sur le sujet.

— Gwalf ? l'avais-je titillé, les sourcils froncés.

Il avait planté dans les miens ses profonds yeux noirs, visiblement ennuyé d'un autre secret que, sans doute, de génération en génération, comme pour Marmiadoise, on lui avait demandé de garder. Il les avait baissés pour murmurer :

— C'est à propos des flamboyantes...

— Oui ?

— Elles ont été forgées en Avalon, cela vous le savez, dame Loanna...

— Oui, m'avait-il fallu répéter pour forcer sa réserve évidente.

— Bien que composé de plus de trois cents couches d'acier, leur fil est ordinaire. Ce qui les rend si particulières, c'est la pierre avec laquelle elles ont été frappées.

Mon cœur s'était mis à battre à tout rompre dans ma poitrine. Tous l'avaient fixé avec une attention accrue, accentuant ce balancement du buste qui l'avait gagné.

— Le Graal. C'est du Graal de lumière qu'elles sont nées, s'était exclamé Jaufré.

Une fois encore, Gwalf avait soupiré.

— Le druide Kelchw ne voulait pas qu'il retombe entre les mains de l'Église. Il disait que les serviteurs de Dieu n'étaient que des hommes, cupides et meurtriers, eux qui ne songeaient qu'à éradiquer druides et devins, prophétesses et guérisseurs. Lorsqu'il apprit que plusieurs d'entre les siens s'étaient convertis et que le secret d'Avalon allait être perdu, lui qui avait reçu pouvoir de faire chanter Marmiadoise la retourna contre eux. C'est pour cela aussi que les trois lames furent dispersées. Pour que nul ne puisse faire le lien entre elles et le Graal avant que les temps ne soient venus.

— Le sont-ils, Gwalf ? avais-je demandé d'une voix douce tant j'avais senti combien cet aveu lui avait coûté.

Il avait haussé les épaules.

— Gwalf ne sait. Gwalf pensait que Saladin possédait le Graal noir et que c'était pour le compléter qu'il voulait le chant. Gwalf a toujours eu peur, même lorsque ses maîtres étaient à ses côtés.

— Je ne le détiens pas, petit homme. Le Vieux de la Montagne profita de ce que Saint-Amand était mon prisonnier et un grand nombre de chevaliers du Temple décimés pour s'en emparer.

— Oh ! c'est bien ce que Gwalf vient de

comprendre, grand sultan. Aujourd'hui, il regrette d'avoir gardé son secret.

— N'aviez-vous point confiance en nous ? s'était attristé Jaufré en lui posant une main chaleureuse sur l'épaule.

Gwalf en avait cillé de tristesse.

— Les maîtres de Gwalf n'ont rien demandé à ce sujet et Gwalf n'est pas d'une lignée qui trahit ses serments.

— Savez-vous où est caché le Graal de lumière ?

Un nouveau soupir.

— Celui qui forgea les trois épées l'utilisa aussi pour charger deux pierres, semblables, destinées à protéger les grandes prêtresses.

Instinctivement, j'avais porté la main à mon cou avant de me souvenir que j'avais été privée de mon pendentif dans ma geôle.

— Oui, dame Loanna, m'avait confortée Gwalf. Votre pierre de lune est l'une d'elles. C'est elle qui vous relie au Grand Tout des druides, ce Dieu des chrétiens, des musulmans et des juifs pour lequel, pourtant, des hommes continuent de s'entretuer. On ne dit pas à Gwalf ce que Merlin fit du Graal, mais Gwalf sentit, à Brocéliande, l'unique fois où il y alla à vos côtés, une vibration très particulière. Seuls les nains de l'île de Mona sont capables de la percevoir. Elle ressemble à celle de Marmiadoise.

Un franc sourire avait grandi sur son visage tandis qu'une tendresse sans âge avait noyé son regard dans le mien.

— Gwalf croit que, comme lui avec Marmiadoise, les héritières d'Avalon ont été choisies pour être les gardiennes du Graal. C'est pour cela qu'elles ont reçu les pierres de lune. Seuls ceux de leur lignée peuvent contrôler les épées. Il faudra retrouver la vôtre, dame Loanna.

J'avais hoché la tête. C'était en Brocéliande, le dernier jour de mon initiation, que Merlin m'avait donné le talisman. Je venais d'avoir quinze ans. Il ne m'avait jamais quitté depuis. J'avais dû me faire à sa perte comme à celle de ma liberté. Cette dernière reconquise, il me manquait, comme si le fait de le raccrocher à mon cou pouvait, seul, ressusciter la lumière sur mes terres dévastées.

Saladin avait-il suivi le même cheminement de pensée ? Ses traits s'étaient durcis.

— Brocéliande ayant été vaincue par le mal, je crains que le Graal noir n'ait permis au Vieux de la Montagne de voir la cache de celui de lumière. Une fois qu'il s'en sera emparé, plus rien n'empêchera le règne de Saytan.

— L'union des deux Graals n'y suffira. Il aura besoin du pouvoir des flamboyantes pour asseoir sa domination, affirma Jaufré.

— Il en détient une déjà. Celle de ton fillot, prince de Blaye, qu'il garde en captivité avec Philippe de Falconbridge. Mon propre fils les lui a livrés.

Geoffroy sursauta.

— Est-ce à dire…

— … qu'ils sont toujours en vie ? Mes espions me l'ont affirmé. Cependant ils ne sont sans doute plus, tous deux, tels que vous les avez quittés. Je connais les pouvoirs du Vieux de la Montagne. Il est capable de contrôler l'esprit de ses disciples ou de leur parentèle, même à distance. Il est à craindre que les gardiens des flamboyantes n'aient fait allégeance à leur tour, bernés par ses enseignements. Croyez-moi, ils ne tarderont pas à réapparaître pour, dans un premier temps, reprendre Caliburnus et la lui rapporter, avec Marmiadoise. Ensuite, il les enverra vers le Graal blanc. Il vous faudra beaucoup de courage pour résister à leurs arguments et les combattre. Beaucoup d'amour aussi si vous voulez mettre leur âme en paix.

— Qu'est-ce à dire ? avait tremblé la voix de Geoffroy.

Les traits de Saladin s'étaient fanés.

— Il adviendra peut-être un jour où tu devras tuer ta propre chair pour sauver le reste de ta lignée. Je m'y prépare de mon côté depuis que la mienne a tenté de m'assassiner.

Nous nous étions tous emmurés dans un silence épais. Nous avions à peine touché aux plats, notre appétit avait été coupé. Trop de révélations. Trop de flou autour d'elles. Trop de questions, de doutes, de certitudes mêlés. Et pourtant nous ne doutions plus de cet homme qui, hier encore, était notre ennemi. Nous ne doutions plus du sacrifice qu'il sous-entendait.

Saladin s'était levé.

— Nous partirons à l'aube pour Jérusalem. Eloïn vous y attend, qui complétera par ses propres découvertes dans les notes de Saint-Amand ce que je viens de vous révéler. Vous pouvez dormir à même ces coussins, ils valent mieux que paillasse, avait-il ajouté avant de nous saluer et de se diriger vers l'issue de la grotte.

Regagnant ma couche de la veille, je m'y étais étendue auprès de Jaufré. Ses bras m'avaient emprisonnée. Sa bouche s'était glissée dans le creux de mon oreille.

— Les trois épées ne flamboient quand elles sont ensemble que parce qu'elles ont été forgées de sacrifice et d'amour absolu, Loanna. Comme le nôtre. Je comprends mieux pourquoi Merlin m'accepta à tes côtés, pourquoi, en Brocéliande, dans la source pure de Barenton, je parvins à guérir de cette étrange maladie qui me priva de parole et de motricité des mois durant[1]. Je comprends aussi, enfin, pourquoi Merlin peut y apparaître à son gré. Je suis convaincu que c'est en elle que le Graal blanc a été dissimulé. Ni Jean ni Geoffrey n'ont pu l'atteindre, je suis prêt à le jurer. Apaise-toi, mon amour. Dès qu'Eloïn sera de nouveau à nos côtés, nous sauverons les nôtres, tu ne dois pas en douter. L'abnégation d'une mère est plus forte que le diable. Nous l'avons déjà prouvé. Nous le prouverons encore.

Je m'étais endormie dans cette certitude et son parfum de lys retrouvé.

Alors que nous approchions du Haram al-Sharif, cette vaste esplanade entourant le dôme du Rocher et érigée d'édifices aux coupoles regagnées de croissant, je ne pouvais m'empêcher de songer à ma fille, à nos retrouvailles imminentes et à l'intérêt qu'elle avait dû prendre à étudier les notes de Saint-Amand. Ce qu'elles contenaient serait-il suffisant pour accompagner l'amour d'une mère ou d'un père, lorsque Philippe et Godefroy nous défieraient ?

De tout mon être, je l'espérais.

1. Voir *Le Lit d'Aliénor*, XO Éditions, 2002.

21

Jérusalem, Saint des Saints.
15 mai 1192.

Elle nous tournait un dos voûté. Une lampe à huile, à dextre[1], de même qu'un lourd encrier, à senestre[2], coinçaient le haut du parchemin qu'elle s'appliquait à déchiffrer. Toute à son examen et probablement habituée aux allées et venues de l'eunuque que nous avions croisé en descendant, elle ne réagit pas au bruit de nos pas. Refusant de gâter nos retrouvailles par sa présence, Saladin nous avait fait conduire auprès d'elle avant de se rendre à la prière. Pour les mêmes raisons, les nôtres nous avaient abandonnés, Jaufré, Geoffroy et moi, à l'entrée du souterrain. La brèche passée, nous nous trouvions là, tous trois, dans ce petit espace clos baigné de mi-pénombre, l'émotion si grande qu'elle nous pétrifiait devant ces épaules, cette chevelure tressée d'or qui ruisselait sur le grège d'un châle. Incapables d'un mot. Sentit-elle notre présence ? Alors que des larmes de bonheur ruisselaient sur mes joues, elle pivota d'un bloc.

1. Droite.
2. Gauche.

Son visage s'illumina aussitôt. Bouleversée, je me contentai d'ouvrir les bras. Elle s'y précipita, attirant dans un même élan, à son cou, à ses épaules, à sa taille, les mains de nos hommes. De longues minutes durant, muets, nous ne fûmes plus qu'une tête, un cœur, un corps. Comme si seul ce contact physique pouvait remplir le vide de ces derniers mois. En chasser la froidure. Assez toutefois pour que nous nous écartassions, enfin, les uns des autres, gardant nos doigts et nos yeux soudés aux siens qu'elle arrêtait, humides, sur chacun d'entre nous.

— J'avais cessé de craindre pour vous depuis qu'il m'avait annoncé avoir retrouvé vos traces, mais vous voir là, tous trois !... Vous m'avez tant manqué !

Les mots continuaient de rester coincés dans ma gorge. Comment lui dire à quel point je m'étais scarifié l'âme depuis son enlèvement ? Je ne sus, stupidement, que la reprendre contre moi et la bercer de nouveau. Longtemps.

Puis vint le rire. Celui de l'intérieur qui balaie les heures sombres, celui qui réconcilie avec le présent. Le sien monta sous la voûte, nous retomba sur les épaules comme une eau vive.

— Sortons, dit-elle, que je vous voie en pleine lumière !

Elle en irradiait.

Repassant sous l'étai qui consolidait le passage, nous remontâmes la pente douce du souterrain jusqu'à nous arrêter devant les nôtres, au seuil de la grotte située sous le dôme.

— Dame Eloïn !

— Palsembleu ! messire Gwalf ! Vous ! Je n'en espérais pas tant !

Elle se pencha pour lui biser la joue. Le sourire du petit homme s'étira jusqu'à ses oreilles.

— C'est Gwalf qui espérait, dame Eloïn. Oui, il espérait grandement ce jour.

— Chevalier de Ulster, je vous ai quitté dans le sillage de Sa Majesté Aliénor. Dois-je en déduire qu'elle vous commit à notre recherche ?

— En effet, dame Eloïn. Et je suis fort aise de m'être acquitté de ma tâche, guidé par Gwalf et mené à bon port par le maître d'équipage que voici.

— Bernard le Haut, damoiselle, pour vous servir, se présenta-t-il, son incontournable chapeau de feutre en main.

— Un de nos vieux amis, réussis-je à articuler.

Eloïn me retourna mon sourire avant que d'en couvrir le Normand.

— Heureuse de vous compter parmi nous. Allons, quittons cette tombe. Je m'y suis bien assez enterrée ces derniers mois !

J'enfilai son pas, ma main sur l'avant-bras de Geoffroy. Devant nous, Eloïn demanda à Gwalf des nouvelles de son fils, Galaad. Soudain nostalgique, le nain lui raconta les facéties de l'enfançon avant d'ajouter qu'il pensait à lui chaque jour que Dieu faisait.

— Ma petite Anne me manque aussi, autant que son frère. C'est un vide si grand en moi que je ne parviens à le combler. Je comprends le vôtre au long de ces derniers mois, mère, me lança-t-elle pardessus son épaule, alors que nous parvenions sous la coupole à la toiture d'or rouge du dôme du Rocher.

La petite Anne. À son évocation, j'avais perçu le durcissement des muscles de mon fils sous ma paume. Une sueur froide coula en moi. Que m'avaient-ils caché à son sujet ?

— Las, n'ayant retrouvé son corps, nous ne sommes sûrs de rien, Eloïn, trembla la voix de Jaufré pour achever sa confession.

Il avait attendu, pour annoncer la mort de la petiote, que nous nous soyons répartis sur les marches du *mastaba*[1] qui redescendaient vers l'esplanade. Autour de nous, les différentes églises reconverties en mosquées encadraient le dôme du Rocher qui, selon la Bible, avait accueilli le sacrifice d'Isaac, selon le Coran, l'ascension de Mahomet vers le ciel et, selon les juifs, l'autel préparé par le roi David pour Dieu au cœur du Temple de Salomon. Un franc soleil rebondissait sur la dorure des coupoles, mais en moi, en elle, il venait de cesser de briller. Ma main gardait la sienne étroitement serrée, répondant à ce cri du cœur commun qui, refusant de jaillir, nous étouffait. Le silence emmurait de même les nôtres. Qu'auraient-ils pu ajouter ? Notre joie venait d'être fauchée. Bouleversée, Eloïn gardait le visage baissé sur nos doigts entremêlés. Je sentais en elle ce chemin intérieur qui avait été mien en apprenant son enlèvement par Saladin, à l'heure où je craignais que, se vengeant

1. Plate-forme au cœur du noble sanctuaire avec le dôme du Rocher en son centre. Le *mastaba* repose sur une esplanade de forme trapézoïdale située 4 à 6 mètres en dessous et pour le tiers plantée majoritairement d'oliviers.

de moi sur elle, il ne la tue. Bien que l'idée de sa mort m'ait rongée impitoyablement, j'avais réussi à reprendre espoir. Malgré ses dernières paroles, Jaufré ne nous en laissait aucun.

— Quant à Philippe et Godefroy... commença Geoffroy.

Eloïn le fit taire d'un battement de sa main libre avant de redresser enfin un visage blême.

— Je partage l'avis de Saladin à leur sujet. Les notes de Saint-Amand confortent, hélas, l'emprise du Graal noir sur les esprits. Le Vieux de la Montagne les y a forcément confrontés pour leur arracher, à leur insu, le chant des épées. Toutes en ont un. Différent, mais qui complète les autres. Cette vibration fait corps avec celle de son maître, le protégeant de fait. Nous devrons les affronter, peut-être même les combattre, pourtant j'ai confiance en ce qui nous lie. J'ai confiance en l'amour de mon fils comme tu dois avoir foi en celui du tien, mon frère.

Une larme roula sur sa joue.

— Jusqu'à ce jour, j'ai cru que la perte de mes pouvoirs expliquait le fait que je ne perçoive plus ma fille. Je n'arrive pas à l'imaginer morte. C'est comme si je percevais toujours les battements de son cœur en moi. Tel que ce fut le cas pour vous, mère, ces mois derniers. À la différence qu'elle me semble plus loin, bien plus loin que vous ne l'étiez...

Elle captura mon regard, aussi ravagé que le sien.

— Vous avez accompagné sa naissance. Vous avez vu, comme moi, le rayonnement qui émanait d'elle. La puissance, déjà, de son potentiel de magie. Je ne peux croire qu'elle ne l'ait protégée, même à l'heure où flambait Brocéliande. C'est inconcevable, mère. À ma raison autant qu'à mon cœur.

— Ça l'est aussi pour moi, Eloïn.

Je fixai mes hommes qui retenaient leur douleur dans le pli, amer, de leurs lèvres.

— La petite Anne était la survivance de notre lignée. Mais aussi un otage de poids contre Richard. Ces deux raisons mêlées, n'aurait-on pu l'enlever, comme Eloïn, comme moi ? insistai-je.

— Nous y avons songé, soupira Geoffroy, et battu campagne autant que pour vous, mère. Las, rien ne vint conforter cette idée. Pas même une rumeur. Cela ajouté au manque de toi, Eloïn, Richard en devint fou, au point, vous le savez tous, d'avoir exterminé ses prisonniers.

— Ce n'est pas la folie qui le guida, intercéda Eloïn en étouffant un sanglot, mais le Graal noir. Je suis convaincue que le Vieux de la Montagne voulut par là jauger de son emprise sur Philippe. Il avait besoin de ce dernier pour pénétrer dans l'esprit de Richard. Si Philippe n'avait été perverti suffisamment, sa tentative aurait échoué.

Elle secoua la tête.

— Il est impossible que le Vieux de la Montagne n'ait perçu les dons en devenir d'Anne. Il ne les aurait pas laissés perdre, affirma-t-elle d'un timbre raffermi. Elle est toujours en vie, je veux en rester convaincue.

— Je le veux aussi, affirmai-je.

Installé sur une marche plus haute, Jaufré enroula les bras autour des épaules de sa fille. Elle se coula contre lui.

— Nous le voudrions tous, Eloïn. Nourrissons-nous-en, cela nous rendra plus forts contre les maléfices du Graal noir. Pourtant ne te torture pas d'impuissance. J'en connais la souffrance. Je ne la souhaite à personne.

— Vous l'avez vaincue, père, et point n'avez renoncé. Les voiles se lèveront.

— Et maintenant ?

Elle pressa plus fort ma main dans la sienne, se fit plus petite entre les bras noueux de son père.

Son regard balaya la Ville sainte à nos pieds.

— Nous agissons. Vous, mère, en retrouvant appétit et confiance, vous, père, avec le chevalier de Ulster, Bernard le Haut et mon frère en accentuant vos exercices d'armes, et vous, Gwalf, en venant m'assister dans la crypte.

— Qu'y ferait Gwalf, dame Eloïn ? s'étonna le nain.

— Me parler du pays que vous avez quitté puis écouter ma lecture à voix haute. Mon intuition m'assure que le gardien de Marmiadoise connaît réponses à quelques-unes de mes interrogations.

Il rougit.

— C'est faire à Gwalf beaucoup d'honneur.

Malgré cette détresse sourde qui lui consumait le cœur, elle lui sourit.

— N'auriez-vous emporté la traduction du chant de Marmiadoise avec vous, par hasard ?

Craignant qu'elle ne tombe entre de mauvaises mains, nous la lui avions confiée avant notre départ en croisade, lui recommandant de la brûler s'il venait à nous arriver malheur. Devant l'inquiétude de mon regard, il baissa le sien comme un enfant pris en faute.

— Que ses maîtres excusent Gwalf. Dans son empressement à vouloir les retrouver, il s'est dit que cela pourrait lui servir à localiser Marmiadoise si l'épée ne lui parlait plus.

— En avez-vous usé ?

Il secoua la tête avant de plonger la main dans son pourpoint. Il en ressortit une enveloppe de cuir épais refermée par une ganse de ficelle.

Eloïn la récupéra.

— Certains des écrits de Saint-Amand comprennent des notes de musique. Je veux les comparer.

— Qu'espères-tu ? demandai-je.

— Trouver un antidote au chant des épées et sauver nos fils.

Elle bascula le visage en arrière.

— M'aiderez-vous, père, entre deux passes d'armes ? Je sais que vous avez déjà consacré beaucoup de temps à la compréhension de ce chant par le passé. Je ne veux pas risquer, en le faisant interpréter, que le Vieux de la Montagne se connecte à sa fréquence et découvre nos intentions. Pour cette même raison, mieux vaut, pour l'heure, ne pas vous servir de Marmiadoise, mère.

— Nous sommes à tes ordres, ma fille, répondit son père en l'embrassant au front.

— Une fois ne sera pas coutume, soupira son frère.

— Serais-tu jaloux, Geoffroy ? le taquina-t-elle, réveillant leurs joutes d'enfants.

— Quand tu manieras la magie aussi bien que je manie l'épée, lui retourna-t-il avec un clin d'œil.

Elle rit malgré l'immensité de son chagrin. Elle était assez forte pour ne pas le laisser nous perdre. Assez forte pour se nourrir d'espoir le temps qu'il faudrait. Ensuite… qui pourrait dire comment elle survivrait ? Chaque fois qu'elle avait perdu un de ses enfants, Aliénor s'était relevée, plus digne que la fois précédente. Elle les avait aimés profondément, pourtant je doutais qu'elle ait été liée à eux de la même manière que nous à cette petiote. Une âme ancienne l'habitait. Puissante et bienfaitrice. Eloïn avait raison. Sa mort était inconcevable.

Elle nous rattrapa pourtant, comme une faucheuse embusquée. Refusant de s'en laisser de nouveau écarteler, Eloïn nous invita à quitter la place. L'heure de la prière touchait à sa fin. Saladin n'allait pas tarder à reparaître. Connaissant la valeur de son hospitalité, il avait déjà dû donner ses ordres pour que nous puissions nous délasser dans un bain, changer de vêtements puis goûter aux délices de ses cuisiniers.

Avant, pourtant, que de quitter ces marches, je la retins d'un nom :

— Richard ?

Un second voile de détresse vint endeuiller le premier dans ces iris violets pailletés d'or.

— Pas une nuit sans rêver de lui, m'éveiller du manque de ses bras, de ses lèvres, de sa peau. Pas une nuit depuis plus de dix mois, mère. Je voudrais pouvoir le rassurer, lui expliquer. C'est impossible sans risquer de mettre le Vieux de la Montagne au courant de nos projets. J'ignore quels sont, à l'exception de Philippe et de Godefroy, les pions que ce diable projette d'avancer sur son grand échiquier.

Tout ce que je constate, c'est que les événements se précipitent puisque Montferrat vient d'être assassiné par deux de ses hommes.

— Et Henri de Champagne couronné roi de Jérusalem à sa place. Oui, nous l'avons appris en arrivant en ville.

— Henri est lui aussi lié à Philippe par le sang. Je présume que le Vieux de la Montagne compte influencer ses actes et sa pensée comme il l'a déjà fait de Richard. Seul Saladin est parvenu à le lui interdire, puis à repousser les lames chargées de le supprimer. Pire, il s'est emparé de Jérusalem, privant le cheikh du sanctuaire dans lequel les forces noires du Graal pourraient encore croître. Si Saladin est occis par les flamboyantes, les croisés reprendront la Ville sainte aux Sarrasins désorganisés ; Henri, contrôlé à distance, croira y régner et le cheikh assoira sa suprématie depuis le Saint des Saints du Temple. Ne vous y trompez pas, mère. Le djihad mené par Saladin est né autant en réponse à la dangereuse cupidité de cet homme qu'à celle des Templiers. En vérité, le sultan n'aspire qu'à la paix, à rouvrir les portes de Jérusalem aux chrétiens et aux juifs, et à la protéger. L'important n'est pas de déterminer qui du Coran, de la Torah ou de la Bible a le plus de légitimité sur la Palestine, l'important est d'en préserver la lumière. Si ceux que nous aimons sont sous le joug, déjà, du Vieux de la Montagne, à qui nous fier ? Comme je le fais depuis des mois, vous-même avec père et Geoffroy devriez, sans plus tarder, faire barrière, en votre esprit, à toute intrusion de sa part.

— Tu as raison. Nous devons autant nous taire que nous protéger jusqu'à ce qu'il soit mis hors d'état de nuire.

— Bientôt, mère. Bientôt nous rentrerons chez nous. Je n'ai cessé d'y songer ces longs mois durant. Si nous voulons que Brocéliande redevienne ce qu'elle a été, nous nous devons au sacrifice, nous les descendantes d'Avalon. Je dois, comme vous le fîtes par le passé, accepter d'abandonner l'homme que j'aime à son propre destin. Nos retrouvailles n'en seront que plus fortes une fois que tout cela sera terminé. Allons, dit-elle, nous avons peu de temps devant nous. Si combat des lames il devait y avoir ici, Jérusalem souffrirait de lourdes pertes. C'est inenvisageable. Dès que je me serai assurée de notre victoire, nous gagnerons un lieu plus propice.

— Lequel ? s'étonna mon époux, impressionné par l'aplomb et l'assurance qu'elle avait gagnés au cours de ces derniers mois.

Eloïn releva le menton, du défi dans l'intonation.

— Le lac de Tibériade. Là où tout a commencé. Là, je vous transmettrai une autre magie. Celle que ces vieilles pierres autant que les écrits de Saint-Amand m'ont enseignée. Elle complète celle de Merlin, mère. Elle nous aidera à la retrouver. À tous nous retrouver.

22

Tyr.
16 mai 1192.

Bérangère de Navarre possédait de nombreuses qualités qui l'avaient, dès le premier jour, fait aimer de tous. Parmi celles-ci, une pourtant restait méconnue du plus grand nombre. Seuls Eloïn, Richard et Jeanne avaient eu accès à son secret. Elle avait des « intuitions » qui, si elles ne connaissaient ni la précision ni la fiabilité des visions d'Eloïn, lui permettaient d'appréhender les événements avec plus de recul que d'autres. C'est ainsi que, sitôt après avoir salué Isabelle, elle s'était rendue auprès d'Henri de Champagne pour l'éclairer sur sa propre condition d'épouse. Elle s'était vite aperçue que le neveu de Richard était arrivé aux mêmes conclusions qu'elle : la princesse de Jérusalem était un bloc de résolutions au cœur dévasté. Puisque Henri avait décidé de s'écarter, Bérangère avait cru qu'elle se guérirait de son sentiment de culpabilité, mais ses traits toujours tirés sous le fard prouvaient le contraire. Bérangère avait donc jugé qu'il était temps de la délivrer du carcan de bienséance qui la rongeait.

Richard l'ayant assurée de son soutien, elle l'avait laissé en compagnie des siens dans ce palais qui leur avait été octroyé pendant leur séjour à Tyr, puis, flanquée d'une escorte, avait traversé la cité.

Isabelle de Jérusalem ne la fit pas longtemps patienter. Reines toutes deux d'un royaume qu'elles n'avaient encore occupé, elles possédaient nombre de points communs. Dès le premier regard, elles s'étaient appréciées. Repoussant servantes et valets pour jouir de plus d'intimité, Isabelle la mena dans un patio fleuri de roses. Une fontaine à double jet en occupait le centre, répandant un doux murmure que rien ne venait troubler. Elles s'installèrent de biais, côte à côte, sur un banc de pierre, échangèrent quelques banalités, puis, sans détour, Bérangère entra dans le vif du sujet.

— Ma visite n'est pas de simple courtoisie, Isabelle. Il me fallait vous parler… d'Henri et Onfroy.

Isabelle baissa aussitôt le regard. Elle rassembla ses mains l'une dans l'autre pour les empêcher de trembler. Bérangère les recouvrit de la sienne.

— Vous n'avez rien à craindre de moi, mon amie. Je ne suis pas venue en juge, au contraire.

Elle consentit à relever les yeux. Ils étaient embués de larmes.

— Si vous saviez combien j'ai honte…

Bérangère lui lança un regard bienveillant.

— Il ne faut pas… L'amour ne devrait jamais être souffrance dès lors qu'il est partagé. Or combien d'entre nous, femmes jetées en pâture à des époux indigestes, peuvent prétendre l'avoir rencontré ?

— Là est mon tourment, Bérangère. Henri n'a rien d'« indigeste ». C'est un bel homme, d'esprit, de tournure et d'exploits. Il m'aime sincèrement et vers lui, je me sens physiquement attirée. Je ne pouvais espérer meilleur amant après l'enfer que me fit vivre Montferrat.

— Si. Celui que son amour vous accorde, Onfroy.

— C'est contraire aux bonnes mœurs.

Bérangère laissa échapper un rire léger.

— Connaissez-vous ma propre histoire, mon amie ?

Isabelle ne sut que répondre. Beaucoup de rumeurs circulaient concernant Richard. Elle n'avait jamais osé en croire aucune. Bérangère lui souriait avec franchise. Ne voulant la froisser, elle secoua la tête.

— Vous mentez mal, Majesté, s'en amusa la reine d'Angleterre.

— On prétend tant de choses…

— Toutes sont exactes. Mais elles sont encore bien au-dessous de la vérité.

Isabelle écarquilla les yeux.

— J'aime Richard. Je l'ai aimé avant même que l'on nous présente l'un à l'autre. Sa faconde, son tempérament enlevé, son sens de la justice et de la chevalerie avaient forcé les portes de Navarre. Lorsque la reine Aliénor a convaincu mon père d'une alliance entre nous, je me suis sentie comblée. Pourtant, je savais. Je savais qu'une autre lui avait donné un fils, je savais qu'elle était pour lui plus qu'une maîtresse. Ma rencontre avec Eloïn me l'a confirmé. Bien qu'elle ait été de nouveau enceinte de lui, elle se serait effacée si je l'avais exigé. J'ai refusé. Je ne peux enfanter, Bérangère. Que pouvais-je espérer de mieux que vivre, choyer et aimer cet homme ? Que pouvais-je espérer de mieux qu'être complice de son bonheur ?

— Je comprends… Mais vous ne partagez pas sa couche.

— Je partage celle d'Eloïn.

Isabelle tiqua.

— Insinuez-vous que…

— … je suis auprès d'elle comme Merchadier est auprès de Richard ? Oui.

— Je ne sais que dire…

— Il n'y a rien à dire. C'est un fait. Cet amour charnel que je croyais inaccessible m'a été rendu. J'en suis redevenue une femme et, nombre de fois, avant qu'Eloïn ne soit enlevée, Richard s'est joint à nos jeux. Nous nous sommes caressés tous trois, avons partagé tendresse et plaisir. Croyez-moi, je suis catholique, mais j'ai cessé de croire que je pourrais être damnée pour cela. Comment un Dieu d'amour ne pourrait-il comprendre celui qui nous lie ?

Un éclat s'était rallumé dans le regard d'Isabelle. Les mains de Bérangère s'enroulèrent aux siennes.

— Ce n'est pas Richard qui me parla de Merchadier, mais Eloïn. En termes choisis, pour ne pas me choquer, elle me raconta combien étaient longues parfois les campagnes guerrières du roi, son refus de se soulager de viol ou de putain comme les soudards de son armée, comme son père autrefois. Elle me confia l'affection qu'elle éprouvait pour le mercenaire, sa confiance indéfectible en lui. Elle l'avait pris en aparté une fois, l'avait assuré de sa complicité, de lui maintenir auprès du roi cette place privilégiée. Nous sommes trois à aimer Richard et il jouit de nous de manière différente, certes, mais avec le même sentiment de légitimité. J'ai eu, moi aussi, une longue discussion avec Merchadier, après l'enlèvement d'Eloïn. Il en souffrait autant que moi. Savez-vous pourquoi ?

— Parce que Richard n'est entier que lorsqu'elle est là ?

— Parce que Richard n'est jamais autant à nous que lorsqu'elle est là.

Bérangère repoussa une mèche brune que le vent ramenait sur sa joue.

— Croyez-moi, Isabelle, l'amour, tel que celui qui nous unit tous les quatre, tel que celui qui vous unit tous les trois, n'est ni vice ni crime. Il est d'abnégation, de partage et de tendresse. Vivez-le ! Comme une chance à laquelle peu d'entre nous peuvent prétendre.

— Mais l'Église ?

— Laissez-la donc à ses fausses vertus, à ses péchés d'orgueil et d'ambition et à la corruption de ses évêques. Laissez-la vous condamner. Dieu voit tout. Il connaît le cœur des hommes. Lui seul est vérité au royaume des ombres. Il vous a déjà pardonné.

À l'heure où Bérangère de Navarre se jetait, éperdue de reconnaissance, dans les bras d'Isabelle, Richard avait réuni Philippe et Godefroy sur la terrasse de toit du palais situé à quelques rues d'eux. La vue y était splendide. À l'ouest, elle couvrait autant les maisons à colombages de la cité que le port, en contrebas. Au nord, un autre palais, celui du duc de Bourgogne, voisinait la cathédrale. Au sud, un troisième édifice, bâti sur le même modèle, occupé il y a peu encore par Philippe Auguste, laissait entrevoir semblable esplanade, déserte, au mitan des coursives. Les festivités du mariage continuaient d'enjoliver la cité à leurs pieds. Repu d'une nourriture distribuée à satiété par Richard et Henri, le peuple était revenu à ses tâches quotidiennes tout en conservant sa bonne humeur. Henri de Champagne faisait l'unanimité. Richard avait le cœur plus léger, lui aussi. Ragaillardi par la certitude que sa famille était en vie bien que dispersée, il se sentait semblable à ces goélands dont le ballet incessant au-dessus des flots attirait son regard. Il était de nouveau pressé de piquer, de pourfendre, de reprendre ce que les Sarrasins avaient enlevé à la Chrétienté.

Il se tourna vers les deux hommes appuyés comme lui sur les remparts, humant cet air iodé dont le vent de mer fouettait leurs visages. Ils avaient de nouveau fière allure dans leurs tuniques brodées de lions, leurs cheveux avaient été raccourcis à la nuque, leurs barbes rasées. Leurs visages avaient gagné en maturité par l'enseignement du Vieux de la Montagne. Seules l'inflammation de leurs yeux et leur maigreur trahissaient leur dépendance au haschich, trop longtemps absorbé ces derniers mois. Richard les avait vus en consommer à plusieurs reprises depuis leur retour. Il sentait, de manière impérieuse, qu'il devrait les en sevrer au plus tôt. La nuit précédente, Eloïn lui était apparue en rêve. Un rêve étrange en vérité. Assise dans ce qu'il avait pressenti être une crypte taillée à même la roche, elle l'avait exhorté à la prudence, affirmant que les deux cousins étaient toujours sous contrôle. Il avait voulu l'approcher, mais un écran luminescent, infranchissable, s'était dressé entre eux. Il avait dû se contenter de l'admirer, sublime malgré la simplicité de sa mise. Elle avait fini par lui recommander de reprendre les combats, d'y entraîner Philippe et Godefroy afin qu'il puisse jauger, sur pièces, de la noirceur de leur lame, afin aussi qu'une fois privés de haschich ils y défoulent leur agressivité.

Ce songe n'avait fait que le conforter dans sa décision de les retenir pour l'instant à ses côtés.

Là, sur cette terrasse qui dominait la cité, il venait de les rappeler à la patience, arguant qu'ils se devaient auparavant à leur serment vis-à-vis d'Isabelle de Jérusalem. Elle n'avait accepté de les absoudre de leur crime qu'en échange de leurs bras armés. Pour tous, ils s'étaient évadés d'une geôle à Damas. Nul ne comprendrait qu'ils disparaissent encore, qu'ils ne s'élancent pas au combat, déterminés à se venger de leur captivité. De plus, la traîtrise de Jean en Angleterre exigeait que Richard renforce son prestige, ainsi qu'Aliénor, dans sa dernière lettre, le lui avait conseillé.

— Vous n'avez point besoin de nous, père, pour le regagner, venait de lui rétorquer Philippe.

Tout en lui semblait déterminé au départ, comme si délivrer Eloïn et Loanna était devenu sa priorité. Si elle l'était encore au cœur de Richard, il savait aussi qu'il n'était pas prêt à les regarder s'éloigner.

— Tu te trompes, mon fils. Jusque-là, Montferrat n'a eu de cesse qu'il n'ait ruiné l'entente entre les barons francs et les nôtres. À présent que l'ost est réuni sous la bannière d'Henri, tout redevient possible. L'Angleterre doit savoir que nous sommes de nouveau côte à côte toi et moi, bien vivants et mordants. Affaiblir Saladin, c'est affaiblir Jean.

— Je doute que nous y parvenions. Tant que le sultan détient ma mère, nous demeurons vulnérables.

— Sans compter le danger qu'encourt mère-grand entre ses griffes. N'oubliez pas l'effroi qu'elle en éprouvait, ajouta Godefroy.

Richard soupira :

— J'entends vos raisons, elles minent mon cœur, mais je ne puis plus, dans l'intérêt autant du royaume que de mon engagement en Terre sainte, m'en laisser distraire. J'ai besoin de Durandal à mes côtés pour reconquérir les principales places fortes du littoral et de l'arrière-pays. Si le risque n'existe plus d'être pris à revers par les Sarrasins, nous pourrons assiéger Jérusalem et reprendre les nôtres.

— Ne craignez-vous point qu'entre-temps Saladin ait trouvé moyen d'utiliser la magie, devenue noire, de Marmiadoise ou de Caliburnus ? Nous savons que cette dernière se trouve entre ses mains, que Pierre Basile n'en a rapporté à Jean qu'une copie habile, argumenta encore Philippe.

Richard le contra aussitôt :

— Noires ou blanches, les flamboyantes n'obéissent qu'à leurs maîtres. Et leurs maîtres servent ma cause. Vous êtes la preuve vivante que rien ne peut les en dévier. Prends patience, mon fils, je sais à quel point la privation de cette lame t'a miné le cœur et l'âme, je sens ton impatience à la retrouver. Tu y parviendras, mais avec ton cousin et moi à tes côtés.

Leur faisant soudain face, il les souda l'un à l'autre en les empoignant virilement par les épaules. Il força leurs regards à garder le sien.

— Une trinité. Voilà ce que nous sommes. Conduits là par la volonté de Dieu autant que d'Avalon. Entachée de maléfices ou pas, c'est cette volonté que nous devons respecter. Elle passe par la victoire, mes enfants. Quel que soit l'ennemi qu'il nous faille combattre, quel que soit le prix à payer. Ensemble, vos lames, de substitution ou de destinée, doivent faire corps avec la mienne. Ensemble, nos pensées doivent rester liées. Ensemble. Je nous veux ensemble. Pour qu'aucun ne puisse plus douter, ici ou ailleurs, de notre légitimité.

— Ensemble, accepta Philippe, dans un soupir résigné.

— Ensemble, répéta Godefroy.

Dans leurs yeux, cette ombre, persistante depuis leur retour, disparut brusquement. À l'instant où Richard s'en fit la remarque, la voix qu'il n'avait plus entendue depuis le massacre des prisonniers sous les murs d'Acre se glissa derrière son tympan :

— On ne retient que ce que l'on a peur de perdre, Cœur de Lion. Tu devrais le savoir mieux que quiconque : un valet revient toujours à son maître.

Il n'eut pas le temps de s'en glacer. Avant même que, libérant les deux hommes de leur étreinte, ses bras ne soient retombés, il perçut une autre voix, celle d'Eloïn, répondre à la première :

— Nous y sommes préparés.

— Tout va bien, père ? s'inquiéta Philippe devant sa pâleur soudaine.

Richard se reprit.

— L'émotion, prétexta-t-il. J'ai tant été privé de votre contact physique que je m'en trouve encore bouleversé.

Pour l'en distraire, ils reprirent posture contre les remparts, admirant, par-delà les toits de la cité, le ballet, à présent impitoyable, des goélands. Un banc de poissons avait dû les exciter. Chacun des deux garçons commenta à sa manière la précision de leur piqué. Si Richard se prêta au jeu, tout en lui demeura hérissé sur ce constat foudroyant : il n'avait jamais été atteint de folie. Il avait été manipulé. Vraisemblablement par le Vieux de la Montagne. Via le Graal noir et Philippe, dont il avait fait son esclave ? Cette hypothèse le drapa dans une sueur froide. Quelle était la part de vérité dans le discours des deux cousins ? Étaient-ils sincères ou guidés ainsi qu'Eloïn le craignait ? Sans parler des funestes conséquences qu'avait eues sur lui ce contrôle… Si, sans s'émouvoir, il avait été capable d'ordonner le massacre de trois mille innocents, qui l'empêcherait de se retourner contre sa propre armée, contre sa propre famille ? Le fait qu'il vienne d'en prendre conscience, le fait qu'Eloïn se soit interposée seraient-ils suffisants pour empêcher le mage noir de lui imposer de nouveau sa volonté ? Il ne parvint pas à se détendre, malgré le rire de son fils à une boutade de Godefroy. Il se remémora les paroles du Vieux de la Montagne : « Un valet revient toujours à son maître. » Cela signifiait-il que, quoi qu'il fasse, Philippe ne pourrait être sauvé ?

Le timbre velouté d'Eloïn se glissa de nouveau derrière son tympan :

— Aie confiance. Je suis auprès de toi. Plus que jamais.

Il accepta enfin de lâcher prise, et s'en rasséréna comme d'un serment que le mage ne pourrait briser.

Dans les jours qui suivirent, Richard réunit le conseil des barons pour leur faire part de son intention de reprendre les hostilités. Tous approuvèrent. Henri de Champagne fut chargé, lui, de demeurer à Tyr le temps d'engager de nouveaux mercenaires, étant entendu qu'il rejoindrait Richard sitôt son armée constituée. La nouvelle se répandit parmi les soldats de Dieu comme un feu grégeois. En seulement quelques heures, des « Montjoie » gaillards réveillèrent le courage perdu des anciens. Ils en furent si bien animés que, le 22 de ce mois, Richard enlevait aux Sarrasins l'imposante forteresse de Daron qui surplombait la route du Sinaï et de l'Égypte.

Au jour de Pentecôte, il y était encore avec le duc de Bourgogne, dans l'attente d'Henri.

Jeanne et Bérangère, demeurées à Tyr auprès d'Isabelle, grimpèrent ensemble au sommet du donjon pour regarder le nouveau roi de Jérusalem s'éloigner avec ses troupes fraîchement constituées. Commis à la garde de la cité, Onfroy de Toron s'était glissé parmi elles. Il oscillait entre le bonheur de veiller sur son aimée et le regret d'être écarté des futures victoires.

Il pressa la main d'Isabelle. Prise entre deux feux ardents, elle se contenta de fixer cette silhouette couronnée qui s'éloignait, anxieuse à l'idée qu'Henri pourrait ne revenir jamais.

23

Terre de Palestine.
29 mai 1192.

L'euphorie conquérante de Richard ne dura pas. Alors que l'ost tenait campement près d'un cours d'eau, un courrier apporta une lettre : se riant des représailles de leur mère, Jean avait réussi à rallier derrière lui un nombre grandissant de barons anglais. Fort de la complicité de Philippe Auguste et de Geoffrey Plantagenêt, il s'était déjà emparé de plusieurs châteaux. Depuis l'Angleterre, Jean d'Alençon, qu'Aliénor avait nommé grand chancelier, le suppliait de rentrer. Sa lecture à peine achevée, Richard s'emporta, tempêta, avant de grincer qu'il était temps pour lui de quitter place et de reprendre son royaume en main.

L'un de ses chapelains, Guillaume de Poitiers, en fut si bouleversé qu'il ne put s'empêcher de le répéter. Avant la fin du jour, la décision du roi de quitter abruptement la croisade endeuillait les rangs et forçait barons normands, poitevins, manceaux, francs, angevins ou anglais à se réunir d'urgence. N'ayant pas été convié à cette assemblée, Richard s'y rendit d'un pas rageur. Il arriva juste à temps pour les entendre décider qu'ils iraient prendre Jérusalem, avec ou sans lui, qui ne valait pas mieux que girouette. Vexé, il se retira sous sa tente, exigeant sur l'heure la présence de Philippe et de Godefroy.

Assis sur un tabouret à trois pieds devant table dressée, il venait d'achever de vider un pichet de vin lorsqu'ils soulevèrent le rabat de cuir. Le hanap qu'il tenait encore en main, anse enroulant son index, se mit à danser au bout de son bras tendu.

— Là ! Entendez ! Entendez cette armée qui festoie et se rit de moi !

Succédant à l'abattement général, la décision du conseil avait ranimé l'enthousiasme. De la musique s'élevait de partout. On dansait, on riait, on s'échauffait quand, pour mieux singer un combat, on ne troussait pas à deux ou à trois la même putain.

— N'aurai-je donc que des ennemis partout ? insista-t-il en tendant son pied vers Philippe pour l'inviter à lui ôter sa botte.

— Voulez-vous vraiment quitter la Palestine, père ?

Richard soupira profondément, les joues embrasées par trop de vin.

— Je veux… je veux… Je ne sais pas ce que je veux. Voilà bien mon tourment. *Oc et no*[1]. Toujours… Toujours…

— Laissez-moi gagner Jérusalem avec Godefroy. L'enseignement que nous avons reçu du Vieux de la Montagne nous permettra sans peine de nous approcher de Saladin. Lui mort, Eloïn, dame Loanna

1. Oui et non. Surnom qu'on lui attribua après cette affaire.

et les flamboyantes récupérées, vous n'aurez plus à vous soucier que de reprendre votre royaume.

Richard secoua la tête, le visage crayonné de tristesse.

— Non. Je ne souhaite pas la mort de Saladin.

La heuse tomba sur le sol poussiéreux. Il tendit l'autre jambe.

— Alors quoi ? Que voulez-vous ? se désola Philippe.

— Je vous veux dans ma couche, près de moi. Je veux m'endormir en étant sûr de vous retrouver à mon réveil. Demain... Je déciderai demain.

— Vous êtes ivre, sire, s'attrista Godefroy.

Un écran de perplexité voila le regard du roi. Il s'humidifia.

— Pas assez... *Oc et no*... Toujours... Toujours... Vous le voyez bien.

Le lendemain, le crâne broyé par une migraine, il se hissa sur son destrier, sans un mot. Il prit le commandement de l'ost tel qu'était son devoir, le visage renfrogné, feignant de ne pas entendre les moqueries discrètes dans son dos. Plusieurs jours durant, il refusa de se prononcer. Tout en lui penchait pour un départ précipité, mais, chaque fois qu'il était prêt à l'annoncer, la voix d'Eloïn lui susurrait « patience » et l'envie le quittait. Parmi tant d'autres illustres cavaliers ou prélats juchés sur leurs mules, Philippe, Godefroy et Merchadier se rangeaient sans commentaire à son humeur massacrante.

Derrière eux, sous un soleil brûlant, marchaient vingt mille fantassins. Leurs cottes de mailles plombaient leurs épaules matelassées par le gambison.

Surmontant le tout, leurs surcots, marqués d'une croix, puaient la crasse et la poussière du chemin. Leur cuir chevelu, envahi de vermine, grattait sous le casque. Malgré l'épaisseur des braies qui recouvraient leurs jambes et leurs pieds, le métal entaillait leurs chairs, y incisant parfois des plaies suintantes. À leurs ceintures de taille et de hanches pendaient haches, fléaux, bâton, épée, dagues ; à leurs épaules, arcs et baudriers, appesantissant encore davantage leur cheminement. Malgré tout cela, ils chantaient, relayés par les conducteurs des chariots bâchés, réservés au transport des tentes, du ravitaillement et des engins de siège. Veillés par une arrière-garde tout aussi jubilatoire, les convoyeurs d'animaux de bouche leur répondaient. Les dialectes se mélangeaient, mais le chœur était le même. La louange de Dieu y revenait en boucle.

Vingt mille, songeait Richard en regardant droit devant lui cette plaine qui s'étirait, prise entre les montagnes de Judée et la mer. *Vingt mille qui se gobergent, qui médisent, qui ne savent de moi que mon nom et mon titre. Vingt mille qui ne se soucient ni d'Eloïn, ni des flamboyantes, ni de mon royaume en péril. Encore moins des Rudel. Vingt mille qui psalmodient, avides de sang, quand cette terre a vu le Christ verser le sien pour le salut des hommes. De tous les hommes. Vingt mille. Les plus jeunes n'en ont pas encore sur les mains. S'ils savaient ! Oui, s'ils savaient que l'odeur y reste imprégnée, qu'elle ne disparaît jamais, quoi qu'on y frotte. Qui ? Qui pour le leur enseigner, si je pars ?*

Malgré ce constat, l'envie, impérieuse, de ses terres aquitaines revenait le brûler.

L'évidence le frappa un matin, au lever, sous sa tente, alors que l'armée campait aux portes d'Ascalon. Sans doute parce que Eloïn s'était de nouveau invitée dans ses songes. Aérienne, enveloppée d'une nuée blanche, elle lui avait susurré à l'oreille que son besoin impérieux de fuir lui était dicté, qu'il ne devait pas le laisser s'ancrer. Il n'avait pas encore chaussé ses heuses qu'il faisait venir à lui Guillaume de Poitiers.

Le chapelain s'inclina devant lui avec autant de déférence que d'inquiétude.

— Puisque tes oreilles savent écouter, raconte-moi donc ce qui se colporte sur moi. Et gare à toi si la langue te fourche !

— C'est que ce n'est point très élogieux.

— Les éloges sont pour les défunts. Aux vivants d'écrire leur destinée. Parle.

— On vous en veut, sire.

— De quoi ?

— D'avoir oublié combien Notre-Seigneur vous est favorable, combien Il vous couvre de bienfaits.

Richard faillit s'étrangler.

— Des bienfaits ! Énumère-les donc, que je voie s'ils me conviennent !

— Vos conquêtes, sire : Messine, Chypre, Acre, Daron… Il y a aussi ces maladies et ces blessures dont vous fûtes guéri quand d'autres ont trépassé.

— Une bonne constitution et des talents de stratège suffisent donc à ma gloire ?

— À votre gloire et à notre salut, grand roi. L'autre, celui de France, nous a abandonnés, vous laissant à notre tête, lion valeureux dont cette terre rugit. Protégez-la, de grâce. Protégez-nous au lieu de nous livrer à la mort. On louait votre honneur, vous étiez un père, un frère pour la Chrétienté. Si vous la quittez, que restera-t-il d'elle, sinon une ombre morte et un cœur trahi[1] ?

Devant la sincérité de ses larmes, de son ton, Richard sentit fondre sa rancœur.

— Va, lui commanda-t-il, la gorge nouée.

Au soir venu, comme les précédents, il exigea que Philippe et Godefroy dorment à ses côtés. Durant son sommeil, il rêva des bras tendus d'Eloïn, là-bas, dans la Ville sainte. À son réveil, sa décision était prise. Il se tourna vers son fils, ensommeillé encore. Il lui secoua l'épaule, le forçant à tourner vers lui un œil embrumé.

— Promesse je t'ai faite. Promesse je tiendrai. Nous pénétrerons ensemble dans Jérusalem. Va répandre la nouvelle. Dans la foulée, tu feras seller nos chevaux. Dans une heure, je veux que tous soient prêts au départ.

Ils le furent, dans une explosion de joie.

1. Ambroise, *Chroniques de croisade*, traduction personnelle.

24.

Jérusalem, terre de Palestine.
28 mai 1192.

De toutes les villes que j'avais habitées ou traversées, Jérusalem était la plus singulière. Ce n'était pas seulement dû à son histoire biblique, plutôt au profond respect envers autrui qu'y entretenaient ceux qui y séjournaient, quelle que soit leur obédience. La respiration des rues s'en trouvait différente. Malgré la menace que la guerre sainte faisait peser sur la cité, les habitants affichaient sourire et sérénité. Nous y descendions peu pourtant depuis notre arrivée, affairés dans le haram à nous préparer contre toute attaque du Vieux de la Montagne.

Sans même en avoir conscience, Eloïn se révélait à nous, chaque instant davantage, sous un jour nouveau. Dès nos retrouvailles je m'étais mise en retrait, lui permettant ainsi de déployer toute son envergure. J'aurais pu dire qu'elle me ressemblait au même âge, mais ç'aurait été sous-estimer ses facultés d'adaptation, d'intelligence, de résilience, d'habileté en tout. Ses pouvoirs de divination avaient laissé place à d'autres, plus subtils, qu'elle affinait depuis des mois. Elle avait acquis le moyen de sortir de son corps, de se voir dormir, de chuchoter, comme le Vieux de la Montagne, à l'oreille des siens même éloignés de plusieurs lieues, de soulager la douleur d'une simple imposition des mains. Rien qui soit spectaculaire. Mais elle en usait à bon escient, affirmant au cours de nos veillées qu'elle utilisait ces facultés de l'esprit pour renouer avec la magie blanche que l'attaque de Brocéliande nous avait enlevée. Elle demeurait convaincue que ce savoir restait profondément ancré en celles de notre lignée. L'étude du grimoire de Viviane que m'avait offert Aristophane Bec à notre dernière rencontre, et que Jaufré avait eu soin de toujours garder avec lui, n'avait fait que nous conforter dans cette opinion. J'en connaissais chaque ligne de mémoire, pour l'avoir utilisé encore et encore au cours de mon apprentissage de druidesse. Je ne pensais pas pouvoir en apprendre davantage à sa relecture. Mais Eloïn était allée au-delà des mots et des incantations. Elle avait pénétré les silences, les non-dits de notre ancêtre, comme s'ils n'avaient été destinés qu'à elle et elle seule. En vérité, elle me fascinait. Mon cœur de mère s'en gonflait d'une fierté que, pourtant, les événements autant que la disparition de la petite Anne auraient dû me voler. Elle n'en parlait pas et nous avions accepté ce choix.

— Doute et souffrance seront une faille dans laquelle le Vieux de la Montagne saura s'infiltrer. Je ne dois pas les laisser s'installer. Vous non plus. Débarrassez-vous du carcan de l'impuissance ou nous mourrons tous. La victoire acquise, nous ferons ce qui devra être fait. Pour la pleurer ou pour la retrouver.

La fermeté de son ton, son menton haut levé sur sa détermination avaient empli nos âmes d'énergie.

Depuis, j'avais repris du poids, et m'étais astreinte, suivant ses recommandations, à remuscler ce corps trop longtemps soumis à la réclusion. Notre chevauchée depuis Tyr avait déjà favorisé cette reconstruction. Je fus donc moins courbaturée que prévu après mon premier combat d'entraînement. Mon souffle perdu me fit, lui, baisser lame au bout de quelques minutes, soulevant éclat de rire autant dans la bouche de Jaufré que dans celle de Saladin. Ces deux-là s'étaient, finalement, très vite révélés complices. Jaufré n'avait toujours pas pardonné à Saladin le fait qu'il m'ait laissée rôtir au soleil, torturée par la piqûre des scorpions. Mais il avait accepté et compris les raisons qui avaient décidé de mon châtiment. Elles allaient dans le sens de notre action commune d'aujourd'hui. Sa confiance en le sultan s'en était, paradoxalement, trouvée grandie. Il en était de même de Gwalf qui me délaissait toujours avec une petite gêne dans le regard avant de s'enfoncer derrière Eloïn dans le Saint des Saints. Tous deux y demeuraient enfermés des heures durant. Parfois, Gwalf venait arracher Jaufré à nos joutes, Eloïn butant sur une note de cette partition du chant de Marmiadoise que le petit homme lui avait confiée à notre arrivée. Dans ces moments-là, attristée malgré moi de ne pouvoir rien apporter de plus à ma fille, je m'acharnais au travail, accordant à Bernard le Haut de frapper sans condescendance cette lame en acier de Damas qui remplaçait Marmiadoise à mon poing. Le Normand, descendant des Vikings, possédait une force peu commune. Au début, il la retenait contre moi, mais de moins en moins à voir la sueur qui dégoulinait de son front à chacun de mes assauts. Aimery de Ulster, chevalier émérite, plusieurs fois vainqueur de tournois, se chargeait, lui, d'affiner nos passes d'armes.

Notre communauté, de plus en plus soudée, se retrouvait au soir tombé dans l'ancienne chambre d'Eudes de Saint-Amand pour faire le point sur nos progrès de la journée. Seule Eloïn parlait avec réserve, pour éviter que le mage ne puisse, à notre insu, nous extorquer des informations primordiales. C'était mieux ainsi. Chacun de nous agissait conformément au rôle qu'elle lui avait attribué. Nous lui faisions confiance. Totalement. La veillée se terminait le plus souvent par quelques lancers de dés, quand un point de théologie soulevé n'amenait verve plus enlevée entre Saladin et Bernard le Haut. Ils finissaient toujours par se saluer mutuellement dans un soupir qui soulignait leur incapacité à lâcher prise ou à remettre en question les dogmes de la Bible et du Coran. Rien, pourtant, qui entamât notre belle unité.

Ce 28 mai, je me sentais enfin, de nouveau, en totale possession de mes capacités physiques. Je m'apprêtais à croiser le fer avec mon fils sur l'esplanade du *mastaba* lorsque Saladin s'inclina devant moi, une main sur le cœur.

— Prête, guerrière ?

J'avais rêvé cet affrontement moult fois par le passé, m'éveillant en sursaut et en nage, la peur au ventre, une de ces peurs paniques qui vous font illuminer une pièce et trembler jusqu'à l'aube. Un rai de soleil frappa à cet instant le dôme d'or du Rocher, me renvoyant, avec son éclat, une impression de déjà-vu. Jamais, dans ce qui m'avait tenu lieu de cauchemar, je n'étais allée plus loin que ce face-à-face. Si je l'avais fait, beaucoup de morts auraient pu être évitées.

L'heure n'était plus aux regrets, pourtant. Je lui retournai son sourire.

— Prête.

Je me mis en position de combat. Lui aussi. Pendant quelques secondes, nous nous tournâmes autour. Il avait exigé de nous, soutenu par Eloïn, que nous nous entraînions en cotte de mailles, dans les mêmes conditions qu'un affrontement réel. Les coups portaient, mais aucun ne devait être mortel. Nous avions trop besoin les uns des autres pour risquer une blessure grave. Il me laissa frapper la première, pour jauger sans doute de ma puissance retrouvée. Elle sembla le satisfaire car son sourire s'agrandit tandis que son alemèle[1] en garde haute encaissait le choc. Il recula, me laissa encore l'avantage de quelques attaques puis, évaluant sans doute que j'étais en mesure de répondre aux siennes, se jeta dans le combat comme si entre nous il n'avait jamais cessé.

De longues minutes durant, sous le regard de nos compagnons assis à l'ombre des colonnes du dôme du Rocher, il fit rage entre nous, chacun cherchant la faille de l'autre pour mieux la lui révéler. La crispation de ses traits en sueur face à mes élans belliqueux accentuait un peu plus, à

1. Lame des épées.

chaque contact des lames, ma confiance en moi. Comme si ma force n'en finissait pas de grandir, de se régénérer, alors que toute haine m'avait quittée. Il finit par piquer la pointe de son cimeterre au sol et par essuyer d'un revers de poignet son front dégoulinant.

— Je m'avoue vaincu, guerrière.

Immobile à mon tour, peinant à retrouver l'amplitude de mon souffle, je lui demandai pourquoi, alors que rien n'était joué.

— J'ai combattu les plus grands, y compris ton roi à la musculature puissante et à la jeunesse farouche. Aucun d'entre eux ne m'a jamais fait douter de ma capacité à le vaincre. Toi si. Il y a quinze ans. J'avais mis cela sur le compte de Marmiadoise. Je me trompais. Aujourd'hui encore, alors que tu ne la tiens plus en main, tes coups sont plus mordants que ceux de farouches guerriers. Considérant ta constitution de femme, je n'y vois qu'une explication : la magie blanche fait toujours partie de toi. Tu es prête à reconquérir le chemin de lumière qui t'y menait.

La chaleur de son œil m'enveloppa de tendresse. Il me sembla qu'une ombre s'éteignait en mon cœur. Qu'un espoir immense en prenait la place.

— Cet aveu m'est présent inestimable, Salâh al-Dîn.

— Bien moins que, pour moi, le resteront ces minutes, dans l'expression la plus héroïque et la plus jubilatoire de ta beauté.

Il s'inclina devant moi puis tourna les talons. Jaufré, assis parmi les autres, n'avait pas pu ne pas entendre la remarque, haut lancée. Mon cœur s'emballa dans ma poitrine à l'idée que sa jalousie s'en réveille. Il n'en fut rien. Jaufré souriait d'un air satisfait et retourna au sultan ce signe de tête complice qu'il venait d'en recevoir.

25

Palestine.
23 juin 1192.

Malgré l'épaisseur de la nuit, la chaleur demeurait étouffante. À la tête des deux mille cavaliers qu'il menait de concert avec le duc de Bourgogne, Richard devait régulièrement cligner des yeux pour se garder de la sueur qui, depuis le capuchon métallique de sa cotte de mailles, ruisselait sur son front. Leur troupe se dirigeait aux étoiles, manteau de gemmes scintillantes qu'un dernier quartier de lune ne parvenait à ternir. Droit vers cette caravane partie du Caire en direction de Jérusalem, dont ses espions lui avaient indiqué le lieu de campement. Il savait à quoi s'attendre : quatre mille sept cents chameaux, autant de chevaux, de mules et d'ânes, tous chargés de vivres, de jarres d'huile d'olive, de savon, d'épices, de denrées de toutes sortes. Sans oublier les étoffes précieuses, le petit mobilier en cèdre, les tapis de laine ou de soie, les lampes, les narguilés, les plats d'argent ou de cuivre, les lames en acier de Damas, les flèches... Un trésor inestimable que Saladin espérait depuis longtemps pour ravitailler la Ville sainte. Richard ne doutait pas que le sultan avait été averti de sa convoitise. La garnison de Jérusalem devait, déjà, s'être mise en branle pour l'en guérir. Si elle opérait la jonction avant lui, elle viendrait grossir les huit cents soldats de l'escorte du convoi. Richard avait misé sur deux mille hommes au total, auxquels il opposerait les siens. Une bataille équitable, seraient contraints d'en convenir ses détracteurs. À cette différence près que Philippe et Godefroy, muni de Durandal, seraient du nombre des assaillants, lui permettant d'emporter l'avantage, haut la main, comme au moment de la prise de Daron.

Richard avait promis de concéder un tiers du butin au duc de Bourgogne qui avait assuré la solde de cinq cents de ces mercenaires. Le reste, il le répartirait entre les différentes armées de l'ost. Dès lors, plus personne ne songerait à conspuer son nom.

Tandis qu'ils avalaient les lieues vers Jérusalem, il ne put s'empêcher de se réjouir en anticipant la contrariété de Saladin face à cette prise. Un sérieux coup porté à son orgueil, qui le contraindrait peut-être à lui manifester moins d'indifférence et à répondre à la lettre qu'il lui avait envoyée deux semaines plus tôt.

Ce jour-là, Richard tenait campement avec le duc de Bourgogne lorsque son besoin d'action s'était réveillé. De nombreuses troupes isolées de Sarrasins battaient campagne. L'ost s'était heurté déjà à plusieurs d'entre elles depuis son départ de Tyr. À quoi pouvait servir qu'il ait dépêché Henri de Champagne à Acre pour recruter de nouveaux mercenaires si ceux de Saladin n'étaient entamés ? s'était demandé Richard. Entouré d'une trentaine de ses chevaliers tout aussi déterminés à tromper leur inactivité, il s'était mis en selle.

Au bout de deux heures de chevauchée, querelle se présentait.

Sitôt qu'ils les avaient vus fondre sur eux, les Sarrasins avaient tourné bride et piqué galop. Richard les avait pourchassés toute la nuit et jusqu'à l'aube, avant d'en rattraper une partie près de la fontaine d'Emmaüs. Il n'avait épargné qu'un seul d'entre eux : celui qui s'était présenté comme étant le premier crieur[1] de Saladin. Un otage de prix qu'il convenait de traiter avec déférence. Le confiant à plusieurs de ses chevaliers qui rentraient au campement, il n'avait gardé auprès de lui que Philippe, Godefroy, Pierre des Préaux, Raoul de Mauléon, le grand maître de l'ordre des chevaliers Teutoniques Henri de Walpot, et Merchadier. Poussant au travers des montagnes, puis de la vallée, ils avaient fini par rattraper le restant de la troupe au lieu-dit « Montjoie ». Tandis qu'ils engageaient le fer, l'un des Sarrasins avait réussi à filer en direction de Jérusalem, à moins d'une lieue de là. Richard l'avait coursé. Tout en maintenant sa monture au galop, il avait arraché une flèche de son carquois, bandé son arc puis tiré. L'homme avait été touché à la nuque, à la jointure des deux retombées de cuir de son casque, battues par la vitesse. Fauché sur le coup, il s'était écroulé sur sa selle, augmentant la fuite en avant de son cheval. Richard avait aussitôt immobilisé le sien. Tandis que Philippe et Godefroy, à quelques encolures derrière, le rejoignaient, son

1. On utilisait des crieurs pour relayer les ordres de tête de bataillon en bataillon. Le premier auquel s'adressaient le roi ou le sultan était souvent un de leurs familiers.

œil avait embrassé la Ville sainte. Une poterne s'y était ouverte pour laisser entrer le cavalier, aussitôt refermée. À l'intérieur déjà, l'alerte était donnée.

Les deux cousins avaient retenu leurs destriers de part et d'autre du sien.

— Que n'avons-nous derrière nous le reste de l'armée pour reprendre ce qui nous fut volé ! s'était-il désolé, avant de tourner bride.

Philippe et Godefroy n'avaient pas eu besoin d'explication supplémentaire pour comprendre qu'il ne parlait pas que de Jérusalem.

Confortant leur sentiment, le soir même, Richard avait libéré son otage, le chargeant, pour toute rançon, de remettre une lettre à Saladin :

«*Je sais, illustre sultan, que tu détiens Loanna de Grimwald depuis plusieurs semaines. Nos accords étaient que tu m'en informes. Ton silence les ayant rompus, je te propose d'échanger sa liberté et celle de sa fille contre une rançon conséquente. Sans quoi, comme tu as déjà pu t'en rendre compte par mon action de ce jour, je viendrai les chercher.*»

Saladin n'ayant répondu, sitôt que Richard avait appris par ses espions la nature de ce convoi, il s'était empressé de tenir promesse.

Alertée de leur approche et prévoyant la charge des chevaliers, la garnison attachée à la protection de la caravane avait formé un cercle d'archers autour d'elle. En deuxième ligne se tenaient les fantassins, sabres et kalkans[1] au poing, parés à fau-

1. Bouclier rond de la famille des turs, constitué de tiges de jonc ou de canne enroulées en escargot, puis recouvertes de cuir peint.

cher les mollets des chevaux qui les enjamberaient, avant de combattre au corps à corps leurs cavaliers.

Rien que de bien prévisible, nota Richard, avant d'imposer à ses guerriers d'attendre son signal pour s'élancer.

Hautain selon son habitude, et plus encore depuis que ses responsabilités en tête de l'ost franc lui avaient été renouvelées, le duc de Bourgogne s'approcha.

— Je suggère de les harceler par les flancs. Pour répondre au jet de nos archers, les leurs devront concentrer leur tir, nous ouvrant une brèche.

Bien qu'éculée, la tactique demeurait efficace. Judicieuse, même, dans pareil cas de figure. Richard approuva d'un signe de tête avant de se tourner vers son crieur.

— S'ils veulent pouvoir jouir de ce butin, dis-leur de ne penser qu'à découdre nos ennemis. À rien d'autre !

Son message relayé, il lança une première vague de Turcopoles[1]. Protégés par leurs turs[2], ils déferlèrent en criant, sabres levés ou arcs bandés. Comme l'avait deviné Hugues de Bourgogne, la plupart des défenseurs de la caravane concentrèrent leur effort à les repousser. Il lança un second assaut tout aussi ciblé.

— Là, père !

---

1. Arabes christianisés, solides archers le plus souvent. Vêtus à l'orientale, donc plus légers au combat que les croisés, ils montaient des chevaux arabes, extrêmement vifs et nerveux. C'étaient des mercenaires, payés en conséquence. Les différents ordres militaires les utilisaient aussi comme espions.

2. Boucliers.

Richard détourna son regard du ballet ininterrompu des flèches qui se croisaient au-dessus de la mêlée. De son index ganté, Philippe désignait un voile de poussière qui atténuait au loin la clarté lunaire. Les renforts ennemis approchaient.

— Mieux vaut sécuriser la situation avant leur arrivée, décida Richard en tirant sa lame.

Il la leva vers la voûte étoilée. Lorsqu'il la rabattit, tous s'élancèrent derrière lui.

Au poing de Godefroy, Durandal avait cessé d'être lumière. Sitôt qu'elle frappa, le vent se leva. Son rayonnement, d'un violet sombre, amassa au-dessus de la plaine de lourds nuages, atténuant encore la luminosité. Le Vieux de la Montagne lui avait appris à se fondre à la lame, à ne faire plus qu'un avec ses forces maléfiques pour mieux les contrôler à l'instant du combat. De longues semaines durant, il avait dû lutter contre sa propre voix intérieure, celle héritée des dames d'Avalon et de Merlin par sa mère-grand. Puis, étouffée par la destruction de Brocéliande, les doses quotidiennes de haschich, le contact du Graal noir et la force de persuasion du cheikh al-Jabal, la magie blanche s'était profondément enfouie en lui. Trop loin pour faire obstacle à la noirceur. Chaque fois que Durandal prolongeait son bras, il goûtait une puissance inégalée. Un feu ardent se mettait à couler en ses veines, avalant ses joues, engonçant dans de profonds cratères un regard chargé de braises. Chaque entaille, chaque tête ou chaque bras tranché l'approchait d'un état proche de la jouissance. Il exultait. Bien qu'il soit toujours privé de Caliburnus, la simple proximité, active, de Durandal offrait la même ivresse à Philippe. Il tailladait les chairs à portée avec une impitoyable cruauté.

À Daron déjà, leurs compagnons s'étaient réjouis de leur connivence. Seuls quelques-uns qui s'étaient trop approchés de Durandal s'étaient écroulés, fauchés en même temps que leurs ennemis, tant le chant qu'elle dégageait aspirait l'âme. Qui, hormis ceux-là, à l'instant de trépasser, aurait pu se douter de la vérité ? Qui aurait soupçonné que c'était le diable et non Dieu qui leur avait donné la victoire ? D'autant que, une fois lame remisée au fourreau, Philippe et Godefroy étaient redevenus simples chevaliers.

À quelques pas d'eux qui taillaient et fracassaient, ouvrant brèche plus grande au cœur de la ceinture de protection de la caravane, le roi rugissait, utilisant le halo des garçons sans pour autant y succomber. Il sentait qu'Eloïn l'en protégeait à distance, il sentait qu'elle lui apprenait ainsi à contrôler l'influence du Vieux de la Montagne en lui. Il ignorait comment elle y parvenait et pourquoi, mais il lui accordait une confiance totale, celle que leur amour, partagé depuis l'enfance, avait toujours nouée. Gonflé de vigueur, il poursuivait, pourfendait ses adversaires jusqu'aux dents malgré leurs armures, les faisant détaler devant lui en direction des renforts. Le butin était presque à eux.

— Haro ! gueula-t-il.

Il précipita son armée vers la ligne sombre des cavaliers qui déferlaient de l'arrondi des collines dans leur direction. Lorsqu'ils furent sur le point de se rejoindre, Godefroy pointa Durandal vers la couverture nuageuse. Un éclair déchira aussitôt la nuit. Il s'accrocha à l'acier et y demeura, maîtrisé par Godefroy qui galopait. Ahuris, ceux qui, aux côtés du roi, tenaient son sillage virent, en face, se cabrer les chevaux, l'effroi déformer les visages ennemis.

Poussés par les suivants, les Sarrasins de première ligne tentèrent vainement de rompre leur élan. D'un violent mouvement du poignet, Godefroy balança l'éclair à leurs pieds. À l'endroit de l'impact et sur plusieurs toises alentour, hommes et bêtes s'effondrèrent, foudroyés. Profitant de la panique, Richard fut le premier à pénétrer leurs rangs, soudain désorganisés. Il se mit à frapper de taille et d'estoc, se protégeant des coups adverses autant du plat de sa lame que de son écu. Autour de lui, les deux cousins firent place nette, soutenus par une armée déterminée à s'approprier le butin. Si bien que l'aube vint sertir, sans complaisance, le charnier qu'ils abandonnèrent, victorieux, derrière eux.

Ce jour-là, seuls ceux qui voisinaient Godefroy prirent la mesure du réel pouvoir qu'il possédait. Les autres, derrière ou sur les flancs, s'étaient contentés de voir l'éclair s'abattre, concluant à un coup de chance ou à l'éclat de Dieu. Durant tout le trajet du retour, Richard s'attendit à ce que la rumeur portât la vérité. Aucun ne la relaya. Davantage par crainte que par désintérêt, en conclut-il. Lui-même s'était autant glacé que réjoui de cette démonstration de puissance. Il resta embarrassé par cette ambiguïté.

De retour au campement, les survivants de cette échauffourée se dispersèrent, qui pour confier sa monture aux palefreniers, qui pour faire soigner sa blessure, qui pour dormir, qui pour manger, qui pour répandre la joyeuse nouvelle. Le temps que Richard confie au duc de Bourgogne le soin de compter et de lister butin avant sa distribution, Philippe et Godefroy avaient disparu de sa vue.

Il les retrouva sous la tente qu'ils partageaient avec lui, assis sur le lit, un godet de boisson au haschich dans leur main dégantée. Consterné, Richard constata qu'ils n'avaient pas seulement pris la peine de décrotter leurs heuses, d'enlever leur tunique maculée de sang ou de tomber leur capuchon de mailles.

Une froide colère le gagna devant leur dépendance qui, loin de ce qu'il avait espéré, augmentait chaque jour davantage. Il réduisit l'espace qui les séparait de deux longues enjambées.

— N'en avez-vous bu suffisamment avant notre départ qu'il vous en faille encore ?

Philippe lui retourna un œil embrumé par les vapeurs chaudes qui s'élevaient sous son nez.

— C'est un moyen efficace pour regagner la paix, père. Vous devriez essayer.

— La paix ? La paix ? Mais de quelle paix parlez-vous ? Je ne vois qu'oubli dans vos regards. Oubli et emprise !

Haussant les épaules, Godefroy leva de nouveau le poignet. Avant qu'il eût porté le breuvage en bouche, Richard le lui avait arraché d'un revers de main. Le godet roula sur le sol, y traçant quelques ruisseaux vite avalés par la poussière.

— Assez, j'ai dit ! répéta Richard avec humeur.

Devant leur muette incompréhension, il tourna les talons et ressortit.

Il trouva Merchadier aux écuries. Il lui empoigna le bras pour l'entraîner à l'écart d'un box :

— Cette nuit, tu t'empareras de Durandal pendant le sommeil de Godefroy. Il la dépose toujours sur le coffre avant de se coucher à mes côtés.

Merchadier fronça les sourcils.

— Pour quelle raison, sire ?

— Tu as vu, comme moi, ce dont il est capable. Or, quoi qu'il en prétende, par ce maudit haschich, il reste, comme Philippe, soumis au Vieux de la Montagne et à ses ordres à distance. Rien ne prouve qu'ils n'utiliseront pas, tôt ou tard, leurs pouvoirs contre nous, contre moi.

— Vous voulez les sevrer de ce poison ?

— Pour leur salut et le nôtre, oui. Une fois la lame précautionneusement cachée dans tes affaires, tu reviendras avec dix hommes. Vous les saisirez, leur enchaînerez pieds et mains et les bâillonnerez afin que, depuis l'extérieur, on ne puisse les entendre hurler. À l'exception de toi ou de moi, nul ne devra plus pénétrer sous ma tente une fois qu'ils seront prisonniers. Pas même un simple valet.

Merchadier hocha la tête, malgré sa perplexité.

— Combien de temps ?

Le regard de Richard se voila de tristesse.

— Plusieurs jours sans doute. Jusqu'à ce qu'ils cessent d'être enragés. Ensuite, j'espère qu'ils accepteront de me pardonner.

Ainsi fut fait. Les deux hommes ne comprirent ce qui leur arrivait qu'une fois mis hors d'état de nuire, assis face à face sur un paillé, à distance raisonnable l'un de l'autre, et ligotés, en plus de leurs chaînes, aux deux piliers de la tente.

Richard vint s'accroupir entre eux.

— La perspective de votre souffrance imminente me lamine le cœur, mes enfants, mais vous ne me laissez pas le choix. Guéris de cette influence, vous serez à nouveau vous-mêmes, maîtres à part entière des pouvoirs qui vous furent donnés par Avalon. Qu'ils aient été pervertis n'y change rien pour moi. J'ai vu ce dont était capable une seule de ces épées. Je veux que vous soyez pleinement conscients de vos actes et de vos choix lorsque les deux seront, de nouveau, réunies.

Ils se contentèrent de le foudroyer d'un même regard rancunier. Richard refusa de s'en laisser atteindre. Il se redressa, éloigna la lampe à huile, puis, la gardant allumée, s'en fut se coucher auprès de Merchadier.

Cette nuit-là, il reçut sa récompense. Retrouvant Eloïn en rêve, il s'éveilla au matin avec le goût de ses baisers. Un regard de biais lui révéla les deux cousins, déjà trempés de sueur sur leur paillasse, tremblant de tous leurs membres, preuve qu'ils étaient plus dépendants encore qu'il ne l'avait supposé. Malgré la peine qu'il en eut, il se sentit soulagé.

Il les sauverait.

26

3 juillet 1192, à quelques lieues de Jérusalem.

Sous une tente aux dais brodés de lions, les membres du conseil allongeaient mine. Philippe de Falconbridge et Godefroy Rudel, désormais neufs de corps et d'esprit, décrivaient l'enthousiasme avec lequel Saladin avait accueilli les quarante mille hommes de renfort qu'il avait obtenus de ses différents alliés.

En retrait, Richard appuyait, sur les deux hommes, un regard chargé de fierté. Ils avaient lutté courageusement, tantôt suant sous les effets d'une fièvre maligne, tantôt glacés et claquant des dents, quand, entre deux périodes de répit, ils ne partaient pas en convulsions, les yeux révulsés, la bave coulante. Trois jours durant, il avait craint de les perdre, attendant les moments d'accalmie pour leur ôter bâillon et leur donner à boire ; rien à manger, ils régurgitaient aussitôt. Refusant qu'on les détache un seul instant, Richard avait veillé à ce qu'ils puissent pisser et déféquer sur de la paille, changée toutes les heures tant ils l'empuantissaient. Au quatrième jour, ne notant plus d'amélioration, Merchadier avait réussi à le convaincre de faire appel à l'un des chevaliers Teutoniques, qui possédait un talent certain d'exorciste. Durant la séance, Richard avait vu de nouveau les cousins se contorsionner, rouler des yeux hagards avant, enfin, de s'apaiser. Le prêtre avait-il, comme il l'avait affirmé, chassé d'eux des démons anciens ? À dater de cet instant, une amélioration s'était installée. Les joues creuses, les cernes violacés, les jambes et les bras tremblants, ils n'avaient plus été que l'ombre d'eux-mêmes, mais ils ne s'étaient plus tordus, n'avaient plus hurlé dans leur bâillon. Leur regard avait regagné en lumière. Lorsque Richard y plongeait, c'était tendresse et espoir de pardon qu'il y lisait. Peu à peu, il avait fait desserrer leurs liens, jusqu'à les leur ôter à l'aube du septième jour.

Il s'était préparé à leur rancune, pas à leurs bras tendus et refermés sur lui. Pas à leur affection renouvelée. Il avait pleuré avec eux, s'était réjoui de les entendre dire que la voix du Vieux de la Montagne s'était tue. Philippe avait même cru entendre celle de sa mère la remplacer, lui chanter cette canso qu'il affectionnait, enfant.

— Elle me manque tant, père, s'était-il effondré.

Richard avait cédé à leurs vœux. Leur calvaire appelait récompense. Il avait attendu deux jours encore, les laissant aller et venir, propres et de nouveau pleins d'allure, dans le campement. Pour tous, ils étaient revenus malades de l'attaque de la caravane, abîmés par la proximité de l'éclair. À les voir les traits émaciés, le pas traînant, manquant d'équilibre, nul n'en avait douté. Richard avait craint qu'il ne leur faille longtemps pour récupérer. Le 30 juin, ils étaient sur pied et pris de nausées devant le godet de boisson au haschich qu'il leur mettait sous le nez.

Lors, il leur avait confié mission de se rendre en Jérusalem, d'y rechercher Eloïn et Loanna, de les ramener s'ils le pouvaient ou, à défaut, d'évaluer les forces en présence. Leur constat établi, l'ost serait à même d'assiéger la ville.

— Je refuse que vous touchiez un seul cheveu du sultan, avait-il insisté, répondant en cela à une nouvelle supplique mentale d'Eloïn.

Même si de l'entendre, de la voir dans ses rêves apaisait un peu le manque d'elle, il n'en pouvait plus. Soit il lançait l'offensive, soit il renonçait et négociait la paix.

Dans les deux cas, il lui fallait tester Philippe et Godefroy, s'assurer de leur délivrance totale de l'influence du haschich et du Vieux de la Montagne. Quoi de mieux, pour cela, que de les envoyer espionner à Jérusalem ? Déguisés, parlant couramment l'arabe, les cousins n'avaient connu aucune difficulté pour passer les contrôles, puis découvrir ce que le mutisme persistant du sultan leur cachait : les Rudel au grand complet, flanqués d'un nain et de deux autres chevaliers, avaient quitté la cité deux semaines auparavant.

L'armée des cadis de Marrakech et d'Égypte les y avait remplacés.

— Nous n'avons pu approcher le sultan, conclut Philippe, devant l'aréopage du conseil. La mosquée Al-Aqsa grouille de soldats sur le pied de guerre. Saladin nous attend. Nous avons ouï dire qu'il avait judicieusement réparti ses troupes sur le territoire, afin de nous prendre en étau sitôt que nous aurions installé le siège.

Les barons accueillirent ces informations avec la même désolation. Ils étaient au nombre de cinq dans chaque corporation : Templiers, Hospitaliers, Francs et les chrétiens d'Orient qui, jusqu'à ce jour, en parfaite connaissance des lieux, avaient influé sur les décisions des autres. Richard attendit que le rythme des commentaires s'atténue. Apprendre de Philippe et Godefroy que Gwalf avait retrouvé les Rudel, et que tous étaient de nouveau en communauté, l'avait empli de joie. Peu importait où Saladin les avait déplacés. Il avait eu la preuve, par ses différents contacts de pensée avec Eloïn, qu'elle avait retrouvé certains de ses pouvoirs. S'il ignorait encore pourquoi elle avait voulu s'assurer de la guérison des cousins avant de le guider vers elle, il ne doutait plus que cet instant soit proche.

Il perçut son murmure, derrière son tympan :

— Détourne l'ost de Jérusalem. Va négocier la paix.

Il ne put s'empêcher de sourire. Il s'était déjà, depuis quelques minutes, rangé à cette idée.

Philippe et Godefroy remerciés pour leur rapport, il se leva de son tabouret.

— Ces chevaliers ne font que confirmer mes craintes. Saladin connaît notre nombre, notre progression, nos points de chute, de ralliement et de ravitaillement. Si nous assiégeons Jérusalem dans ces conditions, l'ost sera décimé. Je refuse d'être le chef d'une expédition vouée à sa perte. J'en serais déshonoré et honni !

Le duc de Bourgogne tordit le nez.

— Nous n'en attendions pas moins de vous, sire !

Richard frappa du poing sur la table.

— Je sais que nombre d'entre les vôtres et votre roi lui-même se rengorgeraient de ma déconfiture. Je ne leur donnerai pas ce plaisir. Jérusalem est définitivement perdue. Quand l'admettrez-vous ?

— Nous autres, barons d'outre-mer[1], partageons cet avis, hélas !

— Malgré la prise de cette caravane, nous constatons chaque jour l'état d'épuisement de nos troupes. Elles ne résisteront pas si ce que nous avons vécu sous les murs d'Acre devait se reproduire. Or il faut nous y attendre, et à pire encore, si le sultan nous coupe du ravitaillement qui nous vient de la côte, déplora le grand maître de l'ordre du Temple.

Se sentant soutenu, Richard reprit en emphase, bombant le torse pour défier ceux-là mêmes qui, il y a peu encore, se gobergeaient de ses changements brutaux de décision.

— Vous voulez porter un coup fatal à Saladin ? Montons une expédition en Égypte, là où il s'y attend le moins.

Au grand dam du duc de Bourgogne qui s'était renfrogné, Richard était parvenu à attirer l'attention.

Un des Hospitaliers souleva un sourcil.

— Par voie de terre ?

— Nous la doublerions d'une flotte côtière. C'est d'Égypte que Saladin reçoit les plus importants de ses renforts. Non seulement nous porterions un coup sérieux à son orgueil, en touchant directement à son sultanat, mais nous l'empêcherions de recon-

1. Ceux qui, originaires d'Occident, avaient choisi de demeurer en Palestine. Ils étaient les plus menacés par les conquêtes de Saladin.

quérir nos places fortes, une fois que nous nous en serions éloignés.

— C'est une stratégie convaincante, convint le grand maître de l'ordre du Temple.

— Je l'approuve aussi. Mettons-la aux voix, proposa celui des Hospitaliers.

Celle de Richard s'envola derrière la leur :

— Qui est pour que l'on assiège Jérusalem ?

Seuls les barons francs, relayant le probable avis des croisés de base, levèrent main. Lorsque la question fut posée en faveur de la campagne égyptienne, tous approuvèrent, à l'exception d'un des Hospitaliers qui estima les deux options difficiles à concrétiser.

Chacun se sépara sur cet accord, pour en informer ses hommes et les préparer à quitter place.

À peine Richard avait-il parcouru quelques toises dans le campement que le duc de Bourgogne se dressait devant lui.

— Couardise, meurtre[1], vous nous avez servi tous vos arguments ! Ne restait que la trahison envers l'ost. Ne croyez pas vous en tirer à si bon compte, Cœur de Lion !

Devançant la réaction de son roi, Godefroy fit un pas en avant, la main au pommeau de Durandal récupérée à son flanc.

Le duc le défia d'un menton levé.

— Sans cette épée qui vous donne puissance et prestance, vous n'êtes rien, Godefroy Rudel, rien qu'un petit seigneur et un assassin. Jouez-en si vous

1. Richard ne cessa jamais d'être suspecté du meurtre de Montferrat.

l'osez, ici, aux yeux de tous. Vous me libéreriez du poids de vos infamies et entacheriez d'autant la réputation de votre roi !

— Il suffit, duc, tempêta Richard.

— Non, il ne suffit plus, le Poitevin[1]. Dès demain, on chantera vos louanges, croyez-moi ! De sorte que, lorsque vous rentrerez au pays, tous seront contents d'y avoir déjà assis un nouveau roi !

Le poing ganté de fer de Richard lui emporta la face. Le nez craqua. Le choc encaissé, Hugues de Bourgogne cracha aux pieds des trois hommes un filet de sang, puis détourna les talons, l'œil vengeur.

— Je crains qu'il ne dise vrai, père.

Richard soupira lourdement. L'altercation avait attiré les regards autour d'eux. S'en dégageant, il entraîna les cousins en direction des écuries royales.

— L'heure n'est plus à tergiverser, leur annonça-t-il froidement avant de réclamer qu'on selle leurs destriers.

Sitôt que Merchadier, envoyé quérir, les eut rejoints, ils quittèrent le campement des croisés.

1. Bien qu'il soit roi d'Angleterre, les Francs n'ont jamais cessé de voir Richard comme un des vassaux du roi de France pour ses terres du Maine, de Touraine, d'Anjou et d'Aquitaine. Nombre d'entre eux le surnommaient Oc et no (pour caractériser ses brusques changements d'avis), ou le Poitevin.

27

Jérusalem.
3 juillet 1192.

Saladin regardait les flammes anéantir les dernières notes du chevalier de Saint-Amand lorsque son secrétaire vint s'incliner devant lui cérémonieusement.

— Une ambassade chrétienne demande audience privée, grand sultan.

Saladin se détourna du foyer, releva un sourcil soupçonneux.

— Qui la commande ?

Pour toute réponse, l'homme lui tendit une bague en or frappée de deux lions : le sceau de Richard d'Angleterre.

Le cœur de Saladin s'emballa dans sa poitrine.

— Où sont-ils ?

— Aux marches du haram[1].

— Va, ramène-les. Désarmés.

Il attendit que l'homme fût sorti pour attiser les brandons dans l'âtre de cette petite pièce aménagée autrefois par Saint-Amand à proximité du dôme du Rocher. Toute de pierre blanche, elle possédait

---

1. Le haram al-Sharrif…

cette particularité de construction propre à certaines chapelles chrétiennes : qui murmurait dans l'un de ses angles était entendu clair par un autre, placé à l'autre extrémité. Saladin en avait été frappé la première fois qu'il l'avait expérimenté. Il ne perdrait donc rien de ce qui se dirait, même si, dans le dos du roi, ses compagnons chuchotaient. Il s'en trouva rasséréné. Il n'avait que trop tardé à suivre les conseils d'Eloïn, à détruire ces documents à présent qu'elle les avait traduits, analysés, complétés. Quand bien même elle parviendrait à vaincre le Vieux de la Montagne, lui avait-elle dit, elle craignait qu'ils ne finissent par tomber, tôt ou tard, dans de mauvaises mains. Avant de s'en débarrasser, Saladin en avait appris chaque mot, chaque phrase, chaque incantation. Il était désormais capable de sentir, d'anticiper une attaque des forces noires du Graal de sang, même s'il ne possédait pas en lui la magie nécessaire pour la contrer. C'est ainsi qu'il avait perçu la menace de Durandal lorsque Richard, avant de lui renvoyer son crieur, s'était approché des remparts de Jérusalem. Il avait craint que son maître, chargé de l'occire, ne vienne dans la foulée. L'avant-veille, il avait même eu le sentiment qu'il était tout près. Ainsi qu'Eloïn le lui avait enseigné, il s'était focalisé sur la vibration de la lame et l'avait sentie approcher du haram. Il avait aussitôt fait renforcer la garnison autour du Rocher.

Reposant le tison contre le montant de la cheminée, il ajusta son cimeterre à sa ceinture, puis ferma les yeux. Aucune image. Aucune sensation. Dans cette pièce, il l'avait remarqué avec Eloïn, la porte refermée, les vibrations n'entraient pas davantage qu'elles ne sortaient. Rien d'étonnant à ce que Saint-Amand l'ait choisie pour y dissimuler ses notes, laissant le Graal noir au Saint des Saints tant qu'il l'avait possédé. Saladin eût préféré qu'Eloïn l'utilise, elle aussi, comme salle de travail, mais elle lui avait objecté devoir se nourrir des forces maléfiques incrustées dans la cavité rocheuse pour pouvoir apprendre à les domestiquer. Deux semaines plus tôt, elle lui avait affirmé y être parvenue. Il l'avait regardée s'éloigner dans le sillage des siens.

Restait à convaincre le Cœur de Lion qu'elle seule décidait de sa destinée.

Le doute avait saisi Richard abruptement, à peine les lices du campement franchies, lorsqu'il avait annoncé aux deux cousins qu'ils se dirigeaient vers Jérusalem.

— Saladin me recevra, avait-il ajouté, soulevant en place d'appréhension une adhésion immédiate de leur part.

La jubilation qu'il avait perçue dans leurs commentaires enjoués l'avait alarmé. Ils auraient pu, sans peine, et malgré le renforcement des gardes autour de Saladin, occire ce dernier la veille, s'ils l'avaient décidé. Ils ne l'avaient vu ou approché. Était-ce ce qui avait empêché le conditionnement du Vieux de la Montagne de ressurgir ? Ou en étaient-ils véritablement guéris ? Un regard en direction de Merchadier l'avait convaincu que le mercenaire partageait son appréhension. Richard savait pouvoir compter sur lui. Si Godefroy approchait trop vivement sa main du fourreau de Durandal, ou Philippe de son poignard, à quelque moment que ce soit, il lancerait ses aiguilles. Grosses d'un quart de pouce à peine, elles étaient capables de paralyser un géant sans le tuer, à condition d'atteindre un point bien particulier à mi-nuque : cible que Merchadier ne ratait jamais. Malgré cette certitude, Richard était resté sur ses gardes, se gâtant jusqu'à la vue du Saint-Sépulcre, puis d'Al-Aqsa, pourtant chèrement convoités.

Le secrétaire du sultan les attendait à l'entrée du dôme, encadré d'une trentaine de mamelouks au visage de cerbère. Selon l'usage, il réclama leurs armes. Merchadier récupéra discrètement ses aiguilles dissimulées dans sa manche. Si Godefroy devait agir, ce serait maintenant. Après, il ne serait plus sous l'influence de l'épée. Richard détacha son baudrier, paré lui aussi à contrer son fils, si sa main s'activait. Mais, comme celle de Godefroy, elle resta molle lorsqu'il tendit, à l'horizontale, sa lame au fourreau.

Ses fines aiguilles remises dans leur cache, Merchadier confia son poignard et sa dague au mamelouk qui les lui réclamait, puis, l'œil toujours aux aguets, il enfila le pas des autres sous les piliers de marbre blanc.

Paume sur le cœur, Saladin s'inclina devant son adversaire sitôt qu'il eut passé le seuil de la porte.

— Allah est grand qui t'a conduit, noble roi parmi les rois, en ami, jusqu'à moi.

Tandis que ses compagnons se répartissaient derrière lui, mains croisées sur le devant de leur tunique, Richard lui rendit son salut.

— Dieu m'en est témoin, illustre sultan, c'est bien en ami que je suis venu.

D'un geste large de la main, Saladin les invita à s'asseoir sur les coussins de sol qu'il avait fait disposer au centre de l'espace. Deux serviteurs attendaient, des théières à la main. Ils remplirent devant eux les tasses d'argent posées sur une table basse.

— Je te prie de pardonner la modestie de mon accueil. Si j'avais eu plus de temps pour l'anticiper, j'aurais veillé à ce qu'il soit à la hauteur de ta renommée.

— Il m'eût été difficile de te prévenir. Nous montâmes en selle sitôt que décision fut prise, de sorte que tu me vois ici, sans escorte, sans même qu'aucun des miens en ait été informé. À merci, donc, ajouta Richard en levant récipient pour tremper ses lèvres dans le breuvage sucré.

Saladin apprécia autant la franchise de son ton que celle de ce regard planté dans le sien.

Un sourire étira son visage émacié.

— Précipitation ne met pas en péril les cœurs purs. Tes chevaliers retrouveront leur roi sitôt qu'il l'aura décidé.

Rassuré, Richard l'en remercia d'un signe de tête avant de reposer sa tasse sur les reliefs ajourés du plateau de cèdre.

— Notre entrevue sera brève, Salâh al-Dîn. Je suis venu te dire que je renonçais définitivement à Jérusalem. L'ost lèvera campement dans les jours qui viennent mais, dès demain, mes ambassadeurs rencontreront les tiens pour négocier un accord de paix.

Saladin sentit une vague de soulagement l'envahir.

— Ils seront reçus tels que tu l'es.

— Bien. Cette affaire entendue, il en est une autre qui ne pouvait souffrir d'intermédiaire. Je sais, par ces deux chevaliers derrière moi, que les Rudel au grand complet furent tes prisonniers ici jusqu'à ce que tu les déplaces. J'entends qu'ils me soient rendus, tous, sans exception. Faute de quoi, quittant cette place, mon armée s'ébranlera pour l'Égypte.

Saladin tiqua. Richard ne lui laissa pas le temps de répondre. Il enchaîna :

— Le conseil des barons est déjà acquis à cette perspective. Il ne dépend plus que de moi de les en dévier.

Reposant sa tasse, il se pencha vers son vis-à-vis, la mine grave.

— Certains biens sont plus précieux qu'un empire ou une renommée, Salâh al-Dîn… Rends-les-moi.

Un soupir ébranla Saladin.

— On ne peut rendre que ce que l'on détient. Or ceux dont tu parles ont librement quitté Jérusalem.

L'œil de Richard vira à l'orage.

— C'est une canso que tu m'as déjà chantée à propos de Loanna de Grimwald. Pourquoi devrais-je te croire cette fois ?

— Quelle raison aurais-je de te mentir à toi qui, sans avoir jamais été vaincu, viens déposer le cœur de la Palestine à mes pieds ? La vérité est ailleurs, grand roi : dans le choix de ton aimée.

Il se tourna vers Godefroy qui, comme Philippe et Merchadier, sirotait son infusion de rose. Malgré la sérénité de son attitude, il devinait un feu rancunier couver en lui. Dès son entrée dans la pièce, il avait perçu la vibration que laissait sur son maître l'empreinte d'une flamboyante. S'il avait eu le moindre doute encore, sa ressemblance avec Jaufré Rudel, son grand-père, le lui aurait ôté. Il aurait dû s'en inquiéter. Mais, à l'instar du combat au corps à corps, cette proximité avec le danger avait transformé sa peur en une froide lucidité. Il était prêt.

Il l'apostropha :

— Je suis surpris que tu te sois si généreusement départi de ta lame au profit de mes mamelouks, Godefroy Rudel. Aurais-tu, avec ton cousin, renoncé à m'assassiner ? Si tel est le cas, qu'Allah vous bénisse tous deux.

Devant la stupeur inquiète qui troubla, une fraction de seconde, les traits de Godefroy, il poursuivit, un sourire triste aux lèvres :

— Sois sans crainte. Mes ordres sont donnés. Que tu t'en serves ou non contre moi, lame te sera rendue, sans que quiconque t'interdise de quitter la cité. Sache aussi que ton père t'attend aux côtés de ta tante Eloïn. Quant à toi, Philippe de Falconbridge, c'est à ta mère-grand que j'ai remis Caliburnus, la véritable, non cette copie avec laquelle, en Angleterre, s'agite le prince Jean. Il ne t'appartient que de la récupérer.

— Qu'est-ce à dire ? s'interposa Richard, perplexe.

— À eux de le décider, répondit simplement Saladin en fixant toujours les deux hommes.

Le discours appelait réponse. Comme Richard, Merchadier, assis entre eux, craignit qu'elle ne soit violente. Par mesure de prudence, il reprit discrètement les aiguilles au creux de ses paumes et recula, de manière imperceptible, mais suffisante pour pouvoir les piquer sitôt qu'il en sentirait l'urgente nécessité.

Philippe et Godefroy s'étaient déjà repris. D'un même geste, ils reposèrent leur tasse, vidée de son contenu. Malgré la docilité de leur attitude, leurs traits accusaient à présent une haine farouche.

— Puisque tu joues de franchise, je ne peux rien de moins que de m'y plier, lui concéda Godefroy, un pli amer barrant son front à la lisière du capuchon de mailles. Ordre nous a bien été donné, à mon cousin et à moi-même, de t'abattre, tel le chien que tu es. Mais point ici ni maintenant, voilà pourquoi tu nous vois désarmés.

Face à la concrétisation de son appréhension, Richard fut ébranlé. Indifférent à son trouble, Saladin secoua la tête, navré.

— Vous servez le mauvais maître.

— Quel serait le bon, à ton idée ? demanda Philippe.

— Celui qui arma vos bras et non celui qui vous convainquit de le renier : Merlin d'Avalon.

— Que sais-tu de lui ? s'étonna Godefroy.

— Ce qu'Eloïn Rudel et sa mère ont jugé bon de me révéler. On vous a assurés de ma connivence avec le marquis de Montferrat pour vous emplir de haine à mon égard, vous conditionner à mon exécution comme à la sienne. Voici qui, je l'espère, rétablira la vérité.

Le sultan tira de la poche de son *jilbab* une lettre cachetée qu'il tendit à Godefroy.

Lorsque ce dernier eut achevé sa lecture, ses traits, hautains jusque-là, s'étaient altérés. Il remit la missive à son cousin, par-dessus les genoux croisés de Merchadier. Philippe blêmit en parcourant à son tour les lignes.

— Quand a-t-elle écrit cela ? demanda-t-il, en faisant suivre le billet à son père qui oscillait encore entre la déception et l'amertume d'avoir été trompé.

— Il y a deux semaines. Juste avant son départ, répondit Saladin avant de se tourner vers Richard.

— Le destin de cette terre ne dépend ni de toi ni de moi, grand roi des chrétiens, mais de ces deux-là en quête de vérité. Ils la trouveront à Magdala, sur la rive ouest du lac de Tibériade. Il ne nous appartient plus de nous en mêler.

Mais déjà Richard l'avait compris, à ces mots que, pressé de réponses, il venait de déchiffrer :

« Mes fillots,

« Le Vieux de la Montagne vous a enseigné une autre magie, cette noire que toute ma vie, j'ai refusée. À vous de choisir désormais : le bien ou le mal. Votre nouveau maître l'est, incarné. Eloïn et moi avons décidé de le combattre. Pour rallumer la flamme d'Avalon, pour ranimer le Graal blanc en Brocéliande. Saladin nous y a aidées. Sa volonté rejoint la nôtre. C'est la raison pour laquelle il est devenu une cible. C'est la raison pour laquelle il est désormais notre protégé. En foi de quoi, nous vous attendons, tous deux, chairs de nos chairs, âmes égarées mais, nous l'espérons, non perdues. Nos bras sont ouverts mais nos lames sont prêtes. Si vous les croisez pour mieux vous en emparer, occire le sultan et servir l'adversité, alors nous vous tuerons, le cœur en deux, mais sans hésiter. Car ainsi est le rôle des grandes prêtresses d'Avalon : sauver la lumière. Il vous appartient de faire en sorte qu'elle

brille encore, à nos côtés, car nul ne vous aimera autant que ce qu'un père ou une mère peuvent vous aimer. Nul ne vous aimera comme votre père-grand et moi-même nous vous aimons. Sans mensonge, faux-semblant ni trahison. Juste tels que, de notre sang, vous êtes nés.

« De trobar et d'épée.

« Votre mère-grand, Loanna de Grimwald. »

Saladin ne lui accorda pas le temps d'en mesurer plus avant la portée.

— Pour appuyer les termes de cette lettre, sache, illustre roi des chrétiens, que je suis prêt à céder à ces derniers la pleine propriété des territoires côtiers. Si tu acceptes de détruire les fortifications d'Ascalon et de Daron, qui ne seront plus nécessaires si tu abandonnes ton projet d'envahir mon sultanat, ils pourront également rester maîtres de ces cités. Quant à Jérusalem, je ne veux en priver personne : sinon le Vieux de la Montagne dont l'objectif est d'y renforcer les pouvoirs du Graal noir, afin d'étendre l'emprise du mal sur les êtres, les royaumes et toute chose qu'Allah a créée. Chacun, pourvu qu'il vienne désarmé, pourra circuler dans les Lieux saints à volonté. Autant que toi, je désire la paix. Autant que toi, j'aspire à la vérité.

Il se redressa. Il n'avait rien d'autre à ajouter. Emmuré dans un épais silence, Philippe récupéra la missive tendue par son père pour la glisser dans son aumônière.

Le froid glacial et intérieur qui avait saisi Richard persistait. Il s'inclina.

— Cette entrevue restera secrète, ce sera donc à nos ambassadeurs d'affiner les termes de ce traité.

Sache que, d'ores et déjà, j'approuve tes propositions. Quant à ces deux-là, l'un est mon fils et mon héritier, l'autre mon filleul. Je me porte garant, devant eux, de ta sécurité. Si l'un des deux venait à y attenter, Loanna de Grimwald n'aurait pas à punir. Mon bras, armé et sans pitié, s'en chargerait. Je veux croire que, ce message aidant, ils iront à Magdala pour rejoindre leur clan et non celui d'un être voué au mal. Je veux croire qu'ils m'en ramèneront la femme que j'aime et que je te remercie d'avoir bien traitée.

Aucun des cousins n'osa un commentaire. Leurs traits s'étaient fanés. Comme Richard, Saladin devina leur combat intérieur. Si le sevrage du haschich leur avait permis de reprendre conscience de la réalité, ce n'avait pas été suffisant, jusque-là, pour éradiquer l'influence du Vieux de la Montagne. Saladin savait à quel point ce dernier était capable d'égarer les convictions, les croyances. À quel point il pouvait transformer l'amour en haine. Il en avait, hélas, fait les frais lorsque son propre fils avait voulu le tuer. Dans le sillage du roi d'Angleterre, les cousins quittèrent la pièce sans le saluer. Il ne s'en offusqua pas. Au contraire. Leur trouble reflétait l'espoir d'Eloïn et de Loanna. À cet instant, il ne douta plus qu'ils finiraient par dissocier le mensonge de la vérité.

Il attendit que la porte ait été refermée pour s'agenouiller sur le tapis, la tête tournée vers La Mecque. Il n'avait pas eu besoin d'entendre l'appel des muezzins pour savoir que l'heure de la prière était venue dans ce Temple reconverti en église, puis en mosquée. Un seul et unique Dieu l'habitait.

28

Magdala, lac de Tibériade, Palestine.
21 juillet 1192.

La première fois que Jaufré et moi avions approché la mer de Galilée[1], située bien au-dessous du niveau de la grande[2], c'était une bonne quinzaine d'années plus tôt. Nous nous trouvions alors à cheval, dans le sillage de Baudouin le Lépreux. Ce jour-là, la souffrance du roi de Jérusalem s'était tant amplifiée que nous avions dû mettre pied à terre, le temps qu'il se repose à l'ombre d'un des innombrables orangers qui voisinaient les dattiers, les bananiers et les citronniers jusqu'aux bouquets de roseaux des berges étroites. Tandis que Jaufré recueillait dans une coupelle l'eau d'une des sources qui affleuraient le sol pour rejoindre le lac, j'avais déroulé les bandages des pieds ulcérés du monarque. Je me souviens encore de l'odeur putride de ces chairs mortes qui attiraient les mouches, de ce masque de métal à faciès humain que Baudouin ne quittait jamais, sinon le temps de mes soins. Une sueur malsaine ruisselait de ses

1. Lac de Tibériade.
2. Méditerranée.

plaies chauffées par le métal, aussitôt épongée par le léger tissu qui, depuis son menton, recouvrait chaque pouce de son corps.

D'aussi loin que je m'en souvienne, je n'ai rencontré être plus courageux. Il était si jeune. Une vingtaine d'années à peine. Jamais une plainte, un cri, une révolte. Les jours d'accalmie, il parcourait son royaume à cheval, imposait partout la finesse et la sagesse de son gouvernement. Les jours où rien ne l'apaisait, pas même mes onguents à base de liqueur d'opium, il restait enfermé dans ses appartements, discret, pudique devant cette mort lente. C'était son précepteur, l'évêque Guillaume de Tyr, qui avait diagnostiqué cette forme sévère de la lèpre alors que Baudouin n'était encore qu'un enfant. L'absence de sensations tactiles lorsqu'il se blessait ou jouait trop violemment avec ses camarades avait caractérisé les premiers symptômes. Si cette décrépitude extérieure que j'étais seule autorisée à approcher était restée insensible aux touchers, aux chocs, en revanche, celle de l'intérieur, des os, des organes lésés, culminait parfois, dans sa fulgurante souffrance, à l'inhumain. Malgré cela, Baudouin ne pensait pas à lui, mais au devenir et à la protection de cette terre de Palestine dont, par les liens du sang, il avait reçu la Couronne. Il songeait au calvaire du Christ, à cet amour dont ce dernier avait rayonné depuis sa croix. Il se voulait digne de cet héritage. Il l'avait été. Jusqu'à la fin.

À l'heure où le lac de Tibériade déployait son saphir sous nos yeux, c'était vers cet homme que mes pensées couraient. J'avais été fière de partager son quotidien. Passant en bordure du tronc de l'oranger qui lui avait servi de dossier, je revis mes doigts étaler l'onguent sur ses pieds après que je les ai eu lavés. Pas une seule fois je n'avais eu peur de le toucher, d'être gagnée à mon tour par le mal. Pas une seule fois je n'avais refusé de le soigner, de l'apaiser. Cela l'avait frappé.

« Nous sommes semblables, vous et moi, me répétait-il souvent. Nous pensons aux autres avant que de nous inquiéter de nous-mêmes. C'est ce qui constitue notre force. C'est ce qui justifie nos actes. Pourtant, cela ne nous donne aucun droit, sinon celui d'aimer. Mais n'est-ce pas tout, dame Loanna ? »

Oui, c'était tout. Rattrapant le pas du dromadaire qui portait Eloïn, je détachai mon œil de l'arbre aux branches épaissies, lourdes de fruits en attente de cueillette. Notre passage n'avait interrompu qu'un court instant le travail des *fellahs*. Mon cœur se serra. Qui se souvenait qu'un grand homme s'était, un jour, arrêté là, son regard d'azur balayant l'étendue saline, tandis que, sous la fraîcheur de l'onguent, sa douleur s'estompait ? Qui, à part Jaufré et moi ?

« C'est ici que Jésus marcha sur l'eau, ici qu'il multiplia les poissons, m'avait-il confié ce jour-là. Voyez-vous, dame Loanna, à l'aube de cette maladie, on eut l'idée de me tremper dans le Jourdain, espérant un miracle. Il eut lieu, mais d'une autre manière que ce que mon précepteur ou mon père espéraient. Je fus guéri de la cupidité, de la jalousie, de l'aigreur, je fus guéri des basses ambitions de mes pairs. Je devins moi, pourrissant de corps certes, mais purifié de l'âme. Je suis heureux que

Dieu ait eu, pour moi, cette volonté-là. Mourir m'importe peu. Tôt ou tard, chacun quitte place. Le plus important, c'est de protéger l'essentiel ici-bas. Cet essentiel que l'on ne voit pas. Cet essentiel dont nous avons conscience, vous et moi. »

Au fil de ces dernières semaines à m'attarder dans les pas de ma fille, à découvrir ses cheminements intérieurs, ses déductions, ses doutes, ses évidences, sa foi surtout en ce que nous restions, malgré la fin de Brocéliande, j'avais, plus qu'hier encore, réappris cet essentiel : l'amour universel. La puissance intérieure de la lumière. Chacun d'entre nous s'en était fortifié. Je n'avais pas mesuré à quel point mes enfants avaient grandi. Une part de moi les avait conservés dans ces moments heureux que nous avions partagés ensemble avant l'exil, avant la peur, avant la déchirure. Je crois que Jaufré en prit conscience en même temps que moi, même si nous ne l'évoquâmes pas : Geoffroy et Eloïn n'avaient plus besoin de nous. Leurs propres expériences, leurs propres chemins de vie avaient remplacé nos références. Nous pouvions disparaître l'un comme l'autre. Leur manquerait notre présence physique, mais point nos conseils, notre protection, notre influence. Cela acheva le travail entrepris par la méditation durant ma captivité. Je me sentis libre. Libre de vivre ou de mourir quand j'avais tant souffert, durant notre exil, de ne pouvoir être près d'eux pour les soulager ou les aider. Ce chemin, je l'avais parcouru depuis longtemps à propos de l'anathème de Vendrennes[1], cessant de

1. Voir *Aliénor*, tome I, *Le Règne des lions*, XO Éditions, 2011.

craindre de ne point retrouver Jaufré dans nos vies prochaines. Je savais qu'il serait là, au bon moment, au bon endroit, prêt à m'attendre, à m'aimer, à me comprendre quels que soient mes choix, prêt à me perdre aussi. Je savais qu'il me faudrait en passer par des existences futures dans le déni de mes sentiments, de mon désir pour lui, attachée à Henri Plantagenêt puisque j'étais née, à l'origine, pour cela. Je savais qu'il en souffrirait, mais l'invisible, ce lien ténu, indestructible, tissé entre nos âmes respectives serait toujours là, amour universel destiné à perpétuer la lumière. Que nos corps se mêlent ou non, il nous suffirait de communier d'âme pour qu'elle renaisse, s'étende. J'étais désormais nourrie de cette même certitude à l'égard de mes enfants.

Parce que nos fillots s'étaient eux aussi émancipés, Eloïn et Geoffroy étaient arrivés au même cheminement de pensée : la mort n'était qu'un passage. L'essentiel était de sauver l'amour, pas la chair. Ils étaient décidés désormais, l'un comme l'autre, comme moi, comme Jaufré, comme Gwalf, comme Bernard le Haut, comme Aimery de Ulster, à sacrifier Philippe et Godefroy au nom de cet amour-là. Cette évidence nous avait liés en un bloc si dense que le Vieux de la Montagne n'avait, jusque-là, réussi à le percer.

Oui, en posant pied à terre devant la petite baraque de pêcheur qui jouxtait la rive ombrée de roseaux, nous étions prêts : prêts à gagner cette tour en forme de cône de trente-neuf toises de diamètre sur quinze de hauteur, plantée dans le lac, à quelques coups de rames de la grève et, plus en amont, du village de Magdala. Malgré l'usure du sel et du temps, la bâtisse de pierre semblait intacte, la base enveloppée d'un halo laiteux, veillée de siècle en siècle par ses gardiens successifs. Le dernier en date, un petit homme à la peau parcheminée et au *jilbab* de lin, était assis devant sa porte. Il nous accueillit comme s'il nous attendait : en écoutant Eloïn, le regard fixé sur sa pierre de lune, les doigts continuant de démêler deux lignes prises l'une dans l'autre. Il répondit à ses questions sans équivoque, dans un parler local que nous n'eûmes, Jaufré ou moi, pas besoin de lui traduire. Il se nommait Abel et avait reçu pour ordre, comme ses ancêtres avant lui, de conduire à la tour celui ou celle qui, portant cette pierre, se présenterait un jour au nom du Graal.

Une barque était échouée sur le sable, l'arrière baignant dans une eau cristalline. Abandonnant son ouvrage, il nous escorta jusqu'à elle, la détacha d'une coudraie, remercia Geoffroy qui l'aida à la pousser, puis nous invita, Eloïn, Jaufré et moi, à y prendre place. Les autres seraient du second voyage. Tandis qu'ils s'asseyaient à l'ombre d'un palmier, la rame fendit l'onde, traversée par des myriades de petits poissons argentés.

Du temps où je m'étais occupée de Baudouin sous cet oranger, j'avais ressenti violemment l'attrait du lac, puis, une fois remontée à cheval, celui de cette tour dont j'avais aperçu le sommet. L'accalmie du roi de Jérusalem ne durant jamais longtemps, j'avais refusé de m'en laisser gagner. Nous avions repris la grand-route, le long du Jourdain, pour regagner la Ville sainte. Mes choix de vie dans les jours, les mois, les années qui avaient suivi ne m'avaient pas ramenée dans ces parages. À tort ou à raison, j'avais vite oublié son insolite appel. Il m'était revenu en mémoire devant le dôme du Rocher, face à l'intention d'Eloïn de nous y conduire. Il me faucha lorsqu'elle se redressa à l'avant de la barque et que la brume née des vapeurs chaudes du lac céda devant l'ouverture de ses bras.

À cet instant précis, j'eus l'étrange sentiment de rentrer chez elle, chez moi. Ce fut plus évident encore lorsque nous abordâmes au pied de l'escalier qui menait à l'unique porte de la bâtisse. Jaufré, descendu avant moi, garda sa main plus longtemps que nécessaire dans la mienne pour assurer mon débarquement. Nos regards se croisèrent. Lui aussi avait perçu la respiration du lieu, cette même respiration qui avait entretenu le cœur de Brocéliande. D'un pas agile, laissant le gardien repartir vers la terre ferme, Eloïn nous devança à l'intérieur. En grimpant à notre tour la volée de marches pour nous glisser sous l'encadrement de la lourde porte de bois, je sus que je la trouverais installée à même le sol, en communion, déjà, avec ce souffle. En silence, nous la rejoignîmes dans cette immense pièce circulaire, prenant posture à ses côtés, dans l'attente des autres. Ils vinrent nous encadrer, sitôt débarqués, guidés par le même appel. Le dernier à s'asseoir, jambes en tailleur, fut Geoffroy. Il noua ses doigts à ceux de ses voisins jusqu'à ce qu'Eloïn, à son tour, boucle le cercle en serrant les miens. Ce fut immédiat. Traversant la trouée du plafond, un rai de lumière éblouissante tomba des nues, frappa le centre puis se distilla en fins ruisseaux qui nous irriguèrent des pieds à la tête. Incapable de garder les yeux ouverts, je basculai dans un néant blanc. Aussitôt, des images s'y bousculèrent, bouleversantes et pourtant désincarnées, comme si l'histoire de l'humanité s'inscrivait en moi à toute vitesse, sans que je puisse rien en garder sinon l'essentiel, toujours l'essentiel : un amour absolu. Lorsque le flux se retira, nous en étions tant imprégnés que nous découvrîmes nos propres larmes sur les joues des autres. La voix, bien connue pour moi, de Merlin, chanta à nos oreilles :

— Tout se transforme, rien ne se crée. Le bien, le mal, la vie, la mort, l'ombre, la lumière. L'un est le complément de l'autre, car c'est du chaos que naissent les étoiles et des étoiles que se reforme le chaos. L'amour seul est source. De terre noire il devient haine, mais les deux sont magies. Qui réunira les deux Graals rétablira l'équilibre des forces.

Le silence retomba. Par la trouée du plafond, je retrouvai l'azur, seulement poudré par les rais du soleil.

— Tout est dit, murmura Eloïn dans un sourire. Il ne nous reste plus qu'à attendre la venue de nos fils et la résurrection des flamboyantes. Lors nous mettrons en action ce que nous avons soigneusement préparé à Jérusalem. Jusque-là, aucun de nous ne devra l'évoquer.

Nous invitant à nous redresser, elle tourna le regard vers le gardien resté près de la porte.

— Nous dormirons ici, Abel, mais prendrons nos repas à terre.

Il s'inclina devant elle, puis devant chacun de nous, ramenant une gêne au visage de Gwalf. Eloïn n'était elle non plus pas parvenue à convaincre mon vieil ami qu'il n'était plus au service de Marmiadoise, qu'il était désormais un des chevaliers du Graal et, comme tel, l'égal des autres.

Le cœur débordant de tendresse, je vins poser la main sur son épaule.

— Le temps est loin, petit homme, où dans une tour sombre que balayait l'océan j'étais, comme vous, prisonnière de ma servitude[1]. Est-ce ce lieu qui m'en rappelle la configuration ? La nostalgie me reprend soudain de nos anciennes parties de pêche. M'accompagnerez-vous ?

Un franc sourire illumina son visage.

— Gwalf a toujours pris plus de poissons que vous, dame Loanna. Il sera content, cette fois encore, de le vérifier.

Mon fils, mon époux, le chevalier de Ulster et Bernard le Haut s'éloignaient déjà dans les pas du gardien. Laissant à Eloïn la charge de réceptionner les joncs qu'ils rapporteraient pour confectionner nos paillasses, j'entraînai mon vieil ami vers le seuil.

— Mère..., me retint-elle.

Je pivotai de quart.

— Oui, ma fille ?

Elle m'enveloppa d'un regard aimant.

— Je suis heureuse de vous avoir retrouvée à mes côtés.

Avait-elle senti mon chemin intérieur ?

Ma gorge se noua de tendresse.

— Moi aussi, Eloïn.

— Puisse ce temps-là durer, ajouta-t-elle simplement.

---

1. Voir *Aliénor*, tome II, *L'Alliance brisée*, *op. cit.*

29

Acre, terre de Palestine.
22 juillet 1192.

Hugues, le troisième du nom, duc de Bourgogne, ne décolérait plus. Ce scélérat de Cœur de Lion avait réussi à reprendre aux membres du conseil l'idée qu'il leur avait donnée.

— Tout bien réfléchi, s'était désolé le roi en les réunissant de nouveau, le surlendemain de sa décision de lever camp, j'en suis venu à la conclusion que diriger l'ost vers l'Égypte ne pourrait apporter que désolation et défaite. Qui n'a plus les forces pour assiéger cité ne les pourra trouver pour une guerre d'usure. Je crains que le temps ne soit définitivement venu pour la paix.

Le duc de Bourgogne s'était étranglé. Il s'était attendu à un tollé général. Rien ! Seuls les Francs, répartis autour de la table, s'étaient, comme lui, indignés. Les autres prétendirent être parvenus à la même conclusion que Richard. Des lâches. « Tous des lâches ! » s'était-il écrié avant de se lever et de les quitter. Au soir venu, reprenant le refrain qu'il avait lancé, de tente en tente, de place en ruelle, les croisés chantaient à tue-tête quel poltron et quel mécréant le roi d'Angleterre faisait. Le duc de Bourgogne s'était réjoui de deviner ce dernier vexé. D'autant que Philippe de Falconbridge et Godefroy Rudel demeuraient introuvables. Qui s'enquérait de leur disparition se faisait rabrouer. C'était un comble ! Il s'était lui-même chargé de le rappeler à Richard : Isabelle de Jérusalem les avait placés sous sa responsabilité après leur crime.

Il s'était fait envoyer paître avec vulgarité :

— Occupez-vous donc plutôt de vos fesses ! Je conchie vos cansouns, vos insultes et vos calomnies ! Elles ne sont même pas bonnes pour se torcher !

— Qu'elles vous écorchent le cul m'indiffère, sire ! Elles font reluire le mien tant elles sont fredonnées, lui avait-il rétorqué avant de lever camp avec les barons français, tous aussi ulcérés qu'il l'était.

Il aurait voulu gagner Tyr d'une traite, mais la plupart de ses amis attendant du courrier en Acre, il s'y était arrêté quelques jours. Il avait espéré que le Lion traînerait en chemin selon sa détestable habitude, mais visiblement, cette fois, il l'avait talonné. On venait de lui annoncer qu'il se trouvait, avec son armée, aux portes de la ville. Hugues de Bourgogne ne supportait plus cette face mangée de barbe rousse, cet œil aussi changeant de teinte que d'humeur. La prestance hautaine du roi d'Angleterre, sa fidélité au culte païen d'Avalon, cette puissance que les flamboyantes lui renvoyaient le révulsaient. À ses yeux, Richard Cœur de Lion n'était qu'un manipulateur. Le marquis de Montferrat ne s'y était pas trompé : le Poitevin n'avait jamais eu l'intention de reprendre Jérusalem. Il n'avait cherché qu'à humilier le reste de la Chrétienté en opposant le poids de ses victoires aux maigres succès des autres croisés. Il méritait une leçon, mais comment lui infliger ce camouflet ? Hugues de Bourgogne en tremblait de rage. Lui qui avait connu la Ville sainte à l'époque du roi Baudouin, lui qui s'était agenouillé devant le Saint-Sépulcre, lui qui avait pleuré, prié au pied de la Vraie Croix ne pouvait admettre de la laisser aux musulmans. Certes, ce traité indignait les croisés. Certes, nombre de barons rechignaient à l'idée du démantèlement des fortifications d'Ascalon, mais Hugues ne pouvait douter qu'à terme la paix serait signée. Ajoutant à sa méchante humeur, il venait de recevoir missive de son roi, Philippe Auguste, qui l'exhortait, au vu des victoires que Jean enlevait en Angleterre, de faire en sorte que Richard n'y revienne jamais. Comme si c'était chose aisée à présent que tout combat avait cessé !

« *Quant à Jérusalem*, écrivait le monarque, *je ne puis croire qu'un homme de votre trempe puisse survivre s'il ne l'a délivrée.* »

Philippe Auguste n'était pas loin de la vérité, à voir cet étau qui broyait la poitrine de son vassal. Hugues de Bourgogne rumina toute la matinée, buvant plus que de raison, agacé à la pensée de devoir s'incliner encore devant ce monarque pour lequel il n'éprouvait que mépris.

C'est au mitan de la journée qu'il eut enfin révélation. Comme si le Christ lui-même, refusant d'abandonner aux infidèles le lieu de sa crucifixion, lui en avait soufflé l'idée.

Il envoya quérir un des nouveaux esclaves, prisonnier dans la cité. Au terme de l'entretien que le duc de Bourgogne eut avec lui, le *refick* retint l'essentiel : il aurait vie sauve et liberté en échange d'une information à livrer au sultan. Une information capitale : loin de baisser les armes ainsi que le roi d'Angleterre l'avait affirmé, les croisés se préparaient à assiéger Beyrouth. Hugues de Bourgogne ne mentait pas vraiment, l'idée avait été évoquée à la table du conseil et Richard s'était contenté d'affirmer qu'il y réfléchirait. Les chroniqueurs en avaient tous pris acte, de sorte que Richard deviendrait l'instigateur de l'attaque si Saladin l'anticipait par une réponse appropriée.

Sa vengeance accomplie, le duc de Bourgogne se frotta les mains : la guerre allait reprendre. Il n'en pouvait douter.

Au soir venu, l'ost se déployait sous les murs d'Acre. Richard arrivait.

Sitôt qu'il eut confié son destrier à un écuyer, le roi courut rejoindre ses dames, revenues de Tyr. Son cœur pesait lourd dans sa poitrine depuis qu'il s'était séparé de Philippe et de Godefroy, à peine Saladin quitté. Il se souvenait encore de leurs visages fermés tandis que, forçant l'ombre de leurs regards, il les avait toisés depuis sa monture, à ce fameux lieu-dit « Montjoie » où ils avaient défait, ensemble, la bande isolée de Sarrasins.

— Mes paroles, tantôt, reflétaient le fond de ma pensée. Vous m'avez menti, trahi quand je vous ai tout donné. Je devrais vous arracher le cœur sur l'heure pour venger le mien que vous avez piétiné. Pourtant, je suis prêt à vous pardonner. Je vous aime tous deux. Je vous aime comme seul un père peut aimer. Je veux donc croire que votre cheminement vers Magdala vous rendra à la raison autant qu'à cet amour dont le Vieux de la Montagne vous a écartés. Je veux croire que vous me reviendrez avec ta mère, Philippe, ton père, Godefroy, dont depuis des mois je pleure l'absence. Je veux croire que Loanna de Grimwald sera à vos côtés avec Marmiadoise et que Caliburnus rutilera de lumière lorsque, fier, mon fils, à mes pieds tu la viendras déposer. Je veux croire, oui... Je veux croire en vous et en nous. Souvenez-vous-en à l'instant de ce choix que l'on vous demande. Souvenez-vous aussi qu'un pardon ne s'accorde qu'une fois.

— Père, je...

— Tais-toi, l'avait coupé Richard. Je ne veux rien entendre que tu n'aies auparavant pesé et réfléchi. Partez. Maintenant. Partez puis revenez-moi, entiers, lavés de noirceurs, et accompagnés des nôtres. C'est tout ce que, désormais, je veux espérer.

Ils avaient tourné bride, livides, ravagés. S'il n'avait tenu qu'à lui, Richard les aurait précédés à Magdala, mais il lui fallait coûte que coûte éloigner l'ost des murailles de Jérusalem. Pour l'encourager, la voix d'Eloïn avait caressé son oreille :

— Patience, mon aimé.

Patience. Il n'en pouvait plus d'en avoir fait son alliée.

— Richard !

Le cri de joie de sa sœur lorsqu'il passa la porte de la chambre des dames réchauffa son cœur. D'un même élan que Jeanne, Bérangère s'était levée, un sourire éclatant aux lèvres.

— Vous revoir m'est douceur et félicité, mon époux, l'assura-t-elle.

Il enserra l'une, bisa l'autre sur la joue, puis s'inclina devant la fille d'Isaac Comnène. La jouvencelle s'était très vite révélée une joyeuse compagne pour ses dames, si bien qu'il en avait oublié qu'elle s'était rendue à lui alors qu'il envahissait Chypre et saisissait son père, roi en titre de l'île.

— Vous gagnez chaque jour davantage en beauté, ma chère enfant, lui servit-il, sincère, devant le mordoré de ses yeux, le moiré de sa chevelure tressée et relevée en chignon sous la coiffe, le rosé enfantin de ses joues et sa bouche aussi carminée qu'un bouton de rose.

Seul le nez, trop droit, gâtait l'ensemble, mais la damoiselle d'une quinzaine d'années à peine savait le faire oublier d'un simple et généreux sourire.

Elle lui offrit révérence.

— Votre Majesté sera donc heureuse d'apprendre qu'un de ses chevaliers me convoite.

— Ah ? Vous sied-il ?

Elle rougit, amenant un rire léger aux lèvres des deux femmes.

— Ma foi, il semble que oui, en conclut Richard avec plaisir. Qu'il me vienne voir, nous trouverons moyen de nous entendre. Pour l'heure, accepteriez-vous de me laisser avec ces dames ? Non que votre compagnie me déplaise, mais j'ai à leur parler en privé.

— Je suis votre obligée, sire, affirma-t-elle, le regard pétillant.

Richard attendit qu'elle soit sortie pour s'effondrer sur le siège qu'elle avait occupé. La lassitude que son chagrin lui causait éclata tant sur son visage que, perdant leur joyeuse humeur, Jeanne et Bérangère se précipitèrent à ses pieds.

Il répondit à leur inquiétude par un profond soupir avant de tout leur raconter.

Bérangère fut la première à réagir. Pressant les mains de son époux entre les siennes, elle le contraignit à plonger dans la douceur ineffable de son regard.

— Je n'ai jamais douté, mon roi. Pas un seul instant depuis que je suis à vos côtés. Votre courage, votre ténacité autant que votre fidélité aux valeurs de la chevalerie forgèrent cet amour sans faille que je vous porte. Vous avez accepté de moi mes faiblesses, mes erreurs passées et le poids de celles-ci pour notre hyménée[1]. Mieux encore, quand je n'attendais de vous que respect et dignité retrouvée, vous m'avez offert tendresse et amour.

— Comment aurait-il pu en être autrement, chère, si chère Bérangère, vous qui avez accepté qu'une autre me tienne l'âme et vive parmi nous ?

Elle rosit sous la caresse de son œil, avant d'opiner.

— Justement, mon roi. Je ne connais personne de plus juste que vous. Vos colères, vos imprévisibles sautes d'humeur ou d'avis, je ne les ai toujours vues dictées que par vos émotions ou votre grandeur d'âme. Vous avez agi avec Philippe et

1. Bérangère de Navarre n'était pas vierge avant son mariage avec Richard. Ayant fait appel à une faiseuse d'anges pour avorter, elle était devenue stérile.

Voir *Richard Cœur de Lion*, tome I, *L'Ombre de Saladin*, *op. cit.*

Godefroy ainsi qu'avec moi : vous avez accepté et tendu la main. Vous leur avez donné la preuve de votre amour en les plaçant face à eux-mêmes, leur accordant ainsi le droit de se racheter, de se montrer dignes de votre confiance et de votre abnégation. Alors je vous en conjure, ne doutez pas de votre fils. Il est de votre race, de votre tempérament. Il est d'Eloïn. Vous formez tous trois, tous quatre avec la petite Anne, ma famille, celle que j'avais cessé d'espérer au lendemain de mon péché. J'ai foi en elle. J'ai foi en Philippe autant qu'en vous. Quant à Godefroy Rudel, je refuse de croire qu'en approchant les siens il ne ressente ce que son père éprouva tant de fois face à l'improbable : la lumière d'Avalon. Quoi que le Vieux de la Montagne ait fait à ces deux hommes, ils s'en guériront parce qu'ils ont pour eux, avec eux, et en eux, la force d'une lignée.

— Elle dit vrai, mon frère. Ils reviendront, ajouta Jeanne avec ferveur. Et ensuite vous irez reprendre votre fille des mains du roi de France. Vous réunirez ce qui fut brisé.

Richard se sentit regagné de courage. Otage inestimable, la petite Anne ne courait aucun danger auprès de Philippe Auguste. Il avait fini par s'en convaincre et s'abandonner à la simple joie de la savoir en vie. Quant aux deux cousins, il ne pouvait douter que ses paroles, autant que la profondeur de son amour pour eux, les avaient poussés à la réflexion.

Il releva les deux femmes puis les enserra, une au creux de chaque bras.

— Comment ai-je pu rester si longtemps loin de vous ! Quelques mots et me voilà prêt, de nouveau, à déplacer des montagnes !

Elles répondirent d'un rire léger contre l'arrondi cuirassé de son épaule. Richard les y pressa plus fort, le temps de chasser de ses yeux les deux perles qui s'y étaient formées.

Son allant retrouvé ne dura pas. Deux jours plus tard, un messager franchissait à bride abattue les portes de la cité d'Acre pour annoncer que Saladin en personne venait d'attaquer Joppé[1], forçant ses habitants à abandonner la ville au pillage et à se réfugier dans la citadelle. Si nul ne les venait secourir avant le 1er août, ils capituleraient. Jubilant intérieurement, Hugues de Bourgogne toisa le roi, stupéfait sur son trône face au parterre de ses chevaliers :

— Et c'est à ce parjure, sire, que vous entendiez sacrifier benoîtement Jérusalem ?

Autour du fourbe, les rangs se resserraient, l'indignation grondait. Les pensées de Richard s'entrechoquaient. Il ne parvenait à croire que le sultan ait failli à sa parole, mais comment en convaincre les grands feudataires de ces trois royaumes qui constituaient l'armée de Dieu ? Comment les en persuader sans tout révéler ? Il fallait qu'une bonne raison ait poussé Saladin à rompre leurs accords secrets. Un frisson lui parcourut l'échine. Philippe et Godefroy ? Auraient-ils finalement tenté de l'assassiner au lieu de gagner Magdala ?

1. Jaffa.

— Alors, sire ? s'impatienta le duc de Bourgogne, relayant l'impatience générale.

Le front plissé, la main au pommeau, les yeux vengeurs, tous réclamaient justice. En lui remonta un faisceau haineux. Il y céda. Son poing s'écrasa sur l'accoudoir de cèdre du faudesteuil. La fraction de seconde suivante, Richard était debout.

Il pointa son index :

— Vous, duc de Bourgogne, avec les grands maîtres des ordres du Temple et des chevaliers Teutons, vous mènerez l'armée par voie de terre. J'embarque de mon côté avec les Pisans et les Génois. Foi de Richard Cœur de Lion, dussé-je y laisser la vie, Joppé sera libre avant la fin de ce mois !

Un sourire de satisfaction éclata sur le visage du duc de Bourgogne. Il laissa ses compagnons, épée brandie et cri de ralliement en bouche, le masquer au roi.

30

Rives du Jourdain.
31 juillet 1192.

Face à eux, le plafond d'étoiles se reflétait dans les eaux du fleuve qu'irisait déjà un faisceau lunaire. Le courant vrillait leur scintillement en longues brindilles d'argent. Quelques sauriens, semblables à des troncs morts, gisaient sur les berges, entre deux bosquets de roseaux que colonisaient des hérons. Philippe et Godefroy savaient que leur immobilité était feinte, qu'ils veillaient derrière leurs paupières closes et les attaqueraient s'ils passaient trop près. Jusque-là, malgré la fournaise du jour, les deux hommes avaient cheminé le long de l'étroite vallée du Jourdain. Grâce aux innombrables points d'eau douce, rafraîchissement et fruits avaient toujours été à portée. De quelques traits de flèche, ils avaient aussi ajouté lièvres ou tourterelles à leurs repas. Cette abondance avait maintenu leur corps en paix. L'esprit, sevré de haschich, l'était moins. Non qu'ils en eussent éprouvé le besoin physique, Richard avait veillé à les en débarrasser. L'appel venait de plus sombre. Ils sentaient que le Vieux de la Montagne tentait de les ramener à lui par ce biais. La lecture de la lettre de Loanna, autant que la sentence du roi, les avait déterminés à retrouver les leurs et à racheter leur âme. Depuis la tombée du jour pourtant, sans doute parce qu'ils approchaient du but, ce combat intérieur les vrillait.

Ils étaient parvenus à un goulet qui permettait au fleuve traversant le lac d'en ressortir. La route n'était plus qu'un étroit sentier qui longeait la berge, comme si l'on avait voulu en réserver l'accès aux plus audacieux. Cinq minutes auparavant, contrairement à leurs habitudes et à leur tempérament, leurs montures s'étaient agitées, puis cabrées, pour finalement s'immobiliser, refusant toute maîtrise, tout ordre ; comme arrêtées par un mur invisible. Ils n'étaient arrivés à le leur faire franchir, pas même à s'écarter de la piste pour la longer depuis les collines avoisinantes. Ils s'étaient séparés de leurs chevaux près d'un indigotier, les laissant tourner bride puis disparaître dans un bruit de galop. Les bêtes semblaient effrayées. À présent, ils comprenaient pourquoi.

Un des crocodiles se déplaça lourdement dans le silence retombé. Lames au poing, ils reculèrent en douceur jusqu'à quitter la sente. Soulevé par un vent chaud, un bouquet de senteurs fruitées leur caressa les narines. Pêches et abricots, nota Philippe sans y penser, les sens en alerte. Le clapotis de l'eau enserrant le corps du saurien apaisa leur inquiétude.

— Et maintenant ? demanda Godefroy à voix basse.

— Même si le lieu ne se prête guère à un campement, je doute qu'il soit prudent de nous aventurer plus avant cette nuit.

— C'est aussi mon avis. Je prends la première garde. La proximité de ces satanés bestiaux m'indispose trop pour que je m'endorme.

Laissant le regard acéré de son cousin s'attarder sur les silhouettes basses et oblongues, Philippe gagna une trouée au milieu d'un entrelacs de ronciers. Un baumier lui offrit un pailler respectable dès lors qu'il en eut cassé puis étalé quelques branches à terre. Une forte odeur de myrrhe imprégna l'air. Cette résine ambrée qui se cristallisait au contact de l'air avait la réputation d'éloigner les insectes autant que les mauvais esprits. Au moins, de ce côté-là, serait-il tranquille ! Il tira son épée et la déposa, dégainée, près de lui. Sans se départir de son armure, il s'étendit sur le flanc gauche, ramena ses genoux vers l'avant et un bras sous son oreille. À peine se fut-il détendu que son corps s'embrasa. Caliburnus n'était pas loin. Le Vieux de la Montagne lui avait appris à en maîtriser le manque. Il redevenait violent. Godefroy, lui aussi, avait senti qu'ils étaient proches du but. L'aura de Durandal s'était rallumée lorsqu'il l'avait sortie du fourreau. Cherchant à distraire ses pensées, Philippe les tourna vers sa mère. Les paroles de son père autant que la lettre de sa mère-grand l'avaient profondément touché. Avec Godefroy, ils avaient eu le temps, ces derniers jours, d'en mesurer la portée. Ils s'étaient laissé berner, emportés par ce que le Vieux leur avait autorisé à voir, à entendre, la nuit de leur arrivée en la forteresse. Vérité, mensonge ? Les deux s'étaient mêlés si habilement qu'ils n'avaient retenu que ce qu'on voulait qu'ils en retiennent. Il n'en restait pas moins que le pouvoir, devenu noir, des épées coulait en eux.

Cheikh al-Jabal ne leur aurait pas permis d'apprivoiser ce dernier, ni même d'approcher et de se nourrir du Graal de sang, s'il avait douté un seul instant de leur obéissance le moment venu. Le sevrage du haschich serait-il suffisant ? Ils le voulaient croire. Mais, comme son cousin, Philippe gardait l'angoissant pressentiment qu'un rien leur échappait : un rien qui ferait toute la différence. C'est sur ce doute qu'il finit par sombrer, dans un sommeil si profond qu'il ne remarqua pas à quel point la sève de la ramée tout autour de lui coulait en abondance.

*

Chaque nuit depuis notre arrivée ici, nous dormions en cercle éclaté au dernier niveau de la vaste construction du lac[1], sur ces paillasses qu'avaient tressées nos hommes. Le reste de l'édifice, cône d'un diamètre au sol d'environ 35 toises[2] si l'on en jugeait par la profondeur du lac et l'inclinaison de ses murs, était constitué de rocs de schiste. En plongeant, nous avions pu accéder au niveau inférieur, identique à celui que nous occupions. La salle était plus vaste, habitée par des myriades de poissons. Le bois des planchers était encore en partie conservé grâce à l'étonnante salinité du lac. Il nous aurait fallu descendre plus profondément pour explorer la base, selon Abel, à une dizaine de toises au-dessous

---

1. Retrouvée en 2003. Rapport des scientifiques publié dans le *Journal of Nautical Archaeology*. La structure et la première datation (- 4000) me font songer aux « nuraghe » de Sardaigne.

2. Environ 70 mètres.

du niveau actuel. Les quelques jeunes pêcheurs qui s'y étaient aventurés nous en dissuadèrent, affirmant que son exploration ne présentait aucun intérêt. Selon Abel, cette construction existait dans les mémoires depuis bien longtemps. De fait, le nom du village : Magdala, forme de l'hébreu *mighdal*, signifiait « tour ». Il ignorait à quoi elle avait servi auparavant, peut-être de phare si l'on y associait les vestiges du port et la vaste digue antique que les rares habitants, tous des pêcheurs, entretenaient encore. Compte tenu de sa configuration, elle avait vraisemblablement été bâtie dans des temps immémoriaux, à une époque où les eaux du lac étaient plus basses. Par qui ? Peu importait en vérité. Seule la puissance qui émanait de ses murs nous était d'utilité.

Pour faciliter nos allées et venues, Abel avait mis à notre disposition une embarcation. Nous avions visité ce qu'il subsistait de Magdala, autrefois ville prospère puisque les ruines d'un hippodrome romain s'y dessinaient encore à fleur de terre. Ce jourd'hui, les pêcheurs vieillissaient dans des masures ; l'ancien temple avait cédé place à une chapelle. Que resterait-il de cet endroit si les flamboyantes devaient s'y affronter ? m'étais-je demandé en appréciant l'accueil chaleureux que nous y reçûmes. J'en avais chassé l'idée. Rien ne devait dévier ma pensée de l'essentiel : cette force intérieure que la lumière nous avait donnée. Depuis qu'elle nous avait visités, nous n'avions manqué de rien. La vallée de Tibériade était une terre d'abondance. Le lac offrait une manne inépuisable. Les sauriens s'y aventuraient peu, préférant les eaux douces du Jourdain. Seule la fournaise de l'été nous eût dérangés si la tour elle-même, par l'épaisseur de ses murs, ne nous en avait protégés. Pour autant, loin de nous y cantonner, nous avions exploré le rivage, jusqu'à deux lieues alentour, pour nous assurer d'en connaître chaque détail, chaque passage. Nous avions même essuyé une de ces tempêtes estivales qui grossissaient le lac au point que nul ne s'y risquait. Le vacarme des brisants contre les murailles épaisses et son écho lui-même, généré par la forme conique de l'édifice, avaient été tels que nous avions dû nous placer au centre de la tour, là où le son fusionnait avant de s'échapper par la cheminée en un râle puissant. Enchaînés de mains, visage offert, nous avions accepté de ne faire plus qu'un avec cette furie. Nous avions écouté ce ventre hurler sa colère vers le ciel, vers la terre, des flots de pluie roulant en cascade sur nos épaules, les heuses noyées dans cette eau purificatrice qui s'évacuait par la porte maintenue ouverte malgré les rafales. La tempête achevée, nous nous étions endormis épuisés, lavés, le crâne broyé. Comme si ce lieu avait voulu éprouver notre capacité à sa souffrance, nous maintenir à fleur d'émotion et de patience. Le lendemain, nous avions vaqué comme à l'accoutumée. Neufs. Fortifiés d'autant.

Passé la dernière heure du jour, hier, avant même de nous étendre, Eloïn et moi avions senti que notre attente touchait à sa fin. Nous n'en avions rien dit. Les nôtres avaient rangé leurs dés dans un éclat de rire. Gwalf avait emporté la partie comme souvent, vexant Bernard le Haut, irréductible mauvais perdant. Les mises étaient symboliques, quelques galets de formes ou de couleurs particulières ramassés au long de la grève, quelques piécettes ou verres colorés datant de l'époque romaine. Rien dont on ne pût se séparer. Mais le jeu restait le jeu et animait nos veillées. Les caractères de nos compagnons s'y exprimaient de belle manière, amenant rires, moqueries, traits de colère ou d'esprit, encouragements, félicitations ou, même, injures. Abel, en spectateur, s'en amusait autant que nous !

Il nous avait quittés depuis deux bonnes heures. Nous avions gagné nos paillasses en bâillant, éteint nos lampes, laissant, pour seule lumière, un cercle d'étoiles rutiler au sommet du toit tronqué et un autre, au sol, de clarté lunaire. Au centre de ce dernier, comme chaque soir, Eloïn avait déposé, côte à côte, Marmiadoise et Caliburnus légèrement dégainées. Nous savions qu'à l'approche de Durandal elles se mettraient à scintiller. M'enlaçant, Jaufré s'était endormi d'un bloc, force tranquille depuis que nos enfants étaient à nos côtés. Tombé de même sitôt la tête posée sur son coude replié, Gwalf gloussait par intermittence, s'amusant encore, sans doute, de cette chance insolente. Bernard le Haut, lui, s'en guérissait dans un ronflement puissant. Aimery de Ulster soupirait, emporté par un rêve d'où Aliénor n'était jamais absente, m'avait-il confié en aparté. Quant à mon fils, il était comme sa sœur et moi, toujours en alerte. Il se reposait, étendu sur le dos, à moins d'une toise de moi. La lueur pâle du rai lunaire me livrait de lui un profil aux muscles contractés malgré ses paupières closes.

Il les ouvrit brusquement, en même temps que s'animèrent les deux lames. Il tourna son visage vers moi. De la peur brillait dans ses yeux : celle d'un père en attente d'un fils… ou d'un ennemi. Elle me poignit le cœur. À l'autre bout de la salle, Eloïn venait de se redresser. Silencieusement, elle s'en fut se placer sous la trouée lumineuse du plafond, entre les deux épées, paumes tendues vers le ciel. À l'écoute des signes. Je me dégageai des bras de Jaufré. Il soupira avant de se tourner de l'autre côté. Lui laisser quelques minutes encore, pensai-je. Leur laisser, à tous, quelques minutes encore. Geoffroy s'était approché de sa sœur. À quelques pas d'elle, il la fixait en silence, les mâchoires crispées. D'une caresse sur sa joue barbue, je tentai d'apaiser son angoisse. Il m'accorda un sourire mensonger, un de ces sourires qu'il m'offrait du temps où j'étais, avec Aliénor et ses fils, en guerre contre Henri Plantagenêt. Un sourire qui disait : tout va bien, ne t'inquiète pas. Je le lui rendis. Avec plus de conviction. Nous ne devions pas douter.

À cet instant, les yeux, devenus blancs, d'Eloïn reprirent leur teinte d'iris pailleté d'or. Elle laissa retomber ses bras puis se tourna vers son frère, la voix grave :

— Réveille Gwalf. J'ai besoin de lui, maintenant.

Geoffroy se précipita vers le petit homme.

— Que se passe-t-il ? demandai-je, comprenant qu'à la suite de ce dernier qui émergeait en grognant, les autres suivraient.

Le couperet tomba :

— Il n'a pas l'intention de nous les laisser.

*

Ce ne furent pas les crocodiles, restés tranquilles sur la berge qui, finalement, eurent raison de la veille de Godefroy, mais l'évidence d'une présence hostile sur le fleuve. Parcouru d'un frisson, Durandal réactive à son flanc, il quitta précipitamment son poste de guet, sonda du regard les fourrés en recul de la berge puis, avisant Philippe, le vint secouer à l'épaule.

— Réveille-toi. Le mage est là, l'alerta-t-il avant d'arracher sa lame, de s'en armer à deux mains et de protéger le lever de son cousin de quelques pas en avant.

Philippe vint s'accoler à son dos presque aussitôt.

— Il approche, assura Godefroy bien qu'il ne vît rien.

Il percevait autour d'eux ce souffle de magie dont le Vieux de la Montagne les avait nourris pendant des mois. D'un même mouvement longuement répété, se protégeant l'un l'autre, ils en cherchèrent la provenance en dessinant un cercle de leurs pas chassés. Chaque ombre mouvante, arbre, arbuste, animal, devenait une cible. Godefroy se souvenait trop bien des premiers enseignements du cheikh : se garder des évidences. Le danger surgissait toujours de là où on ne l'attendait plus.

— Montre-toi ! exigea Philippe d'une voix porteuse.

Quelques secondes s'écoulèrent. Longues. Nul ne se détacha de l'ombre. Puis, enfin, la berge s'anima.

— Là ! un caïman. Gigantesque. Il vient. Droit vers nous, crissa le Rudel dont l'œil couvrait la rive.

— C'est lui. Il peut prendre toutes les apparences, souviens-toi.

Godefroy affirma sa prise au pommeau de Durandal, avant de grincer :

— Je hais ces bestiaux !

— Il le sait. Il veut te forcer à combattre, à ranimer la magie noire en toi. N'y cède pas.

— Facile à dire, cousin. J'en vois trois autres dans son sillage ! Alors, si tu as une meilleure idée...

Philippe ne répondit pas. Une ombre plus dense se mouvait dans le contrefort du sentier qu'il surveillait. Des feuilles bougèrent, bousculées.

— À dextre, signala-t-il à son cousin.

Godefroy ne réagit point, tout entier obnubilé par ce mastodonte, d'une taille une fois et demie supérieure à celle de ses congénères, aux mâchoires puissantes, qui progressait à pas lourds dans leur direction. Le regard qui cherchait le sien était humain. Il sentit en lui l'appel de la noirceur en même temps que celui de Durandal.

Il la leva, paré à l'attaque.

— Non ! hurla cette petite silhouette qui venait d'émerger d'une haie de tamaris.

— Gwalf ! s'étrangla Philippe.

— Vite ! leur gueula le petit homme. Il existe un autre passage !

Déjà, il se rejetait dans l'ombre. Philippe s'élança derrière lui. Refusant de tourner le dos aux sauriens, Godefroy recula lentement.

— Hâtez-vous, sire Godefroy ! insista Gwalf.

Il lâcha prise, s'enfonça dans la brèche végétale que le nain lui ouvrait. Il passa à côté d'un baumier dans la trouée duquel reposait un bloc de résine. Il n'y prêta aucune attention. Il constata seulement, d'un regard en arrière, que l'immense saurien n'était plus là.

— Par ici, dépêchons, dépêchons, martelait Gwalf en courant et sautant dans les hautes herbes pour compenser ses petites foulées.

Quelques minutes durant, ils allongèrent la leur derrière lui. La berge s'éloignait. Ils remontaient vers les collines. Nul ne semblait les suivre et pourtant Godefroy percevait toujours la force noire du mage autour de lui. Ce fut si violent qu'il finit par douter de ce petit être qui les pressait, ne ménageant pas sa course. D'autant que Durandal, à son poing, perdait peu à peu de son intensité, comme si, au lieu de les rapprocher de leur but, Gwalf les en éloignait. Piquant une demi-pointe, Godefroy le doubla dans une courbe puis lui barra passage, l'épée réarmée à deux mains.

— Nous n'irons pas plus loin, Gwalf Letors !

Gwalf jeta un regard éperdu en direction de Philippe qui s'était immobilisé à son tour. Au-dessus d'eux, la voûte végétale des cédratiers atténuait la clarté lunaire. Il ne trouva aucun secours sur ce visage baigné d'ombre. Ses bras courts ballèrent le long de son haubert de cuir.

Il secoua une tête casquée.

— Tuerez-vous Gwalf ici, messire Godefroy, juste parce que votre tante l'envoya vous sauver ? Il faudrait que vous soyez devenu bien plus mauvais qu'elle ne le craignait.

Godefroy ne se laissa pas troubler. Il approcha pointe de la gorge du petit homme.

— Qui nous prouve que tu es bien son envoyé et non celui du Vieux de la Montagne ?

Face à cette évidence, Gwalf se sentit soulagé. Un sourire chaleureux regagna son visage.

— Que messire Godefroy pardonne à Gwalf. Dame Eloïn le lui avait pourtant recommandé : « Donne l'épée, Gwalf. Donne l'épée à son maître pour lui prouver qu'il est attendu en confiance et aimé. »

Philippe, resté en retrait, le regard vers l'arrière, les rejoignit d'une enjambée.

— Quelle épée ?

— La vôtre, messire Philippe : Caliburnus. Elle gênait Gwalf dans sa course, alors, il l'a cachée là-haut.

Il tendit l'index vers le sommet de la colline. L'espace d'une seconde, Godefroy fut tenté de le croire, mais l'éclat perdu de Durandal affirmait le contraire.

Gwalf le comprit. De nouveau il secoua la tête.

— L'épée a changé de fourreau. Tant qu'elle y reste, aucune des flamboyantes ne la peut percevoir. Le mage noir non plus du coup ! Accompagnez Gwalf, messire Godefroy, ou gardez-le ici, sous votre surveillance, du temps que messire Philippe se rend où je le lui indiquerai.

— Et risquer, en nous séparant, d'affaiblir notre défense ? Allons, passe devant. Si tu dis vrai, je saurai trouver moyen de me faire pardonner, sinon…

Gwalf s'exécuta dans un haussement d'épaules.

— Pardon est déjà accordé, messire Godefroy. Si guéris vous êtes tous deux, à votre famille fiers et libres de retourner, alors c'est de joie qu'il pourrait bien mourir quand il vous aura ramenés.

Durant de longues minutes, les sens en alerte, ils gravirent la pente douce, sillonnant entre les fruitiers. Au-dessous d'eux, le lac apparaissait paisible. Pourtant, l'ombre était toujours là. Si elle ne provenait de Gwalf, elle n'en demeurait pas moins hostile et les enveloppait, constata Godefroy. Il devait, de plus en plus, opposer barrière à ce crépitement en son crâne, signe que le mage tentait d'y pénétrer. Le silence de Philippe lui laissait à penser que lui aussi combattait. Du temps où ils étaient sous l'influence du haschich, le Vieux de la Montagne n'aurait mis qu'une fraction de seconde à leur imposer sa volonté. Combien de temps résisteraient-ils, cette fois, avant de céder ?

— Plus vite, Gwalf, insista Godefroy.

Il le vit s'immobiliser devant un tas de rochers, en soulever un. La main du nain disparut, avalée par une anfractuosité. Lorsqu'il la ressortit, il tenait un fourreau de la taille d'une épée. Philippe s'était déjà précipité vers lui. Godefroy se détourna des deux hommes pour scruter les alentours. Il plissa les yeux pour forcer cette obscurité qui venait, d'un coup, de grandir.

Indifférent à son trouble, derrière lui, Gwalf recommandait :

— Ne la dégainez pas, messire Philippe, avant que Gwalf vous ait amenés à cette curieuse tour que vous apercevez à senestre, sur le lac. La magie blanche de votre mère écartera le mage noir le temps de vos retrouvailles. Après, tous ensemble, nous irons l'affronter. Mais il faut vous hâter. Elle l'a bien recommandé à Gwalf. Il faut vous hâter.

Godefroy repéra la forme conique qu'indiquait le nain. Étrange construction en effet, eut-il le temps de penser avant que ses doigts ne s'engourdissent autour de Durandal.

Le cœur bondissant d'angoisse dans sa poitrine, il se retourna vers son cousin.

Dans la main de Philippe, Caliburnus rutilait d'un éclat mauvais.

31

Tour de Magdala, Palestine.
31 juillet 1192.

Marmiadoise s'embrasa, projetant dans l'immense salle de la tour une telle aura pourpre que le silence, lui-même, sembla en prendre le sanglant. Depuis que Gwalf nous avait quittés, nous étions sur le qui-vive. Chacun d'entre nous se préparait à l'affrontement tout en espérant que le petit homme parviendrait à l'éviter. Lames piquées au sol, debout sous le flot lunaire, nous entourions Eloïn, rigide comme une statue d'albâtre, les yeux aussi blancs que le lin de son long bliaud. Ma gorge se serra tant qu'il me fallut tousser pour retrouver souffle. La lueur ne dura pas. Elle s'éteignit aussitôt parue, nous ramenant une part d'espoir. Philippe avait voulu vérifier que cette lame était bien la sienne : rien de plus. Non, rien de plus. Gwalf n'était pas en danger, me répétai-je. Mon fils avait posé sa main sur la mienne, celle qui enserrait Marmiadoise. J'avais fait de même avec ma senestre[1] posée sur le pommeau de l'épée de Jaufré, refermant ainsi le cercle des chevaliers du Graal que nous formions. Je per-

1. Main gauche.

çus leur angoisse. Le souffle de la nuit rabattait au sol l'odeur de l'encens avec lequel Eloïn avait purifié la place. Il me piqua les narines, sembla m'étouffer plus encore. Ma vue se brouilla. C'est à cet instant que je pris conscience que, malgré le lieu et la barrière que nous y avions installée, le Vieux de la Montagne tentait de pénétrer mes pensées pour les contrôler. Je ne devais pas me laisser envahir par mes émotions. Résolument, je lui bloquai l'accès.

Quelques minutes plus tard, Eloïn s'arrachait à sa vision des événements pour nous en informer :

— Ils montent dans la barque, dit-elle.

— Gwalf ? demanda Jaufré.

— Il est des leurs, à l'avant.

Je me sentis soulagée.

— Formez le grand pentacle, ordonna Eloïn.

Nos mains se lâchèrent.

Nous reculâmes de quatre toises chacun, distance que nous avions mesurée à partir du plus grand d'entre nous, et de l'inclinaison du mur conique de la salle. Au-delà, son casque touchait la paroi. Aimery de Ulster et Bernard le Haut encadrèrent la porte située à l'ouest. Geoffroy gagna le mur nord, Jaufré celui de l'est et moi celui du sud. Placée au centre de cette étoile à cinq branches, éclairée par le rayon de lune, Eloïn était, en apparence, redevenue elle-même : une mère dans l'attente d'un fils. Je sentais pourtant qu'elle était résolue au pire : sacrifier si elle ne parvenait à sauver. Malgré cela, elle irradiait. Comment ne pas avoir foi en elle ? Comment douter qu'elle parviendrait à nous les ramener ? C'était elle, et non moi, comme me l'avait assuré mère, la véritable héritière d'Avalon.

La dernière des grandes prêtresses. Aucune lame à son flanc, quand nous tenions les nôtres pointées au sol. Elles n'étaient là que pour faire illusion. Notre arme, la seule véritable, se trouvait en cet amour immense et absolu dont le grand pentacle que nous formions se faisait réceptacle. Partant de ses points de jonction d'énergie, un autre s'était formé pour protéger Eloïn. Qui, passant la porte, voudrait atteindre l'un d'entre nous serait contraint de pénétrer dans ce champ de magie blanche. Ainsi que nous l'avait expliqué Eloïn, si sa volonté avait été corrompue, ses intentions autres que pacifiques, il serait aussitôt démasqué, regagné à nous ou prisonnier.

Si le Vieux de la Montagne tentait de le détruire, alors le contre-chant que nous avions enfin découvert grâce aux notes du chevalier de Saint-Amand annihilerait celui des épées. Du moins l'espérions-nous.

Gwalf fut le premier à franchir le seuil de la double porte de cèdre. Il souriait. Philippe et Godefroy aussi, qui parurent l'un derrière l'autre dans la foulée, lames à la ceinture. Bien que visiblement tendus, ils couvrirent Eloïn d'un regard généreux.

Elle les accueillit d'un élan de même nature :

— Ce jour est un grand jour pour chacun d'entre nous ! Soyez les bienvenus, mes enfants ! Approchez !

Ils obéirent, mais seul Gwalf pénétra à l'intérieur du pentacle. Visiblement sur leurs gardes, Philippe et Godefroy s'étaient immobilisés devant cette barrière invisible, cherchant tour à tour nos visages baignés d'ombre, comme s'ils voulaient percer le secret de cette configuration étrange que nous formions. À cause du sang qui coulait dans leurs veines, je savais qu'ils ne pouvaient qu'en ressentir la puissance bénéfique. Étaient-ils corrompus ? ou simplement en alerte, tels des guerriers avisés ? À leur place, il est vrai, compte tenu de la missive que nous leur avions adressée, je me serais méfiée.

— Gwalf s'est acquitté de sa mission, dame Eloïn, assura-t-il en s'inclinant devant elle. Tous deux sont saufs. Le mage noir n'a pas réussi à plier leur volonté.

Par-delà cette silhouette à l'allure enfantine, elle les fixait avec bienveillance. Son cœur, je le devinai à la cadence effrénée du mien, battait tout entier pour eux.

— Abandonnez vos armes et rejoignez-moi dans la lumière, leur dit-elle simplement.

Godefroy détacha son baudrier, le déposa au sol puis, d'un pas résolu, remplaçant Gwalf qui s'était écarté, vint poser genou à terre devant elle.

— Je vous demande pardon, ma tante, de n'avoir davantage pris soin du pouvoir blanc qui me fut confié.

Elle se pencha pour, d'un geste, envelopper cette joue barbue qu'il lui tendait. Il se redressa, accepta avec tendresse ces bras qui l'attirèrent. Il referma les siens autour d'elle. Philippe, qu'elle continuait de fixer par-delà cette carrure cuirassée, n'avait toujours pas bougé.

— Va, va rejoindre ton père dont l'impatience brûle la mienne ! Accompagne-le, Gwalf, et demeure à ses côtés, décida Eloïn.

Structure de la tour conique du lac de Tibériade au XIIe siècle

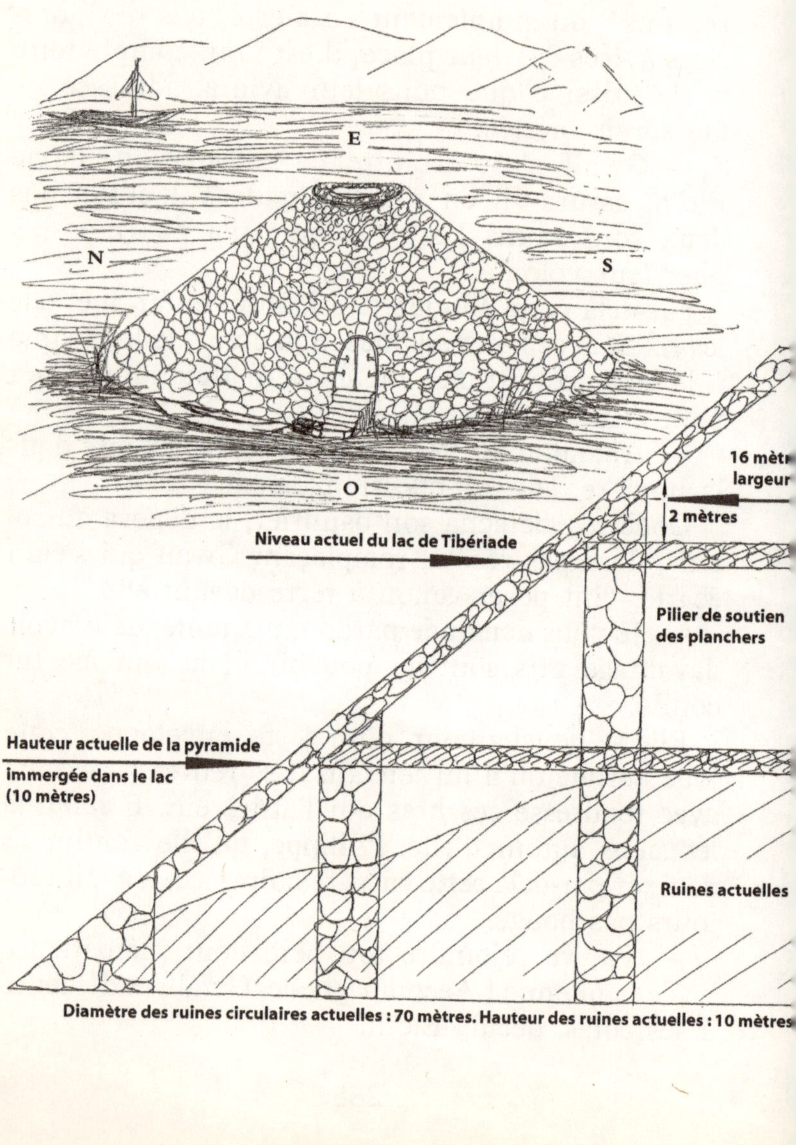

Diamètre des ruines circulaires actuelles : 70 mètres. Hauteur des ruines actuelles : 10 mètres

Le pentacle humain (au dernier niveau de la tour)

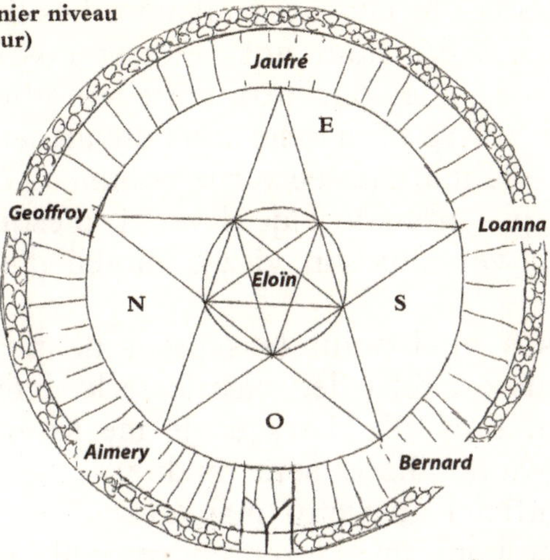

Évolution de la tour depuis sa construction

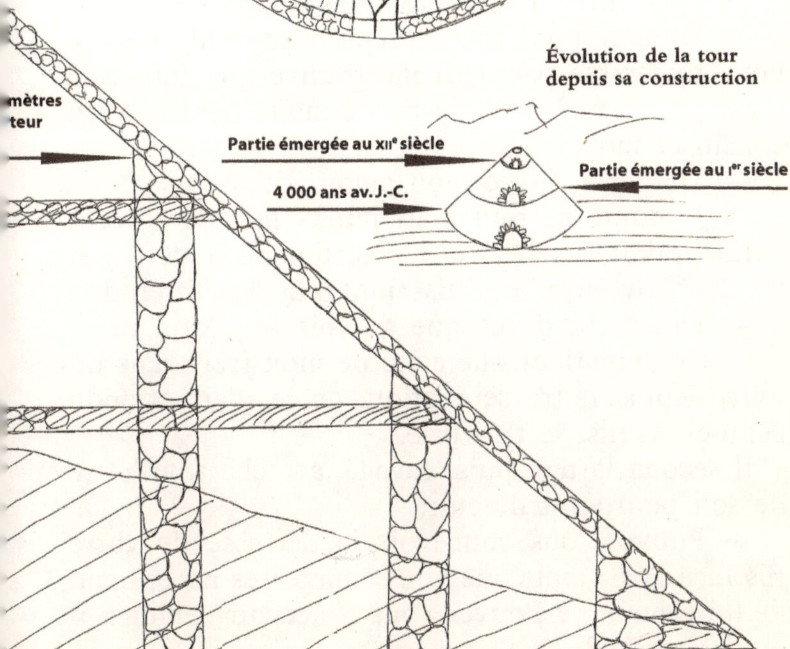

auteur supposée de la structure : 28 ou 31 mètres si le toit est complet.

Séparés d'elle, ils se précipitèrent vers ces bras tendus déjà et ces larmes qui coulaient. Les laissant à leurs embrassades dont nos yeux et nos cœurs se remplissaient, elle concentra toute son attention sur Philippe, sur ce pli d'amertume apparu sur son visage, sur cette main posée sur le pommeau de son épée, sur ce pas en arrière qu'il venait d'esquisser.

Elle tendit vers lui son visage nimbé d'attente et d'espoir.

— Je sais à quel point te séparer de nouveau de Caliburnus est difficile, mais je te le demande. Viens à moi, sans elle. Lorsque je me serai assurée de ta loyauté, elle te sera rendue.

Philippe afficha un rictus mauvais.

— Donner pour mieux reprendre, voilà qui ne vous ressemble pas. Qui me prouve que tout cela n'est point un leurre destiné à nous perdre, mon cousin et moi ?

— Douterais-tu de mon amour de mère ?

— Je doute de tout pour mieux me préserver.

Elle tendit sa senestre en direction de Godefroy et de Geoffroy qui n'en finissaient plus de s'étreindre.

— Doutes-tu de ce que tu vois là ? Mon cœur est aussi impatient que celui de mon frère. Pas un jour, depuis notre séparation, où je n'aie attendu celui-ci. Viens, je t'en prie.

Il secoua la tête puis, ravagé, arracha une lettre de son pourpoint de cuir.

— Pouvez-vous concevoir la détresse de votre fils face à ces mots que vous chargeâtes un ennemi de lui remettre ? Pouvez-vous concevoir combien il en fut rongé ?

Il agita le papyrus.

— Vous prétendez m'aimer ? Vous prétendez m'aimer alors que vous seriez capable, vous tous, ma famille, de m'abattre, aussi froidement que si je n'avais jamais existé ? J'ai changé, mère, ces mois loin de vous, loin de cette épée m'ont changé. Cet enseignement auprès du Graal noir m'a changé. Même si nous vainquons le Vieux de la Montagne, il en demeurera toujours une part d'ombre en moi ! Saurez-vous l'accueillir ? Saurez-vous me garantir contre elle ? Saurez-vous simplement m'accepter tel que je suis désormais ?

— C'est mon souhait le plus ardent, mon fils.

— Fais-lui confiance. Viens, l'appela Godefroy, enfin détaché de son père et bouleversé par cette fêlure que son cousin lui avait cachée.

— Je le voudrais, Godefroy. Oui, je le voudrais, mais je n'y parviens pas.

Le billet s'envola, projeté dans leur direction.

— Vous me voulez, mère ? Venez me chercher ! Venez me prendre dans vos bras et me prouver, à moi, combien je vous ai manqué !

Ma gorge s'était nouée face aux larmes de détresse dans les yeux de mon fillot. Je sentis le combat intérieur de ma fille. Ce combat de regards quand nous l'avions pensé d'alemèles.

Philippe détacha son baudrier. Ensuite de quoi il se baissa pour ramasser celui de Godefroy. Il les brandit.

— Les voici ces épées ! Venez les prendre et détruisez-les ! J'ai bien assez souffert de leur joug ! Je souffre bien assez de la suspicion et de la convoitise qu'elles ont engendrées ! Je me moque du Vieux de la Montagne. Je me moque de Saladin ! Si je n'ai plus la confiance des miens, si vous n'êtes pas capable de lire en moi comme par le passé, alors je ne suis plus rien.

Les traits d'Eloïn se durcirent.

— L'amour que je porte à mon fils est seule vérité.

Elle s'avança vers lui à pas feutrés.

C'est à l'instant où elle quitta la barrière protectrice du pentacle que je compris. À ce frémissement malsain de Marmiadoise sous mes doigts. Ce fut instinctif, l'élan d'une mère face au danger. Oubliant l'ordre de ne pas quitter place, quoi qu'il puisse advenir, je m'élançai dans un hurlement de rage, l'épée levée.

Trop tard.

Arrachant simultanément Caliburnus et Durandal de leurs fourreaux lancés en l'air, Philippe avait déjà fondu sur Eloïn.

En une fraction de seconde, les portes de la salle se refermèrent dans un claquement sec que répercuta l'écho. Le noir scintillant des lames cisailla la lumière aveuglante dans laquelle Eloïn venait de disparaître. Un souffle puissant me décolla du plancher pour me replacer au sommet sud de l'étoile du pentacle. Un second précipita Godefroy au centre de la salle, sous le rai de lune.

Nous étions encore aveuglés, déjà cloués au sol, que la voix d'Eloïn frappait nos tympans :

— Gardez le pentacle, gardez Godefroy, quoi que vous voyiez.

Elle réapparut instantanément après. Mais pas à l'endroit où Caliburnus et Durandal l'avaient fauchée. Elle nous faisait désormais face depuis la porte, comme si elle s'était dématérialisée juste avant l'impact, puis réincarnée, sauve, dans le dos de Philippe. Elle tenait Marmiadoise, que je ne lui avais pas sentie m'enlever, à pleines mains.

Philippe fit volte-face. Durandal et Caliburnus semblaient légères à ses poignets. Il les piqua au sol, un sourire mauvais aux lèvres.

— Alors c'est ainsi, mère…

La réponse d'Eloïn fusa, confirmant cette intuition qui m'avait dévastée :

— Tu n'es pas mon fils.

Un rire sarcastique éclata sous le dôme.

— C'est pourtant lui qu'il va te falloir tuer.

— J'y suis prête, Rashîd ed-Dîn el-Sinan.

Un nouveau rire accompagna le moulinet qu'il imposa aux lames, propageant une onde maléfique autour de lui.

— Ainsi donc tu connais mon véritable nom.

— Je connais tout de toi. Depuis la seconde même où tu as approché mon fils endormi près de la rive du Jourdain. Tu n'as volé que son apparence, ses souvenirs et ses angoisses, cheikh al-Jabal. Rien d'autre. Son âme était déjà sous ma protection. Elle l'est encore, dans son écrin de myrrhe. Je n'ai pas peur de toi.

— Tu le devrais, Eloïn Rudel.

Face à la tranquille assurance qu'elle continuait d'afficher, il écarta les bras, pointes des épées tendues en arrière. Aussitôt une ombre malfaisante cerna le périmètre du pentacle depuis les soubassements de la pièce que nous avions négligés, faute de place en hauteur de plafond. Le regard de Godefroy devint vitreux, celui d'un serviteur appelé par son maître. Il décolla un pied du sol. Nous fîmes bloc, d'un même élan de pensée, Jaufré, Geoffroy, Aimery, Bernard et moi, pour l'y ramener. Il redevint immobile, les bras le long du corps, contraint sous la lumière par cet amour qui émanait de chacun d'entre nous, cette conviction que nous étions tous, pour lui, avec lui et en lui, gardiens de ce sanctuaire, gardiens du Graal blanc, gardiens de notre lignée.

Libre d'aller et venir dans le pentacle sans le rompre, complice d'Eloïn au cœur même du Saint des Saints de Jérusalem, Gwalf rejoignit notre « prisonnier ». S'accolant à lui, tête contre le haut de ses reins, il noua ses petites mains aux siennes puis, sous le rai de lune, se mit à chanter.

Dès les premières notes, l'éclat de Marmiadoise grandit dans la pièce, atténuant celui de Durandal et de Caliburnus.

Au travers de celui de Philippe, le regard du Vieux de la Montagne se troubla.

— Tu ne peux pas…

Eloïn s'approcha, parée au combat.

— … avoir découvert le secret des lames ? le secret des Graals ?

Elle lut de la colère dans son regard.

— Impossible ! J'ai vu la fin de Brocéliande ! vociféra-t-il.

Mon cœur s'emballa dans ma poitrine. Aurait-il pu, à distance, conduire la main de Jean, celle de mon petit Geoffrey ? Si inconcevable qu'elle m'apparût, cette possibilité balaya la culpabilité que je ressentais de leur avoir permis l'accès à la forêt. Le flamboiement de Marmiadoise en augmenta d'intensité.

— Seul un écrin a été détruit. Pas ce qu'il contenait, affirma ma fille.

— Tu mens !

Elle se contenta d'ancrer ses pieds au sol, de dégager de l'échancrure de son bliaud sa pierre de lune auréolée, elle aussi, de clarté puis, relayant une à une nos voix derrière celle de Gwalf, de se mettre à chanter.

Comprenant que le temps des flamboyantes touchait à sa fin, le mage se rua sur Eloïn. De longues minutes durant, Marmiadoise para chacun des coups qu'il lui porta, absorbant l'énergie de ses sœurs. Lorsqu'elle y fut parvenue, il ne resta plus rien pour s'opposer à sa fulgurance que deux lames ordinaires et un mage noir doublé d'un redoutable guerrier. La lumière d'Eloïn illuminait la pièce. Le pentacle comme cette tour elle-même, dont il avait sous-estimé le refuge, l'empêchaient de se connecter au Graal noir, de donner libre cours à la puissance absolue de ses pouvoirs maléfiques. Il enragea. Avant même qu'Eloïn ait, cette fois, pu l'anticiper, il pivota dans notre direction, utilisa les deux lames comme un bâton de magicien, souleva d'une impulsion cette ombre qui planait autour du pentacle, puis la précipita vers la trouée du dôme. La clarté lunaire s'éteignit dans la salle, cédant place à un vent hurlant qui s'abattit sur Gwalf et Godefroy. Le temps qu'il nous atteigne, les deux hommes se figeaient, gelés.

Eloïn ne se laissa pas troubler. Déjà, elle avait pointé Marmiadoise pour repousser hors les murs ce courant froid qui nous faisait vaciller. Pendant quelques secondes, les deux magies s'affrontèrent, l'une pour maintenir l'obscurité, l'autre pour la rabattre. Sa seule chance de terrasser le Vieux de la Montagne était que nous le gardions prisonnier de la tour. Seul l'amour que nous nous portions pouvait combattre sa haine. Seul notre chant pouvait préserver la survie de nos âmes. Les éclairs se succédaient au bout des épées, nous atteignant par ricochet. Chacune de leurs attaques me vrillait le corps. Je regardais Jaufré et Geoffroy se tordre comme moi sous leur souffrance. Comme moi, pourtant, ils tenaient bon, brûlant ou gelant tour à tour. Je ne pensai qu'à eux, traversée d'éclairs, brûlée de l'intérieur, utilisant leurs masques de douleur pour lutter contre la mienne. Le regard de Jaufré ne me quittait pas, celui de mon fils non plus, centrés sur cette même évidence : nous pouvions vaincre. Nous devions vaincre. Peu à peu, la chaleur nous regagna. La statue de glace des deux hommes accolés se mit à suinter. Vivants. Ils l'étaient encore à l'intérieur. Nous devions y croire !

Au plafond, un voile traversé de couleurs irisées referma la trouée du dôme. Le pentacle retrouva sa blancheur.

— C'est terminé, Rashîd ed-Dîn, énonça simplement Eloïn, sûre d'elle.

Pour toute réponse, il s'éleva dans les airs telle une bourrasque, droit vers cette issue dont l'écran, peu à peu, se solidifiait. Il avait une chance encore de le faire voler en éclats et de s'échapper.

— Dis adieu à ton fils, ricana-t-il.

Quoi qu'elle fasse, elle le savait, son fils était déjà condamné. Elle n'hésita pas. Avant que le mage n'ait atteint la trouée, elle dirigeait Marmiadoise vers lui. Une boule de lumière se détacha de la pointe pour le frapper de plein fouet. L'explosion nous aveugla. L'édifice tout entier se mit à branler.

Je ne saurais décrire ce qui suivit. Trop de confusion me reste encore en mémoire. La voix d'Eloïn nous exhortant à courir, ces blocs de basalte catapultés à mes pieds, la main de Jaufré récupérant mon coude, son pas s'accordant à ma foulée, de la poussière, du vent, une pluie glaciale sur mes épaules alors qu'à l'extérieur la température avoisinait encore les trente degrés. Aimery au bas des escaliers. De la brume. De la brume partout. Le contact de l'eau chaude autour de ma taille, mes pieds battant l'onde, cherchant sans le trouver l'appui de la structure conique de la tour solidement ancrée, jusque-là, dans le lit du lac. Mes yeux brûlés par les éclairs, tentant désespérément de forcer l'obscurité pour repérer les miens. Jaufré disparu aussi soudainement qu'il m'avait escortée. Ma voix, effrayée, transperçant, pour l'appeler, le vacarme de cet édifice qui s'effondrait sur lui-même tel un château de cartes. Et puis soudain la lumière : celle de Marmiadoise jaillie des flots à quelques brassées, en direction de la rive. Comme un phare pour nous guider dans cette mer de rochers. Je me souviens du contact de la grève sous mon ventre. Pas d'avoir nagé. Je me souviens d'Abel, de ses amis pêcheurs accourus, torches et couvertures à la main. Je me souviens d'avoir appelé les miens. Appelé. Appelé. Puis d'avoir eu le sentiment d'un cauchemar. Un cauchemar dans lequel, soudain, je venais de perdre au lieu d'avoir gagné.

32

Rives de Magdala.
31 juillet 1192.

— Il faut y retourner ! Il faut le récupérer ! Je n'étais plus qu'un cri. La détresse me broyait. Elle m'étouffait. La grève se faisait grignoter par les vagues que l'effondrement de la tour avait provoquées. Face à ce vide au-dessus du lac avalé par le remous et la brume, Jaufré tentait de contenir mes gestes désordonnés. Je ne voulais pas entendre ce qu'il me disait. Je refusai d'imaginer Caliburnus et Durandal tombant de la main du Vieux de la Montagne au moment de son implosion. Avant de m'entraîner hors les murs, Jaufré avait assisté à leur impact. Moi pas. Il avait vu Gwalf et Godefroy, accolés l'un à l'autre par le gel, s'effondrer sur le plancher de bois flotté. Moi pas. M'ayant mise en sécurité, il avait rejoint notre fils, Bernard le Haut et Aimery de Ulster qui s'étaient déjà précipités. Tandis que je m'inquiétais de sa soudaine disparition, baignée par les eaux sombres, il avait dû affronter la réalité : si Durandal s'était figée au sol, Caliburnus avait transpercé le casque, s'était enfoncée en Gwalf comme en un rocher. La vie s'était échappée du petit homme en une fraction de seconde. Autour de ses amis, bouleversés, ce n'était que pluie incessante de rochers. Ulster et Geoffroy s'étaient empressés d'emmener Godefroy, incapable de nager, tandis que Bernard chargeait la dépouille de Gwalf sur ses épaules. Il n'avait avancé que d'un pas vers la sortie, escorté par Jaufré, prêt à louvoyer entre les rochers de basalte ou sur le plancher éclaté, lorsque la voix d'Eloïn, dans son tympan, lui avait enjoint de reposer Gwalf à l'endroit où il avait été foudroyé.

Ajoutant à la tenaille de son père dans laquelle je me débattais, ma fille venait de se nouer à mon dos. Ses mots cherchaient, eux aussi, à pénétrer ma révolte. Mais Gwalf avait été plus qu'un ami pour moi. Il m'avait soutenue, accompagnée dans le chant de Marmiadoise, protégée, sauvé la vie de nombreuses fois. Je l'aimais profondément, comme une sœur aime son frère, et plus encore. Nous avions tant partagé !

Il fallut du temps. Le temps qu'ils fassent bloc avec Eloïn, tous, autour de moi. Le temps que j'admette cette évidence qui passait en boucle par sa voix :

— Caliburnus n'est pas tombée au hasard. C'est Gwalf qui l'a appelée. Il le savait, mère. Philippe et le Vieux de la Montagne étaient psychiquement soudés. La mort de l'un entraînait celle de l'autre. Le seul moyen de le sauver était qu'un de nous se sacrifie, fasse corps avec l'épée, ici, dans le lit de ce lac, à la source même de la lumière. Une vie pour une vie. Qui mieux que Gwalf ? Qui mieux que celui dont la vie entière a été vouée aux flamboyantes ? Qui mieux que lui dont l'amour pour notre famille était d'une pureté sans faille ? Il est allé jusqu'au bout de sa destinée.

J'éclatai en sanglots. À cet instant, dispersant d'un coup la brume, une lueur intense illumina la surface du lac à l'endroit où, quelques minutes plus tôt, se dressait la tour. Nos regards furent happés. Nous vîmes alors un cône flamboyant transpercer l'onde puis monter lentement vers les nues étoilées. À l'intérieur, habillé d'une aura plus grande encore, un petit homme évanescent souriait. Fièrement, il brandissait Caliburnus dans sa main levée.

Son apparition anéantit ma rage avec autant de soudaineté que l'annonce de sa mort m'avait ravagée.

— Les brumes d'Avalon, dame Loanna, voilà d'où Gwalf, maintenant, veillera sur les siens et sur ses maîtres, avons-nous entendu simultanément au creux de nos oreilles.

— Ni maîtres ni valet, Gwalf, ni maîtres ni valet… ai-je murmuré, la voix brisée.

Il a ri. Puis s'en est allé. Merlin, je le devinai, l'accompagnait.

Nous sommes restés silencieux, quelques minutes, nous berçant de ce chagrin apaisé qui coulait comme une source vive.

Puis Eloïn s'est décollée de mes épaules pour nous apostropher.

— Il est un temps pour tout. Si nous ne voulons pas que le sacrifice de Gwalf soit vain, il nous faut retrouver le véritable Philippe. Il est encore entre deux mondes, mais nous avons peu de temps. Au lever du jour, il s'éveillera et manquera d'air dans son cocon de myrrhe. Je n'ai que mon intuition pour me mener à lui et les souvenirs de Godefroy.

En le ramenant par la colline, Gwalf a faussé ses repères. J'ai besoin de chacun d'entre vous pour balayer le terrain en bordure du fleuve.

Jaufré s'était lui aussi détaché de moi. La tristesse de son regard fit écho à la mienne. Machinalement, je voulus sécher mes larmes d'un revers de manche. Je n'obtins que de barbouiller plus encore mon visage de l'eau dégoulinante du lac, dont nos vêtements, à tous, étaient imprégnés.

Un sourire moqueur se dessina sur ses traits creusés.

— Allons, me dit-il. Nous avons un fillot à sauver.

C'était d'espoir qu'il parlait. Nous nous équipâmes de torches, puis partîmes traquer ce dernier.

*

La force coléreuse qui, depuis son départ d'Acre, tenait Richard Cœur de Lion venait de retomber comme un soufflé. Debout à la proue du navire de tête, il voyait la côte briller des feux tenus par les soldats musulmans. Où aborder sans risquer de tomber dans un piège ? Veillés par la garnison franque, des civils s'étaient réfugiés dans le donjon de Joppé. Saladin leur avait donné jusqu'à minuit de ce 31 juillet pour se rendre. L'ultimatum était révolu depuis trois heures maintenant et Richard ne pouvait plus être certain que l'assaut n'avait été donné. Pris soudain d'une profonde lassitude, il se tourna vers Merchadier, immobile à ses côtés.

— Nous arrivons trop tard. Que la flotte reste au large.

Son amant tourna aussitôt les talons pour relayer son ordre. Richard demeura là, dépité, à fixer, au loin, la silhouette massive de la cité portuaire fortifiée. Le voile de haine qui embrumait ses pensées s'était enfin levé. Seul le tourmentait à présent ce sentiment d'échec face à ces hommes, ces femmes, ces enfants qu'il n'avait pu délivrer à temps.

— Si seulement nous n'avions pas été freinés par ces vents contraires ! grinça-t-il à voix haute.

Elle se perdit dans le clapotis des vagues battant la coque. La mer était d'huile. La chaleur, lourde, encore. Des parfums de fleurs lui chatouillaient par instants les narines, aussitôt chassés par les effluves marins. S'il ne les distinguait pas, il entendait par intermittence le rire et le saut de ces dauphins qui pullulaient dans leur sillage. Il soupira. Pas de nouvelles de l'armée du duc de Bourgogne partie, elle, par voie de terre. À en juger par le silence qui plombait la ville, il était arrivé le premier malgré son retard. Pourquoi fallait-il toujours que, d'une manière ou d'une autre, le duc contrarie ses projets ? Cette réflexion acheva de l'agacer. La cité prise en tenaille, il aurait eu moyen de pression pour obtenir, au moins, la libération des survivants. Là, il n'y fallait plus compter. Décidément il n'y comprenait rien. Saladin avait autant que lui intérêt à la paix. Leurs accords secrets lui avaient semblé inébranlables. Alors, que s'était-il passé ? La traversée durant, chaque fois qu'il avait voulu apaiser sa colère en se convainquant que le sultan devait avoir bonne raison de s'être dédit et qu'il devrait s'en justifier, la voix, derrière son tympan, lui avait ordonné de faire place nette, de le tuer.

Il avait bien compris que c'était celle du Vieux de la Montagne. Malgré tous ses efforts, il n'avait pas réussi à lui opposer de résistance. Jusque-là. Pourquoi cette emprise avait-elle cédé à l'instant même où il était parvenu en vue de Joppé ? Que devait-il faire ? Satisfaire à cette pulsion dont il venait de se débarrasser ou prendre le risque d'abandonner à une mort certaine les survivants de la cité ? Derrière ces piques, ces lances, ces épées courbes, derrière le masque haineux de chacun des soldats qui gardaient la place ne se cachait-il pas l'envie de venger ce parent qu'il avait, lui, Richard Cœur de Lion, fait occire injustement sous les murs d'Acre ? Saladin n'aimait pas le sang des innocents. Mais Saladin n'était pas son armée.

Il en était là de ses réflexions lorsqu'il devina, plus qu'il ne vit, qu'on s'agitait sur la plage. Ses yeux, depuis de longues heures habitués à l'obscurité, en cherchèrent la cause. Il ne la trouva pas. Il entendit, par contre, le sifflement aigu d'une bordée de flèches. Son intuition lui signifia que quelqu'un s'était jeté à l'eau pour échapper aux bataillons des guetteurs. Une nouvelle bordée, des fragments de jurons lancés en arabe le confortèrent dans cette opinion.

Quittant son poste d'observation à larges enjambées, il s'en fut donner l'ordre d'approcher du littoral et de sonder les flots sombres depuis la proue et les bords.

Une dizaine de minutes plus tard, ils repêchaient un prêtre, légèrement blessé dans le gras de l'épaule. Repoussant les soins qu'on lui voulait prodiguer, le religieux, épuisé par une nage effrénée, se jeta aux pieds de Richard.

— À voir vos navires immobiles, beaucoup ont deviné qu'ils étaient abandonnés et se sont rendus. Ils étaient à peine sortis du donjon qu'on les passait par le fil de l'épée.

— Comment as-tu réussi, toi, à t'échapper ? s'étonna Richard.

L'abbé secoua la tête d'un air navré.

— Lors de la prise de la cité, je me trouvais dans la crypte de mon église. Les musulmans ne m'ont pas trouvé. J'ai, par la suite, pu aider quelques malheureux à échapper aux battues en les y cachant à leur tour. L'un d'entre eux, de garde dans le clocher, m'a averti de votre arrivée. C'est lui aussi qui a assisté, impuissant, aux exécutions. J'ai compris que vous n'interviendriez pas si l'on ne vous convainquait pas de notre situation.

— C'est un acte de grand courage.

— Mais qui sera perdu si vous tardez, sire…

Il joignit les mains en prière, leva vers lui un regard implorant sous l'auréole dégoulinante de sa tonsure.

Richard se tourna vers Merchadier revenu près de lui. Sa décision était déjà prise.

— Cap sur Joppé, dit-il. Que tous se tiennent prêts à débarquer. Si nous parvenons jusqu'en la ville, alors nous pourrons barricader les portes du côté de la vallée et empêcher d'autres musulmans d'y pénétrer. Avec un peu de chance, les renforts du duc ne tarderont pas.

Lorsqu'il tomba son regard sur cet homme qui avait risqué sa vie pour d'autres, il ne vit que le dessus d'un crâne. Il recula brusquement pour l'empêcher de lui baiser l'autre pied.

Sa voix se fit rugueuse pour masquer sa gêne :

— Relevez-vous, mon père, et acceptez à présent que l'on soigne cette écorchure. Je vous en fais serment : rien, sinon la mort, n'arrêtera mon avancée.

— Je prierai pour vous, sire.

— Non, mon père. Priez pour eux.

Il tourna les talons et s'en fut revêtir son armure.

Richard n'attendit pas que sa nef s'immobilise à quelques brassées du rivage pour sauter à l'eau, entraînant derrière lui la marée hurlante de ses chevaliers. Ils avaient à peine foulé le fond rocheux, de l'eau jusqu'à mi-heuses, qu'une première salve de flèches et de traits d'arbalète venait se piquer dans leurs boucliers. Indifférent aux impacts, il parvint sur la plage, arracha sa lame du fourreau et chargea. Deux hommes, il le savait, veillaient sur sa sécurité autant qu'ils tranchaient, piquaient, fendaient à ses côtés : Merchadier et le nouveau roi de Jérusalem. De sa propre bravoure dépendrait leur survie à tous trois. Sous la tunique de lin frappée à ses armes, sa cotte de mailles chuintait à chaque mouvement, rythmant le ballet des coups qu'il portait. Il ne fut pas long à dégager passage. Abandonnant la plage à ceux qu'il avait chargés d'établir une tête de pont, il se rua dans la cité. Elle était aux prises, encore, des pillards. Éventrées, les portes des maisons les dissimulaient à peine. Richard laissa ses chevaliers s'en occuper. S'il voulait sauver les chrétiens retranchés dans le donjon, rien ne le devait retarder. Avertis par les crieurs, la plupart des musulmans se débandaient à toutes jambes devant eux. Les autres le trouvaient, dès lors qu'ils voulaient ralentir son avancée. Tête casquée, front impitoyable, barbe humide de sueur dans sa touffeur rouquine, lame courte, rougie, à sa main gantée, il pourfendait à dextre autant qu'il frappait de son écu à senestre.

Le Lion se déchaîna tant qu'avant l'aube, les cloches des églises annonçaient qu'il s'était rendu maître du littoral et de la cité.

Bien que sa victoire fût fragile, Richard la savoura dans les larmes de reconnaissance de ceux qu'il avait sauvés. Sa seule déception fut d'apprendre que Saladin s'était retiré de la place avant même qu'il y fût entré. Déception, car le sultan n'allait pas tarder à contre-attaquer, mais point regret. S'il lui tardait de découvrir pourquoi son ennemi s'était dédit de sa parole, il aurait été embarrassé, depuis leur entrevue secrète, d'en faire son prisonnier.

*

— Je sens sa force de vie décliner, trembla la voix d'Eloïn à quelques pas.

Depuis des heures, dispersés en plusieurs groupes, balayant devant nous la lumière flamboyante de nos torches, nous battions le rivage. Chaque balsamier nous précipitait vers lui. Las, tant et tant prenaient racine dans ce secteur qu'aucun n'avait été le bon. Agacés par nos flambeaux, les sauriens s'écartaient à notre approche pour disparaître dans les eaux émeraude du Jourdain. Nous avions cessé de les surveiller, tout entiers désormais à notre quête. En moi, l'angoisse avait succédé au chagrin. Elle me taraudait le corps, les yeux, désorganisait les battements de mon cœur, retenait mon souffle. Mais restait informulée.

Je me rapprochai de ma fille. Elle venait pour la énième fois d'écarter des broussailles. Pour la énième fois de constater que Philippe ne s'y trouvait allongé. Ma main enroula l'arrondi de son épaule. Ses yeux balayaient déjà le périmètre suivant, auréole de lumière dans une pénombre brumeuse.

— Il n'est pas loin. Je le sens, mère.

— Alors ne doute pas.

— Je ne doute pas. Je constate.

Nous reprîmes nos recherches. Quelques minutes passèrent encore. Les torches de nos compagnons trouaient l'obscurité vaporeuse à portée de voix. Comme nous, ils avançaient en silence. Prêts à crier victoire.

Ravalant un soupir, je pris sur la dextre, en direction d'un bouquet d'arbustes. Comme un écho au fardeau de mon âme, Marmiadoise se fit lourde à ma ceinture. Durandal avait été rendue à Godefroy, mais, sa magie éteinte, elle n'était plus qu'une lame ordinaire. Il se sentait coupable ; coupable de n'avoir deviné que le Vieux de la Montagne avait pris l'apparence de Philippe, enfermé, lui, dans sa coque de myrrhe ; coupable d'avoir soupçonné Gwalf et non son cousin ; coupable de n'avoir pas compris lorsque, dégainée dans la colline, Caliburnus s'était auréolée de noirceur ; coupable de ne pas même s'en être étonné. Coupable, enfin, d'être incapable de nous guider jusqu'à leur ancien campement au bord du Jourdain.

— Je ne me le pardonnerais pas s'il venait à passer. Retrouvez mon cousin, mère-grand, m'avait-il suppliée d'une voix que la froidure de ses veines gardait encore tremblante.

Je lui en avais fait la promesse avant de le laisser, affaibli, à la garde d'Abel.

Ce fut à l'instant même où je doutais de pouvoir l'honorer qu'il m'apparut, rocher oblong de résine sous les branches du baumier.

Mon cœur s'arracha de ma poitrine.

— Ici ! Ici, Eloïn ! hurlai-je avant de piquer ma torche dans la terre meuble, à l'écart des branches basses.

Je l'entendis accourir, appelant les autres.

Mes doigts parcouraient l'ambre du bloc lorsqu'elle s'accroupit à mes côtés. Elle y posa les siens, traquant, au-delà de l'épaisseur, les battements d'un cœur.

— Dieu merci, il n'est pas trop tard, soupira-t-elle enfin, soulagée.

Elle se redressa, me tendit une main déterminée.

— Votre épée, mère.

Ils arrivaient, tous, sautant par-dessus les taillis, guidés par sa torche accolée à la mienne. Elle n'attendit pas qu'ils fussent là. Les premières lueurs du jour perçaient le dôme des montagnes, au-delà du Jourdain et sa brume rasante. Je m'écartai, émue d'assister à cette seconde naissance qu'elle offrait à son fils. Auréolée de magie blanche, elle leva Marmiadoise. Le choc du métal contre la résine ne provoqua tout d'abord qu'un craquement léger. Il s'intensifia jusqu'à faire trembler le sol sous nos pieds. Jaufré, arrivé, me força, d'une main protectrice, à reculer. Eloïn s'était redressée. Elle demeura droite, silhouette scintillante, grandie de son combat contre le mal, grandie de sa victoire. Des éclats de résine solidifiée s'éparpillèrent avec violence lorsque le cocon explosa. Lorsqu'ils retombèrent, elle s'agenouilla. Couché sur le flanc, son coude lui servant d'oreiller, Philippe dormait encore.

Nous nous approchâmes d'un même pas, discrets et fébriles à la fois. Une émotion commune nous tenait.

Eloïn promena la main au-dessus de son fils, ranimant cette âme perdue dans les limbes d'un temps qu'il avait cessé de compter. Il frémit. À plusieurs reprises. Elle se pencha pour l'embrasser sur la joue. Il sursauta. Elle s'écarta. Il se rabattit sur le dos. La découvrit, nous découvrit dans sa lumière. Des larmes avalèrent le gris de son regard.

— Vous m'avez pardonné…, furent ses premiers mots.

Ceux de ma fille se perdirent dans ses bras refermés.

33

Magdala.
1er août 1192.

À l'instant de se lever de son berceau de myrrhe, Philippe s'était révélé incapable de tenir debout. Bernard le Haut et Geoffroy avaient dû le porter. Tandis que nous progressions sur le chemin du retour, sa mère lui avait tout raconté, en détail. Il s'était senti plus coupable encore. Ces pensées, cette souffrance intérieure utilisées par le Vieux de la Montagne et crachées au visage d'Eloïn avaient été siennes. Il s'en voulut de se les être fait voler. Il s'en voulut de n'avoir pas su s'en défaire. Nous eûmes beau dire, il s'enferma dans un profond mutisme jusqu'à notre arrivée. Il fut étendu près de Godefroy qui, anxieux et fébrile, l'espérait. Les deux cousins avaient fini par s'endormir dans les bras l'un de l'autre. Puis chacun d'entre nous, sur ces paillasses qu'Abel et ses amis avaient eu soin de nous préparer.

Je fus la première à m'éveiller. Refusant de troubler leur repos, je quittai la masure d'Abel. Lui s'était réfugié chez sa sœur, dans le bourg de Magdala. Son rôle de gardien de la tour s'était éteint avec la destruction de cette dernière. Il ne restait pas même un pan de mur pour témoigner de son ancienne présence. Un soleil ardent me révéla un plan d'eau de nouveau serein. Des vapeurs chaudes couraient sur la surface. Des hérons s'en envolaient, trouaient l'azur avant de repiquer vers le lac. Un vent brûlant caressait les roseaux. Je m'avançai sur la grève, le cœur plombé. Pour moi, cette étendue redevenue plane ne serait plus rien désormais qu'un immense tombeau. La perte de Gwalf avait rouvert en moi une blessure ancienne : celle de la mort de Denys de Châtellerault[1]. Elles ne faisaient plus qu'une en cet instant où, toutes peurs vaincues, je pouvais enfin lâcher prise. Des larmes roulèrent sur mes joues. Leur sel brûla ma peau. J'eus besoin, soudain, d'en accentuer la morsure. Un coup d'œil alentour. J'étais seule. Abel vivait isolé. Les premières habitations du village se trouvaient à une centaine de toises. Et l'ordre avait été donné aux rares enfants de ne pas venir nous déranger. J'entendais, par moments, leurs rires joueurs franchir la distance qui nous séparait. Rien de suffisant pour troubler la quiétude du lieu. Je quittai enfin mon armure, celle du dedans, celle du dehors que harassée par les événements j'avais laissée s'abattre sur la paillasse à l'aube. L'eau était chaude. Des myriades de petits poissons formaient dessins d'argent sous la surface cristalline. Ils se dispersèrent à mon approche. Il suffisait de quelques brassées pour se retrouver dans un saphir si intense que tout y disparaissait. Je me coulai dans son bain,

1. Voir *Le Lit d'Aliénor*, *op. cit.*

Il fut tué au cours de la deuxième croisade, en délivrant Loanna, capturée par le basileus de Constantinople, Manuel Comnène.

nageant quelques minutes durant à la surface. Une fois parvenue à destination, j'inspirai une large goulée d'air puis plongeai.

Lorsque je réapparus, Eloïn était assise au bord de l'eau. Sa main s'envola dans ma direction. Elle m'attendait. Je la rejoignis sans me hâter. J'avais vu ce que je cherchais. Elle respecta mon silence. Une source affleurait un creux de roche, à même la plage, mince filet d'eau qui, comme tant d'autres dans la vallée, rejoignait le lac. Je m'y rinçai sous la tendresse de son regard. Le nœud dans ma gorge s'était défait. Elle me tendit une serviette. Elle avait su avant moi, peut-être, que j'en aurais besoin. Nous étions si complices toutes deux. Mon sourire s'étira. Le sien aussi. Je m'enroulai dans le lin puis vins m'asseoir à ses côtés.

Mes yeux s'attardèrent sur la surface ridée par le vent et les canards sauvages.

— Les blocs de basalte ont formé une pyramide tronquée qui repose sur le fond. Le plus proche est à environ cinq toises de la surface. Nul ne les relèvera jamais.

Sa main recouvrit la mienne.

— Ainsi devaient être les choses, mère.

— Je sais.

Une cigogne s'envola de la cime d'un amandier, barrant l'horizon de son vol rectiligne. Nous en suivîmes le trait jusqu'à ce qu'il disparaisse.

— Et maintenant ? demandai-je.

— Il faut récupérer le Graal noir.

Nous tournâmes tête en même temps. En tunique et braies, rechaussé de heuses de voyage, Philippe, qui venait de parler, se tenait debout, à quelques pas derrière nous. Ses vingt ans s'étaient patinés au contact du Vieux de la Montagne, des remords et de la souffrance, mais son regard de mousse avait retrouvé sa lumière. Il en irradiait. Godefroy vint se placer à sa dextre. Lui aussi avait récupéré. Seul un léger déhanchement témoignait de l'impact de la magie noire sur ses fonctions motrices. Les autres suivaient, la barbe drue, l'allure chiffonnée.

Eloïn et moi les regardâmes s'avancer avec tendresse.

— Venez, dit-elle. Venez vous installer à nos côtés.

— Puis-je ? demanda Philippe.

Elle s'écarta pour le laisser se glisser entre nous.

Il posa la tempe contre l'épaule de sa mère, prit ma main qu'Eloïn avait lâchée. Le silence s'installa de nouveau. Il fut de prière muette pour notre ami qui dormait au lit de ce lac. Il fut de réflexion aussi, face à cette évidence que Philippe avait ranimée. Jaufré s'était accroupi derrière moi. Ses doigts, épaissis par le maniement des lames, s'enroulèrent de ma nuque à mes épaules, achevant de me détendre les muscles. Il me connaissait par cœur. De la racine des cheveux à la plante des pieds. La brume s'opacifiait au centre du lac à mesure que la chaleur montait. Bientôt, elle deviendrait intenable. Mais cette heure, qu'aucune cloche ne venait marquer, était la nôtre et celle de Gwalf. Elle parlait de sacrifice, de victoire contre le mal, d'amour et de confiance regagnée. Aucun de nous ne la voulait gâter.

Elle dura. Jusqu'à ce que, caressant la joue de son fils toujours niché contre elle, Eloïn décidât de faire du passé un présent et de l'avenir une réalité.

— Godefroy et toi avez approché la coupe de sang noir. Serez-vous capables, désormais, de vous garder de son attrait ?

Se décollant enfin, Philippe redressa la tête pour mieux affronter son regard.

— Oui, mère. Seul le haschich nous maintenait hors de conscience. Nous ne craignons rien à l'approcher. Mais il faut nous hâter. Dès que le fils maudit de Saladin apprendra la mort de son maître, il la fera sienne et tout sera à recommencer.

— La magie du Graal ne s'ouvre qu'aux initiés dont nous faisons partie. Il n'a pas reçu ce pouvoir. Le reste est déjà sous mon contrôle. Vois-tu cette tourterelle ?

Nous suivîmes tous la direction de son index. L'oiseau somnolait, immobile, sur la branche basse d'un cédratier dont les racines nous voisinaient.

— Elles étaient encore deux, à l'aube.

Un rire léger m'échappa. Pourquoi n'avais-je rien remarqué ? moi qui, de si nombreuses fois, avais usé de ces messagers volants ?

— Saladin ? demandai-je, davantage pour éclairer les autres.

— Il aura, ce soir, le billet que je lui ai envoyé…

Philippe s'était rembruni. Eloïn lui caressa la joue mangée de barbe ambrée.

— Il y a plusieurs jours de cela, Saladin a été averti que Richard voulait rompre son traité et attaquer Beyrouth. L'information venant du duc de Bourgogne, il avait décidé de ne pas en tenir compte, jusqu'à ce qu'il ressente violemment en lui l'appel de la vengeance. Fort heureusement, il savait comment se garder de l'emprise du Vieux de la Montagne. Il m'a écrit, via ce même porteur, pour me demander conseil. Ma réponse fut brève : pour tromper le mage, il devait faire semblant d'y céder. Saladin a attaqué la ville de Joppé, appelant aussitôt la riposte de ton père. Vous souvenez-vous, mère, de cette vision terrible que j'avais eue à propos de Richard ?

— Celle de sa mort sous les remparts d'une cité assiégée ?

— Oui. Philippe savait qu'elle était ma faille. Le Vieux de la Montagne s'en est servi. En plaçant Richard dans la situation de ma prémonition, le mage pouvait supposer que j'utiliserais une part de mes pouvoirs pour le protéger, abaissant ainsi ma garde et réduisant ma défense. J'ai donc anticipé. J'ai soulevé des vents contraires pour ralentir la flottille royale. Richard est parvenu au port à l'heure où, ici, le Vieux de la Montagne s'éteignait et avec lui le rayonnement du Graal noir. Quant à Saladin, il avait déjà quitté la cité.

Son œil s'appesantit un instant sur les eaux sombres du lac.

— Gwalf n'était pas seulement le gardien d'une des flamboyantes. Il était capable de toutes les entendre chanter. Ce n'est le cas d'aucun d'entre nous. Sans lui qui guida mes expériences dans le Saint des Saints, je n'aurais pu composer ce contre-chant universel. Lui seul pouvait approcher le mage sans nous mettre en danger. Mieux encore, il devenait mon arme la plus fiable. Pour me duper, le mage ne devait pas seulement prendre ton apparence, Philippe, il devait aussi éprouver tes émotions, ce qui impliquait l'appel de Caliburnus. Il a suffi à Gwalf de le mener à l'épée puis de me servir de relais. Sitôt la lame, dégainée, en sa possession, j'ai pu à mon tour et sans qu'il le soupçonne pénétrer dans ses pensées et anticiper ses réactions. Sans Gwalf, je n'aurais pu emporter ce combat, je n'aurais pu soutenir le courage de Richard dans la mêlée.

— Et pour moi, vous saviez ?

— Non, Godefroy. Je ne pouvais être certaine que tu ne sois pas sous contrôle. Je n'en ai eu la certitude qu'à l'instant où tu as posé genou à terre devant moi. La manœuvre du mage était habile. Si je n'avais été préparée, j'aurais pu, en te découvrant sincère, me laisser berner par le discours de Philippe.

— On ne trompe pas le cœur d'une mère, affirmai-je.

— D'une mère-grand non plus, se mit à rire Jaufré par-dessus mes épaules, le souvenir de mon élan guerrier au cœur.

Godefroy dodelina de la tête.

— Je n'en reviens toujours pas, ma tante. Vous avez acquis tant de pouvoirs !

Elle haussa les épaules.

— Les pouvoirs ne sont rien sans l'âme qui les mène. La mienne est d'Avalon. Saladin est mieux placé que nous, aujourd'hui, pour intervenir. Il reprendra le Graal noir et me le remettra en échange du traité de paix signé avec Richard.

— Comment pouvez-vous lui accorder une telle confiance ? se désola Philippe.

— Parce que son propre fils, ce fils maudit que tu crains tant, s'est mis en branle il y a deux jours. Pour l'assassiner.

Godefroy sursauta.

— Je ne comprends pas. C'était à nous que le Vieux en avait confié la tâche. Nous devions favoriser l'ascension d'Henri de Champagne au trône, ramener Caliburnus et Marmiadoise puis, une fois Richard sur le point de quitter la Palestine…

— Il vous a menti depuis le début, mes enfants. Sa seule erreur fut de présumer de sa toute-puissance. Voilà pourquoi le Graal noir est déjà en route pour le Saint des Saints. Dans les bagages de Yussûf.

— Saladin aura-t-il, lui, la force de ne pas céder à son attrait ? Le mage noir vaincu, quel père pourrait préférer la mort de son fils à une alliance leur permettant de se retrouver ?

Elle froissa le dessus de la chevelure bouclée de son fils.

— Rassure-toi, Philippe. Saladin se prépare depuis longtemps à cette confrontation. Je n'ai pas le moindre doute, la moindre inquiétude quant à ses choix. S'il entrevoit une possibilité de ramener son fils dans la lumière, il la saisira. Dans le cas contraire, il fera ce qu'il doit. En son âme et conscience. Comme moi-même je l'ai fait.

Ses traits perdirent soudain leur luminosité.

— À propos d'enfants… Sais-tu quelque chose concernant Anne ?

Mon cœur s'accéléra dans ma poitrine. Tous, nous nous tendîmes vers ce franc sourire qui venait d'éclairer le visage de Philippe.

— Elle est sauve. Prisonnière du roi de France, mais sauve. Nous irons la lui reprendre, mère. Je vous le promets.

Un élan de joie nous emporta tous, regonflant nos cœurs abîmés.

Eloïn se leva.

— Allons, un doux fumet de poissons grillés s'en vient jusqu'ici. Ne me dites pas que vous n'êtes point affamés, messires !

Bernard le Haut bondit en se frottant la panse.

— Et que croyez-vous donc que soient ces gargouillis, dame Eloïn ? Un effet de la brise ?

— À ce stade, mon ami, je dirais plutôt l'annonce d'un ouragan.

Nous nous accordâmes à son rire.

— Allez devant, dis-je en me penchant pour ramasser les vêtements propres qu'Eloïn m'avait, aussi, rapportés.

Ils étaient sobres. Un long bliaud de serge[1] verte, une ceinture et des sandales de corde. Je me détournai d'eux pour faire face au lac. L'image de celui de Brocéliande enserrant les ruines de mon château me frappa le cœur. Tous deux enfermaient désormais des êtres que je ne cesserais jamais d'aimer. Derrière moi, les pas s'étaient estompés. Refusant de me laisser regagner par la tristesse, je lâchai la serviette, passai la tête par l'échancrure de la robe, fis glisser la toile au long de mes hanches, puis resserrai les liens du corsage. Chaussée et ceinturée, je pivotai enfin pour rejoindre les autres. Jaufré était là, à m'attendre, en haut de la légère buttée qui délimitait la grève. Malgré sa tristesse, du désir courait dans ses yeux. Le même qu'hier. Il m'enveloppa comme une promesse.

1. Étoffe.

34

Joppé, côte sud de Palestine.
4 août 1192.

Richard Cœur de Lion peinait à trouver le sommeil. Il avait solidement barré les portes de Joppé ouvrant sur la vallée, placé une garnison de mercenaires génois sur les coursives piquées de ses bannières, fait dresser son campement à l'ouest sur la frange côtière, mais, sans les renforts du duc de Bourgogne, il se savait incapable de conserver l'avantage si Saladin décidait d'une attaque massive. Il possédait trop peu d'hommes ! Pour la quatrième fois en quelques minutes, troublant le sommeil de Merchadier qui jouxtait sa paillasse, il changea de position. Depuis trois jours qu'il portait armure sans discontinuer, pourchassant les troupes isolées de Sarrasins qui s'approchaient de la ville par l'est, il éprouvait la détestable sensation que les mailles d'acier s'étaient incrustées dans ses chairs malgré l'épaisseur de la jaque. À cela s'ajoutait la chaleur épuisante de l'été, cette sueur qui suintait de son front, de ses aisselles, de ses pieds, de ceux de Merchadier et des huit autres chevaliers dont les couches voisinaient la sienne sous le manteau de cuir de la tente. Les odeurs corporelles se mélangeant, l'air empestait. Il avait envie d'un bain, d'une de ces onctions délicates préparées par Eloïn, envie de retrouver l'Aquitaine blonde et rieuse, de botter le train de Jean, d'aller arracher sa petite Anne des griffes du roi de France, d'embrasser sa mère, de réunir une cour d'amour, et de jouir. De jouir simplement des siens retrouvés. De tous les siens. Sa promesse de rester en Palestine jusqu'à Pâques lui coûtait de jour en jour. Il aurait pu l'écourter si la paix avait été signée ! D'un mouvement rageur, il se rabattit sur le dos. Non, décidément, il ne comprenait pas pourquoi Saladin s'était ravisé. Le musulman serait sorti vainqueur de la croisade puisqu'il conservait Jérusalem. Que lui importait Joppé si les croisés satisfaisaient à sa requête de démanteler les fortifications d'Ascalon ? Richard avait lancé la destruction de celles de Daron déjà. N'était-ce pas une preuve suffisante de sa bonne volonté ? La peste soit s'il y comprenait quelque chose !

L'aube s'annonça qu'il n'avait toujours pas trouvé réponses. À force de tourner et de retourner, écrasant la cotte de mailles du poids de son corps tendu, il n'avait réussi qu'à s'énerver davantage.

Il s'apprêtait à se lever lorsque l'alerte fut sonnée. Malgré ses courbatures, il fut aussitôt sur ses pieds. Merchadier aussi, preuve que, dérangé, il n'avait guère plus dormi que son roi. Autour d'eux, les chevaliers s'agitaient, arrachés violemment à Morphée.

Richard passa tête par l'ouverture de la porte.

L'olifant[1] sonna une seconde fois. Nul doute possible : on les attaquait. Il se rua dehors, ses hommes sur ses talons.

— Ils déboulent du nord, par le rivage, entendit-il gueuler.

Il se tourna vers Henri de Champagne qui achevait de boucler son baudrier à sa ceinture.

— Que nos soldats s'y précipitent et forment double rangée ! Vite !

En quelques minutes, relayant les ordres du roi, la défense s'organisa.

Protégés par leurs pavois[2], resserrés en muraille, les croisés pointèrent leurs lances en direction de leurs ennemis découverts dans leur discrète approche par un des gardes génois en faction sur les remparts de la cité. En deuxième ligne, arbalétriers et archers se tinrent prêts. Lorsque les musulmans furent à portée, ils se mirent à cribler leurs rangs de flèches et de traits. Richard s'attendait à être rapidement submergé par le nombre. Il n'en fut rien. Sous ces salves répétées, nourries par l'habileté des sergents qui préparaient les armes du temps que les arbalétriers tiraient, les Sarrasins abandonnèrent la charge.

Richard allait s'en réjouir lorsqu'on vint l'aviser qu'une quarantaine d'entre eux, à cheval, avaient réussi à pénétrer la cité par une poterne trop mollement gardée. Son sang ne fit qu'un tour. S'ils parvenaient à ouvrir ne serait-ce qu'une des portes

1. Cor taillé dans une défense d'éléphant, qui servait à donner l'alerte.

2. Boucliers ronds ou carrés.

du côté de la vallée, le gros de l'armée de Saladin s'y engouffrerait puis les repousserait dans la mer.

Il se tourna vers Henri de Champagne qui venait de rabaisser son arc.

— Avec moi !

— Nous n'avons qu'une dizaine de chevaux tout au plus. C'est bien peu, mon oncle.

Mais Richard courait déjà vers le seigneur de Rauzan, juché sur l'un d'eux. Le dégageant de sa selle, il y monta. Le temps que ses preux fassent de même, il était hors du camp.

Les Sarrasins avaient atteint le cœur de Joppé lorsqu'il y pénétra, les siens au train. Il ne s'inquiéta pas d'un regard en arrière. Ses douleurs s'étaient tues dans l'élan, ses pensées dispersées par l'urgence. Quelques musulmans s'étaient postés en arrière-garde pour protéger l'avancée des fuyards. Il les défia, la rage au cœur. Le regard terrible, il hurla, piqua de la lance à senestre, découpa de l'épée à dextre. Il s'était élancé sans son écu, avec l'armement d'un autre attaché au cheval. Il en usa sans pitié avant même que ses chevaliers ne paraissent. Ils ne purent que joindre leurs lames à la sienne, de place en place, à trois contre un. Mais trois qui en valaient dix : Jofroi du Bois, Pierre des Préaux, le comte de Leicester, Raoul de Mauléon, Raoul de Coggeshall, Matthieu Paris, Henri de Champagne, Merchadier.

Lorsqu'il jugea que la plupart de ses preux suffiraient à en terminer, il se remit au cul de la dizaine de mamelouks lancés vers les quartiers est.

— Leicester, Mauléon, Merchadier, avec moi ! hurla-t-il avant de disparaître derrière l'ombre d'une église.

Quelques minutes durant, ils ne s'inquiétèrent que de regagner l'avance des fuyards. Les galops soulevaient tant de poussière que l'air, emprisonné entre les habitations, en devenait irrespirable. Qu'importe, Richard retenait son souffle, les mâchoires crispées. Il ne décolérait pas. Contre Saladin qui avait lancé cette attaque-surprise pour l'occire, contre le duc de Bourgogne qui n'arrivait toujours pas. Comme si de cette bataille allaient se jouer sa vie, sa réputation, la croisade tout entière. Comme si cette paix à laquelle il aspirait pour rentrer chez lui passait par une victoire éclatante, légendaire, qui assignerait Saladin, une fois pour toutes, au respect. Il eut beau forcer l'allure, il trouva la porte grande ouverte, la herse relevée, ses gardiens gisant au sol, transpercés de lances.

Passé l'ouverture, les mamelouks filaient vers les collines piquées d'étendards.

— Merchadier, la barre ! gueula-t-il par-dessus son épaule avant de fouetter son destrier.

À contrecœur, Merchadier immobilisa sa monture pour s'exécuter. Il s'était à peine arc-bouté contre l'imposant battant pour le rabattre qu'Henri de Champagne paraissait avec les autres.

Il suspendit son geste pour les laisser passer.

— Va ! le somma Matthieu Paris, en sautant à bas de son cheval pour prendre sa place.

Merchadier le remercia d'un hochement de tête. Sans plus attendre, il se remit en selle.

Une fois le lourd portail barré, la herse rabaissée, Matthieu Paris s'en fut prendre le commandement des archers et des arbalétriers postés sur les remparts. Richard comptait, lui, une bonne cinquantaine d'hommes, hululant comme des chouettes, cravachant leurs petits chevaux bais pour venir à sa rencontre.

L'avant-poste, suspecta-t-il. Il eût dû tourner bride, se rendre à la raison. Mais un sentiment puissant le poussait de l'avant, un sentiment d'invincibilité tel que l'épée lui sembla légère au creux de sa main. Le premier à fondre sur lui eut à peine le temps de lever son arme qu'il perdait étrier, le visage emporté par l'acier. Traîné par son cheval au galop, il acheva de mourir dans un hurlement. Mais ce n'était plus qu'un parmi les siens. Richard fauchait, découpait, tranchait, parait, en esquive tantôt à dextre, tantôt à senestre, tantôt se couchant sur la crinière de l'animal caparaçonné, tantôt se cambrant en arrière. Du sang lui maculait le visage, les bras, la tunique jusqu'à ruisseler du lion qui s'y trouvait brodé. Des éclats de mailles volaient. Mais qui croisait sa route s'éteignait. Il achevait un Turc d'un coup de bouclier récupéré sur un des gardes de la porte lorsqu'il vit Leicester jeté à bas de son destrier. Il se précipita à son secours. Le temps qu'il arrive, Leicester se battait au sol, vaillamment, contre les cavaliers turcs. Richard fit place nette autour de lui. La minute d'après, s'étant, d'un coup d'œil circulaire, avisé que leurs compagnons au complet, rejoints par Merchadier, se battaient avec prouesse, tous deux galopaient au cul d'un autre groupe de Turcs qui venaient de prendre Mauléon. Richard fouetta son destrier du piquant de ses éperons. La sueur autant que la poussière soulevée lui brûlaient les yeux, dégoulinaient jusqu'au rictus rageur de ses lèvres. À l'inverse de la nuit précédente, pourtant, elle l'abreuvait de ténacité et de courage. Avec Leicester, il remonta la troupe, ravagea l'arrière-garde puis, parvenu à la hauteur de Mauléon, désarmé, transperça par le flanc son adversaire.

Le temps qu'ils fassent battre poussière aux derniers, l'armée musulmane dévalait la colline. À la direction qu'ils prirent, Richard comprit qu'elle visait son campement sur la frange côtière. Celui-ci défait, Joppé serait facile à reprendre. Et ce chien de Bourgogne qui ne paraissait toujours pas ! Entraînant les siens derrière lui, il s'élança pour couper la route aux assaillants. Il devait, coûte que coûte, arriver avant eux et prêter renfort aux siens. Il refusait de s'avouer vaincu ! Cette puissance qui armait son bras lui semblait venir de loin, d'une magie qu'il avait cru perdue en même temps que Brocéliande. Il ne percevait pas la voix d'Eloïn dans le fracas des armes, des sabots, dans ce vent qui, s'étant levé, brassait plus encore l'air marin. Mais il sentait. Il sentait sa présence, sa protection, sa lumière dans ces ténèbres sanglantes.

Lors, refusant de se retrancher derrière les deux lignes rassurantes de ses lanciers et de ses archers parés à tirer, il se laissa discrètement distancer par ses chevaliers lancés au grand galop. Tournant subitement dos à son armée, il s'immobilisa pour attendre la déferlante ennemie.

Ses hommes avaient à peine fait demi-tour pour lui porter secours qu'essuyant le feu nourri des traits et des flèches, il était avalé par la horde musulmane. Emplis d'effroi, le croyant perdu, ses preux s'enhardirent plus encore. Richard était déjà au cœur du combat. Il frappait en avant, en arrière. Il brisait hommes et chevaux avec la même facilité, le même sentiment de toute-puissance. Lorsqu'un géant[1] en armure de fer se rua sur lui, il n'obéit qu'à cette même certitude : la victoire devait être à lui. À lui seul. Car elle seule apporterait la paix ; elle seule conduirait à la vérité. D'une envolée de ses deux mains, il abattit son épée. Tranchés net, bras et tête se détachèrent du corps dans une giclée de sang.

Autour de lui, saisi par la violence du coup, on s'écarta. Richard en profita pour piquer de l'avant et regagner ses lignes entre la mer et la cité, l'armure aussi criblée de flèches que le caparaçon de son cheval. Il ne prit pas le temps de les ôter. Ayant rassuré les siens, il repartit au combat, ses chevaliers dans ses talons, stimulés par son intrépide inconscience.

La bataille dura toute la journée. Richard continua de s'y illustrer, protégeant les siens, repoussant les autres. Il ne faiblit pas. À la fin du jour, il ne resta qu'un bataillon de Turcs pour battre en retraite et pleurer défaite. Un seul de ses chevaliers avait péri. Une flèche perdue l'avait fauché alors qu'il tentait de regagner à la nage un des navires au mouillage. Richard ne le pleura pas. Il n'avait que faire des couards. Il fut acclamé, chanté, porté par ses chevaliers pourtant rompus de fatigue. Ambroise, son chroniqueur, se jeta à ses pieds en affirmant qu'il s'était montré héroïque.

1. La description de cette bataille est inspirée, comme beaucoup d'autres d'ailleurs, des chroniques d'Ambroise, contemporain du roi Richard.

Richard haussa les épaules. On s'était mis à griller du poisson dans le camp. Le fumet atténuait à peine l'odeur du sang. Mais sa colère enfin retombée, sa renommée reconquise, le Lion avait faim. Il réclama mangeaille.

35

Jérusalem.
5 août 1192.

Saladin eut pour les siens le discours que les émirs, ses alliés, attendaient. Il s'indigna, marqua son incompréhension. Comment, à dix contre un, ses soldats n'étaient-ils parvenus à conserver Joppé ? Comment n'étaient-ils parvenus à encercler le campement des croisés endormis ? Ceux qui avaient survécu racontèrent : la bravoure de Richard, un géant coupé en deux d'un simple coup de lame…

— Le Lion n'était plus lui-même ! On aurait dit qu'Allah le guidait ! se défendit le meilleur de ses guerriers.

— Je peux en témoigner, mon frère, lança Al-Adîl qui avait commandé la seconde offensive.

Saladin se tourna vers ce dernier, dont la silhouette élancée émergeait de l'encadrement de la porte. À l'inverse des autres, la salle était basse de plafond, percée de rares ouvertures. Jérusalem la belle possédait ses alcôves. Celle-ci en était une. Elle accueillait les dix chefs de guerre qu'il venait de sermonner.

Il s'approcha. Son cadet le dépassait d'une hauteur de front. L'espace d'une seconde, l'ombre de

Jeanne, la sœur de Richard, que l'ambassadeur avait failli épouser, plana dans la pièce. Empli de rancœur contre les chevaliers francs qui avaient ruiné cet hyménée, Al Adîl était, depuis, le premier à tailler dans leurs cuirasses.

— Le Lion t'aurait-il fait reculer, toi aussi ?

— Ses prouesses autant que son audace ont forcé mon respect. Pardon, mon frère, mais l'occasion me fut donnée de le voir périr. Je ne l'ai prise.

Saladin fronça les sourcils.

— Je t'écoute.

— La bataille touchait presque à sa fin lorsque son destrier fut tué sous lui. À ce moment-là, retenus par les nôtres, ses chevaliers étaient loin. Mais même au sol, il en valait quinze ! Nul ne lui résistait. Je n'ai pas voulu qu'un homme de sa trempe finisse sous le jet d'une lance. Je lui ai fait porter un cheval pour remplacer le sien.

Saladin s'attarda quelques secondes dans ce regard fier. Il y répondit d'un hochement de tête.

— Ce geste t'honore, mon frère ! Sans conteste, j'eusse pu le faire mien.

Il se recula pour les tenir, tous, sous sa coupe.

— Allons, dit-il. Le Lion est debout et notre armée à terre. Le duc de Bourgogne a, lui aussi, forcé nos lignes placées sur son chemin. À l'heure qu'il est, ces deux-là font repas commun dans Joppé reconquise. Il ne me reste plus qu'à traiter. Ainsi, le roi d'Angleterre retournera d'où il vient. Ainsi, je pourrai espérer qu'un peu de sa vaillance passe dans vos mains !

Il les renvoya. Il avait besoin d'être seul. De descendre dans le Saint des Saints. Il ne trouva personne pour lui barrer chemin. Sa colère avait ébranlé les murs des palais, assez pour que chacun courbe le front et rase les murs. Même les émirs regardaient leurs babouches. La défaite était plus que cuisante pour eux. Celle-ci n'était pas qu'une parmi d'autres. Les deux chroniqueurs arabes Abu al-Fidâ et Bahâ ad-Dîn s'étaient mis à la chanter, à se rengorger des exploits du preux Richard. Exploits qui surpassaient largement ceux prêtés à Saladin. Il était temps d'en terminer. Le pays était ruiné. Tous étaient découragés, humiliés. Saladin venait de dépêcher un messager auprès de Richard. Leur prochaine rencontre instituerait la paix. Il viendrait à lui, cette fois, de manière officielle, pour que des félons, d'une part comme de l'autre, ne nuisent à leur intérêt commun. Il espérait que cette dernière phrase suffirait à expliquer à Richard son comportement de ces derniers jours.

Le Saint des Saints n'était qu'un espace clos au cœur du roc. Un espace avalé par l'obscurité. Saladin la troua de sa lanterne. Il avait veillé à ce que ses maçons, grâce à un ingénieux système de souterrain, de pièges, puis de poulies, lui rendent son secret. Pour plus de sûreté, rompant avec ses principes, il les avait lui-même occis à la fin du chantier. Il était désormais seul à en connaître le nouvel accès. Il n'était pas de meilleur endroit pour s'isoler. Pas de meilleur endroit pour entrer en communication mentale avec Eloïn à présent que le Vieux de la Montagne n'était plus. Ce lieu offrait une résonance inégalée. Il s'installa en tailleur, à même le sol. Mains posées sur les genoux, paumes ouvertes, il fixa la lumière vacillante de son falot. Aucun bruit, sinon le léger chuintement de la flamme. Il se concentra, ainsi qu'elle le lui avait enseigné.

Deux heures plus tard, fort de ses conseils, il était prêt.

*

Yussûf n'avait pas toujours été maudit par son père. Il fut même, de loin, le plus aimé des fils du sultan. À l'âge de dix ans, il rivalisait d'adresse avec lui et forçait le respect. Il tenait sa beauté et son intelligence de sa mère, une Égyptienne de haut lignage dont Saladin s'était épris au Caire. Le sultan en avait fait sa quatrième épouse selon la loi du harem, mais elle était restée sa préférée. Il n'avait jamais su qui avait versé le poison dans son verre. Les autres femmes, qui la tenaient pour rivale, pouvaient toutes être coupables. Aucune n'avoua. Malgré la morsure du fouet. Il fut inconsolable de sa perte. Mounia n'était pas seulement la femme, la mère qu'il avait aimée. Elle était aussi et surtout détentrice d'un savoir ancien qu'elle lui avait donné à partager. Elle prétendait qu'un géant dormait dans un des temples de la vallée des Bâtisseurs, un géant qui avait, autrefois, balayé le dieu Seth et répandu sagesse dans le monde entier. Un géant dont le souffle pouvait traverser encore les pierres, le sable des déserts, le flot des océans et dont la magie flamboyait. Le jour où Saladin avait pour la première fois croisé le fer avec Marmiadoise, il avait su que le conte de Mounia était vérité. Il lui avait montré la lame enlevée à Loanna, l'avait écoutée fredonner son chant retranscrit sur papyrus. Quelques notes seulement, vite ravalées. Il avait lu de la peur sur son visage.

— Nul ne doit connaître la valeur de ce trésor. Il appartient au Géant. Il possède le pouvoir des dieux.

Saladin avait approuvé. Intuitivement, il l'avait déjà deviné. Il avait dissimulé le tout. Pas assez bien pour que Loanna n'en retrouve trace et ne le récupère. Pas assez bien pour que les flamboyantes ne soient réunies. Pas assez bien non plus pour qu'une autre magie, appelée par ricochet, ne vienne lui prendre son fils.

Yussûf n'avait que douze ans lorsque sa mère était morte. La rage au cœur, il avait vu son père se refermer, le négliger. Non par désintérêt, il sentait la force de son amour lorsqu'ils se voyaient. Mais le chagrin de Saladin était tel que l'embrasser, le serrer dans ses bras ou même, simplement, chasser avec lui lui broyait le cœur. Le garçonnet était tout le portrait de sa mère. Cette rivalité née au cœur du harem avait gagné les autres fils de Saladin. Jusque-là, ils n'avaient osé s'en prendre au privilégié. Lorsque, le dos en sang, strié par les lanières, leurs mères réclamèrent vengeance, ils l'attrapèrent, lui lacérèrent le visage et le laissèrent pour mort. Saladin le retrouva, le soigna, le choya. Mais le mal était fait. Profond.

Le Vieux de la Montagne sut lui prêter oreille, puis réconfort. En peu de temps, sans que nul le soupçonne, Yussûf devint son disciple. Saladin découvrit la vérité peu de temps après la mort d'Eudes de Saint-Amand. De la plus méchante manière qui soit. Il dormait d'un sommeil léger, inquiet des révélations du grand maître des Templiers à propos du Graal noir, ces révélations qui coloraient d'un jour nouveau celles de Mounia. Un bruit, celui d'une coupe bousculée près de son lit, l'avait dressé sur son oreiller. À la faveur de la lune, il avait vu son fils se ruer sur lui, les pupilles dilatées, un poignard à la main. Il l'avait désarmé, questionné, puis ses efforts pour comprendre restant vains, il l'avait conduit lui-même dans une geôle souterraine de Qal'at Sahyûn[1]. Au matin suivant, on venait lui apprendre qu'il s'en était échappé. Nul n'avait su dire comment, mais tous avaient remarqué, la nuit durant, les djinns dansant autour de la forteresse.

Saladin en avait tiré les conclusions qui s'imposaient. Il s'était éloigné de ce fils que le malin avait volé. Mais, au fond de son cœur, l'espoir qu'il lui revienne un jour ne s'était jamais estompé.

En ce 5 août, Saladin ne changea rien à ses habitudes. Sa prière dite, il se restaura de quelques galettes de blé noir, puis s'en fut auprès de ses conseillers et cadis pour évoquer avec eux les termes du traité. Comme la veille, le débat fut houleux. Tous s'accordaient à la signature de la paix, mais nombreux étaient ceux qui rechignaient à abandonner la moindre forteresse. Il n'eut qu'à leur brandir la menace d'un roi d'Angleterre tout juste calmé pour qu'à la fin du jour ils ratifient les termes et se déclarent prêts, cette fois, si le Lion s'y tenait, à les lui faire signer. Il les quitta sans regret pour gagner ses appartements, situés dans le haram al-Sharif. Une simple chambre au lit branlant. Celle

1. Château de Saladin, dit « de Saône », en Syrie.

qu'avait autrefois occupée Eudes de Saint-Amand. D'ordinaire, il quittait cimeterre et poignard avant de s'étendre sur le dos, les mains croisées sur sa poitrine. Convaincu par ce frémissement en lui que c'était pour cette nuit, il les garda sous la couverture puis ferma les yeux. Dans la pièce, la chandelle continuait de draper les murs de lueurs fantomatiques. Les quelques gouttes de jasmin mélangées à la cire lors de sa fabrication parfumaient l'espace clos. Elles l'aidaient, en principe, à trouver le repos. Il savait que, cette fois, elles n'y suffiraient pas.

Le loquet de la porte ne bougea qu'un long moment plus tard. Il avait fini par s'assoupir. Pas assez pour ne pas tressaillir du frôlement d'une babouche sur le sol. La bougie brûlait ses dernières réserves. Ce lui fut suffisant pour, entre ses paupières entrouvertes, voir s'approcher le félon. Saladin attendit qu'il fût au-dessus de lui, le poignard à la main, comme en ses jeunes années, pour arracher le sien et le lui glisser sous le cou. Ils demeurèrent ainsi, souffle contre souffle, yeux dans les yeux. L'obscurité retombée d'un coup avala l'affrontement de leurs regards. Yussûf en profita pour se rejeter en arrière. Dégagé de la menace de son père, il planta sa dague. La lame s'enfonça dans l'oreiller. Saladin s'était déjà écarté. Tel un fauve, il bondit sur son fils, roula à terre avec lui, lui gifla le visage d'une main, tenta de lui arracher son poignard de l'autre.

— Il faudra me tuer, père, cracha le maudit, en se débattant pour reprendre le dessus.

Yussûf avait pour lui la force, la jeunesse, et les enseignements guerriers du mage noir. Saladin ne s'y trompa pas. À l'instant où son fils parvint à le basculer sous lui, il sut qu'il ne pourrait le ramener dans la lumière. Lors, sans hésiter, il donna assez d'élan à son bras pour pénétrer la cuirasse qui habillait les côtes. L'acier s'enfonça, profondément. Yussûf éructa de surprise et d'un filet de sang. Sa main qui enserrait le cou de son père se fit molle. Tandis qu'il retournait la lame dans la plaie, le sultan se dégagea. D'un mouvement de reins, il projeta le corps devenu lourd par côté, puis se rua vers la porte pour hurler à l'aide et réclamer un médecin.

Moins d'une minute plus tard, un flambeau illuminait la pièce. Une flaque de sang baignait le corps recroquevillé sur lui-même. Saladin n'avait pu recueillir qu'un mot avant que son fils ne trépasse : un « pardon » trop tard esquissé dont il savait qu'il ne se remettrait jamais.

36

Vallée du Jourdain.
9 août 1192.

La fièvre épuisait Richard. Elle l'avait saisi par traîtrise au lendemain même de ses exploits. Comme si sous cette cuirasse de prouesses s'était infiltré un ennemi pernicieux. Le duc de Bourgogne s'était présenté avec son armée alors que le roi s'abattait sur sa couche, à la limite du délire. Il l'avait renvoyé à Tyr d'une main molle. Qu'avait-il à faire de tant d'hommes supplémentaires à présent que bataille était gagnée, Saladin déterminé à traiter ? Hugues de Bourgogne s'était renfrogné. Il avait espéré la mort du Lion, il le trouvait à terre certes, mais redoré de prestige et capable, malgré sa mauvaise mine, de mener encore ses affaires. Il n'était resté que le temps de se restaurer et de confier à cette maladrerie qui voisinait Joppé une vingtaine de ses soldats, atteints par la mort noire[1]. L'épidémie allait grandissant. Avant d'avoir regagné Tyr, il aurait perdu la moitié de ses hommes. Il repartit sans avoir salué Richard. Ce dernier ne s'en porta pas plus mal. Au contraire ! Il le devinait furieux

1. Peste.

à l'idée de devoir annoncer au roi de France la déconfiture totale de ses barons. Richard s'en gobergea. Tous ses détracteurs s'étaient rendus à la raison en acceptant enfin le démantèlement des fortifications d'Ascalon, réclamé par Saladin. Il était temps. Son trésor était épuisé. Il n'avait plus de quoi entretenir sa propre armée. Si on y ajoutait la malemort, combien d'illustres croisés resteraient encore pour veiller sur ces places chèrement regagnées ? Hugues de Bourgogne avait beau grogner, il était comme les autres. Il savait, comme tous, que négocier était devenu, tout honneur mis à part, plus que nécessaire.

Ce 9 août, ce fut entouré d'émirs et de cadis que Saladin se présenta devant le roi d'Angleterre. L'entrevue avait été organisée à mi-chemin entre les cités de Joppé et de Jérusalem, en rase campagne. Un pavillon de toile, piqué d'étendards, avait été dressé pour l'accueillir. Richard pensait boucler l'affaire en quelques heures, mais le soleil déclinait que les clauses du traité n'étaient encore finalisées. Il ruisselait d'une fièvre regagnée au fil de la journée, malgré les décoctions qu'on lui avait apportées. La chaleur, toujours oppressante, accablait chacun, pourtant l'on achoppait sur des détails. Un seul préoccupait Richard : cette inquiétude douloureuse dans le regard de Saladin, comme lui, témoin silencieux, ou presque, de ce combat de juristes. Il finit, épuisé, par se dresser, en bout de cette table où arabe et langue romane se disputaient le dernier mot dans la bouche des traducteurs.

— Je suis las de verve inutile ! Déblatérez, déblatérez autant qu'il vous plaira. Je me retire.

Le silence se fit. Il se tourna vers Saladin.

— Tu as sans doute remarqué, illustre sultan, un pavillon, plus intime, planté à quelques pas de celui-ci. Te siérait-il de m'y accompagner ? Cette bataille de papier ne vaut rien à mon appétit guerrier.

— Ce me serait insigne honneur, grand roi.

Saladin se fendit, en arabe, de deux ou trois remarques à l'encontre de ses conseillers, trop teigneux à son goût, puis, à l'exemple de Richard, quitta cet espace clos étouffant de chaleur et de vociférations.

— Fièvre ? demanda-t-il sitôt qu'ils furent seuls.

— Elle ne me quitte pas, avoua Richard, en allongeant un pas vacillant en direction de la tente.

De part et d'autre du périmètre où se menaient les négociations, musulmans et chrétiens placés en faction se surveillaient les uns les autres. Merchadier était des leurs.

Richard lui fit signe d'approcher.

— Fais-nous porter des rafraîchissements et des dattes.

Du temps que son amant relayait ses ordres, il souleva le pan de toile et invita Saladin à entrer. Ils se retrouvèrent dans une pénombre apaisante, trouée de fils de lumière qui rasaient le sol. Un tapis, surélevé de coussins épais, à l'orientale, étouffait la prairie.

— Assieds-toi, mon ami, insista Richard en prenant place.

Ils se firent face. Richard écrasa ses tempes sous ses pouces.

— Je te laisse ce pays sans regret, soupira-t-il, à peine soulagé par son massage.

— Je connais la nature de ton mal. Il survient par trop de soleil sur la tête.

Richard grincha, sans animosité.

— Alors je te le dois.

— Non, mon ami, tu le dois au duc de Bourgogne, ce félon, qui me fit porter billet par l'un des miens, devenu son esclave.

Richard fronça les sourcils.

— Explique-toi.

Le rabat se souleva, cédant place à un valet porteur d'un plateau et d'une chandelle. Saladin attendit qu'il les dépose entre eux, leur serve du thé à la menthe puis ressorte avant de répondre :

— Il m'affirmait que tu n'avais évoqué ce traité que pour me détourner de Beyrouth, ton véritable objectif.

— Le chien ! Comment l'as-tu pu croire, mon ami, après l'échange que nous eûmes à Jérusalem ?

— Je n'ai rien cru. J'ai riposté pour d'autres raisons.

La saveur douce du thé ne parvint pas à guérir Richard de sa migraine. Il balaya l'air de sa main pour inviter le sultan à préciser. Saladin tira un étroit rouleau de parchemin d'une aumônière de cuir rouge.

— Les caractères sont petits. Il te sera difficile de les déchiffrer avec si peu de lumière, mais tu reconnaîtras sans peine la signature d'Eloïn.

Richard hocha la tête.

— Je t'écoute.

— Cela se résume ainsi : les tiens sont saufs et le mage noir détruit.

Le voile de douleur se déchira d'un bloc au front de Richard.

— Tous ?

Saladin se troubla.

— Presque. Gwalf y a perdu la vie. J'ai dû, de mon côté, sacrifier mon propre fils. Celui qui avait enlevé le tien.

Un élan de tristesse emporta le cœur de Richard. Quelques minutes durant, il s'accorda à celle qui, visiblement, assaillait le sultan. Puis, Saladin l'ayant dispersée dans un profond soupir, il revint à la charge :

— Cela ne m'explique toujours pas l'attaque de Joppé.

— Le Vieux de la Montagne a tenté de pénétrer mon esprit, de forcer ma colère. Eloïn m'a demandé d'y céder, afin que nous puissions tromper le mage et l'assurer de notre faiblesse. Elle fut près de toi dans la ville. Sans doute aussi face à l'armée de mon frère.

— J'ai perçu sa magie, en effet.

Saladin lui décocha un sourire moqueur.

— Sans elle, il t'eût été plus difficile de vaincre.

— Je l'admets. Mais à part toi et moi, nul n'en saura rien, lui rétorqua Richard sur le même ton.

Ils partagèrent un rire de connivence, quelques dattes juteuses dans le compotier.

— Le Graal noir ?

— Récupéré parmi les effets de mon fils. Je n'ai pas ouvert le coffret qui l'abritait, j'ai jugé préférable qu'Eloïn le fasse. Je le lui remettrai, comme convenu, à la veille de son départ.

— Ne veux-tu rien en échange ?

— Si…

Le cœur de Richard manqua un battement.

— … la paix.

Saladin leva son gobelet.

— Alors, à la paix, mon ami, lui répondit Richard, soulagé, en portant le sien à ses lèvres.

Ils n'eurent guère le temps d'en savourer davantage. Merchadier se présenta pour leur annoncer que les clauses du traité étaient enfin établies et leur présence réclamée.

Complices, ils quittèrent cette alcôve pour reprendre leur place en bout de tablée, sous la tente des négociations, et écouter un des cadis changer leur espoir en réalité.

L'accord portait sur une trêve entre chrétiens et musulmans d'une durée de trois ans, trois mois, trois jours et trois heures. Tous les territoires côtiers du sud de Joppé jusqu'au nord de Tyr seraient sous la juridiction des croisés. Les forteresses de Haïfa, Césarée, Tyr, Joppé, Acre, parmi les plus fameuses, pourraient être ou rester fortifiées. Seule Ascalon serait démantelée. Quant à Jérusalem, les pèlerins pourraient y affluer, affranchis de vexations et de taxes, se rendre au Saint-Sépulcre et y assister à la messe. Il en serait de même de Nazareth et de Bethléem où des offices religieux seraient célébrés sous le couvert, chacun, de deux prêtres et deux diacres. Si les deux monarques acceptaient ces conditions, le traité serait appliqué dès Pâques de l'année suivante. Jusque-là, les deux armées devraient cesser tout combat.

— Cela me convient, affirma Richard, haut et clair.

— À moi aussi ! approuva Saladin.

— Il reste la question de la Vraie Croix ! s'interposa l'archevêque de Rochester qui représentait l'Église.

— Je m'engage solennellement à ce qu'elle retrouve sa place, à Jérusalem, édicta Saladin.

L'archevêque dodelina de la tête. Il eût aimé, visiblement, s'octroyer victoire sur ce sujet-là. Réjoui devant sa déception tant celui-là lui était épine au talon, Richard ajouta :

— Je propose une signature le 2 septembre, le temps à tes scribes et aux miens de rédiger l'acte.

— Cela me semble parfait ! s'exclama Saladin.

— En ce cas, ce soir, musulmans et chrétiens partageront le même pain. Tu es mon invité, illustre sultan !

On se leva. Richard et Saladin quittèrent la tente les premiers, suivis par cet aréopage épuisé de n'avoir, somme toute, qu'achoppé des heures sur des détails.

Ils n'avaient pas encore dépassé la seconde tente que Merchadier s'avançait, tenant par la bride un destrier.

Richard se tourna vers Saladin.

— Il est à toi, mon ami, pour sceller notre entente. Il est loin de valoir Fauvel, mais il fut mien.

Saladin tiqua :

— Je croyais que ton destrier avait été abattu sous toi, dans la bataille.

— C'était un autre que, pressé par tes guerriers, j'ai dû enfourcher à sa place. Le geste de ton frère, d'ailleurs, m'a prouvé, une fois de plus, que l'esprit chevaleresque n'était point réservé aux chrétiens. Je regrette qu'il n'ait pu devenir mon beau-frère par la faute de quelques-uns.

— Seule la volonté d'Allah tisse nos destins.

Richard lui retourna son sourire. Si ce maudit archevêque n'avait été derrière eux, il aurait souligné qu'Allah avait, néanmoins, eu besoin, ces derniers jours, de la magie d'Avalon. Ç'aurait été inutile. L'œil du sultan venait de pétiller d'une lueur de connivence. Richard se sentit bien.

Saladin flatta l'encolure tressée de rubans. Caparaçonné aux couleurs de l'Aquitaine, l'animal avait fière allure.

— Je te sais chantre, en plus de tes talents guerriers, ô grand roi. Je serais doublement honoré si tu m'accordais de t'entendre, lui demanda-t-il.

— Je manque de troubadours, ici, pour te donner à voir les vraies couleurs de mon Aquitaine.

Saladin pencha la tête de côté, un étrange sourire au coin des lèvres.

— Qui sait ? mon ami, qui sait ? D'ici à la nuit tombée, peut-être pourrions-nous en voir arriver quelques-uns ?

Il disait vrai.

37

… Mon còr ai en amor,
E l'esperit lai còr,
Et ieu si-m soi çai alhor
Lonh de lèis en França.
Ieu n'ai la bon'esperança
Mas petit m'aonda,
Com la naus en l'onda[1]*…*

Ce fut cette canso de Bernard de Ventadour qui nous guida au travers des tentes éparses. La délégation chrétienne voisinait la musulmane dans ce modeste campement. La voix de Richard planait au-dessus de lui, brouhaha épais que sa lumière, pourtant, ne franchissait pas. Nous en fûmes frappés. Même si le traité était établi, les lames rangées au fourreau, méfiance et rancœur habitaient toujours les visages. Dans la lueur des foyers autour desquels ils faisaient cercle, les soldats ne se mélangeaient pas.

1. Mon cœur est en amour,
Mon esprit vers lui court,
Mais mon corps de mal encourt
Loin d'elle en France.
Je n'ai de meilleure espérance
Que d'errer en balance,
Telle la nef sur l'onde…

Chacun avait perdu quelque chose ou quelqu'un dans cette guerre. La haine était toujours là. Dans les villages détruits, les forteresses pillées, dans ces prairies changées en cimetières, dans les rivières souillées du sang des innocents, des femmes violées, des vieillards torturés. La Terre sainte en était tant imprégnée depuis la première croisade que ce pain partagé leur en ramenait le goût en bouche. Il ne passerait pas. Pourtant, le harassement affaissait les épaules, les mentons, les cernes. Troublant les notes de la chanson, ils échangeaient quelques mots, qui en arabe, qui en roman, en restant sur leurs gardes pour éviter celui de trop. Rien n'était signé encore. Tout pouvait s'embraser. Ils n'étaient là que pour servir d'escorte à leur roi, à leur chef. Ils n'étaient là que pour garantir à ces deux-là qu'ils repartiraient vivants. Pourtant, tous avaient besoin de cette tolérance retrouvée. Tous avaient besoin de la paix, mais personne, encore, n'y avait suffisamment goûté pour savoir ce qu'elle signifiait ou pour y croire et s'y abandonner.

… Del mal pes que-m desenança
Non sai ont m'esconda
Tota nòit me vir' e-m lança
Desobre l'esponda.
De Tristan l'amador
Que-n sofrí mainta dolor…

… Per Iseèut la blonda[1]… continuait de chanter Richard entre deux accents de citole.

1. Dans la douleur de son absence
J'appelle à délivrance
Toutes les nuits je m'élance

Depuis quelques minutes, nous avancions sur cette frontière poussiéreuse que le chemin maintenait entre les soldats. Nous attirions leurs regards, leur surprise, leurs interrogations muettes. Ils ne pouvaient deviner nos armes à nos ceintures, dissimulées sous un fin manteau sans manches. Nous avions cessé de leur ressembler. Eloïn l'avait voulu ainsi. En quittant Magdala, nous avions choisi des bâtons de pèlerin. De sobres besaces de cuir, passées en bandoulière à nos cous, barraient nos poitrines. Nos cheveux tressés étaient recouverts d'une toile que retenait au front un bandeau de jonc. À nos pieds, de simples sandales de corde. Malgré ces épuisantes journées de marche sous un soleil cuisant, ma fille nous avait réappris le bonheur simple, puissant, d'être ensemble, tous ensemble, dans cette vallée d'abondance qu'offrait le Jourdain.

… Ai Dieus ! ar semblés ironda,
Que volés per l'aire,
E vengués de nòit prionda
Lai dins son repaire.
Bona dòna jausionda…

… Mòr se-l vòstr' amaire[1]… se mit à fredonner Philippe derrière moi, doux écho de son père.

Mais cauchemar gronde.
Même Tristan en sa tour
Ne souffrit d'autant d'amour
Pour Iseult la blonde…

1. … Ah Dieu ! n'étant pas hirondelle,
Pour traverser les airs,
Je ne peux dans la nuit belle
La rejoindre outre-mer.

Eloïn avait suivi l'affrontement de Saladin avec son fils. Elle avait assisté à la fin du maudit. Aux larmes du sultan. À l'ensevelissement du corps dans le Saint des Saints, près du coffret de cèdre contenant le Graal noir que Saladin s'était refusé à ouvrir. Elle avait rendu hommage à sa force d'esprit, à ce pardon demandé puis donné qui, par son amour absolu, valait, à lui seul, toutes les incantations de magie blanche. Par sa lumière retrouvée, Yussûf serait à jamais le gardien de ce sanctuaire. Nous avions quitté Abel, sa famille, ses amis, sur cette certitude : désormais, nous irions bien.

… Paor ai que-l còr me fonda,
S'aissí-m dura gaire
Dòna per vòstr'amor
Jonh las mans et ador !
Gents cors ab frescha color…

… *Grand mal me faitz taire*[1] !... continuait d'implorer Richard au loin.

Comme nous, pourtant, il avait appris la patience. Nous avions tous changé. Les événements, les rencontres nous avaient changés. Au fil de cette longue marche, nous nous étions réappris les uns les autres. Nous étions plus qu'une famille. Nos âmes

---

Ma dame, qu'amour révèle,
Mon cœur s'appauvrit d'hiver…
1. Et j'ai peur qu'il se morcelle,
En restant loin de vous.
J'implore votre amour
Mains jointes et cœur lourd
J'ai froid dans mes atours
Si grand mal me rend fou !

n'étaient plus qu'une, fragment de cette terre qui nous avait rendu nos racines. Nous formions les huit. Ce chiffre qui, couché, annonçait l'infini. La peur s'était effacée du regard de Jaufré, cette peur de m'y perdre. Chacun de nous avait désormais le cœur serein. Même moi. Il n'était pas une nuit où Gwalf ne m'apparaissait, auréolé de lumière, encadré par ma mère Aude et sa sœur qui m'avait élevée après sa mort, Guenièvre de Grimwald. Tous trois berçaient mon sommeil d'un tel flot d'amour qu'au matin ma blessure semblait moins profonde.

« La magie est partout, il suffit d'esgarder[1] pour la voir, pour l'entendre, pour la respirer », m'avait appris ma tante.

Cette magie marchait dans les pas d'Eloïn en cette nuit du 9 août. Elle marchait au milieu des chevaliers, des cadis, des conseillers, des évêques, assis autour du feu en rangées concentriques, le visage tendu vers Richard qui, au travers des mots d'un autre, appelait sa dame en fixant Saladin.

… Qu'el mond non a nul afaire
Dont ieu tan consire,
Quand de lèis aug ren retraire
Que mon còr no-i vire
E mon semblant no-m n'esclaire,
Que que-m n'aujatz dire
Si qu'adès vos èr vejaire
Qu'ai talant de rire[2]*…*

---

1. Regarder.
2. … Au monde nulle autre affaire
Ne m'occupe tant,
Parler d'elle à voix claire

Nous ne le laissâmes pas achever son refrain. La voix d'Eloïn franchit les cercles, allongée par les nôtres, comme la sienne, vibrantes d'émotion.

... *Tan l'am de bon'amor*[1]...

Il se retourna. Saisi, il se tut. Nous aussi. Elle continua :

... *Que maintas vetz en plor*[2]...

Il s'approcha, les traits illuminés par sa lumière.

... *Per o que melhor sabor*[3]...

Croisés et musulmans s'écartèrent pour la laisser franchir leurs rangs. Chrétien de Troyes, béat, pinçait toujours les cordes de son instrument.

... *M'en an li sospire*[4]... s'acheva la canso dans leurs voix rejointes.

La seconde d'après, hérissant le poil des représentants de l'Église, mais soulevant les « Noël » des Aquitains, Eloïn tombait dans les bras de son roi.

Rend mon pas chancelant.
Et pourtant je m'éclaire,
Rien qu'en y pensant
Je ne peux plus me taire
Je reste souriant...

1. ... L'aimant d'une belle ardeur...
2. ... Je l'étreins dans mes pleurs...
3. ... Ils ont douce saveur...
4. ... Je vais, soupirant...

38

Vallée du Jourdain.
10 août 1192.

Une chandelle brûlait, posée au sol, entre eux. Face à face, nus sous cette tente royale vidée de ses gens, ils se réapprenaient du regard, en silence. Du dehors leur parvenaient les cris des oiseaux de nuit, quelques pas étouffés par l'herbe, la conversation feutrée des gardes en faction :

— Tout est calme ?

— Tout est calme.

Cela ne les troublait pas. Ils avaient tant attendu ce moment qu'ils ne voulaient en perdre une seconde. Ils l'avaient imaginé tout le temps qu'avaient résonné les cansouns autour du feu. Ils l'avaient sous-entendu dans cette brève étreinte des retrouvailles. Ils l'avaient désiré tandis que joie enflait, qu'accolade se donnait, que rires se partageaient, que peur s'évacuait. Ce fut une festoie mémorable. Une festoie qui prouvait que la tolérance religieuse était possible, que toute foi avait sa place en ce monde et que la véritable magie, celle qui les unissait toutes devant le Créateur, se trouvait dans ces bras refermés, ces larmes mêlées, ces cœurs emballés. L'amour était une célébration de l'âme, un chant qui défiait le temps et l'espace. Un chant qui participait à la construction du Grand Tout. Jamais ils n'en eurent tant conscience. Le musulman et le chrétien partagèrent, des heures durant, le même sentiment de complétude, assis côte à côte, Eloïn entre eux. Geoffroy avait enlevé une viole des mains d'un jeune trouvère, Jaufré avait accepté la citole de Chrétien de Troyes. Leurs voix s'étaient mêlées en hommage à l'élégance et à la vigueur de Saladin, à Richard, au temps qui passe mais ne démérite ni les preux ni les courtois. Puis des gestes de croisade avaient été interprétées par quelques grands noms de la chevalerie anglo-normande, relayées encore par des comptines sarrasines dans la bouche de Saladin. Ils s'étaient séparés tard dans la nuit, chacun rejoignant pavillon. Seuls les feux, piqués çà et là, avaient continué de pétiller sous l'effet du vent, libérant en direction des nuées scintillantes leurs propres étincelles.

Elles brillaient encore dans leurs yeux. À l'instant de se retrouver seul avec elle, Richard avait éprouvé le même émoi que ce jour où, cédant enfin à son amour, il l'avait embrassée sous le grand chêne, près du baptistère Saint-Jean, à Poitiers. Il avait soulevé le rabat de cuir de sa tente. Cette nuit, il ne la partagerait qu'avec elle, à même le sol, sur ces nattes accolées l'une à l'autre, avec, pour seule couverture, la chaleur de leurs souffles mêlés. Elle s'était glissée par l'ouverture, s'était avancée de quelques pas, puis s'était penchée pour déposer la chandelle au sol. Le temps qu'elle se relève, Richard avait ôté ses heuses et l'avait rejointe. Elle était restée là, dos à lui, offerte, soumise à ces jeux dans lesquels, si souvent, il l'avait entraînée. Le bandeau de front détaché, le voile de sa coiffe écarté, il avait défait sa tresse. Alors seulement il l'avait attirée à lui, ceinturée des deux bras contre son torse épais. Leurs souffles courts, leurs gorges nouées avaient étouffé les mots. Il avait enfoui son nez dans cette chevelure ambrée que les vents de plaine avaient embaumée de jasmin et de fruitiers, l'avait humée pour en retrouver l'essence. Ils s'étaient bercés de longues minutes durant, enlacés à n'en plus faire qu'un.

Puis, lentement, Richard s'était écarté d'elle. Elle le connaissait bien. Elle avait attendu. Il avait descendu le long de ses manches le fin manteau de lin. Tout en elle vibrait du simple contact de ses doigts sur le tissu. Il lui avait fait face, avait cherché son regard dans la douce lueur de la chandelle. Elle lui avait souri. Retenant son impatience, il avait parcouru ses lèvres d'un index gourmand, délignant le charnu avec l'envie d'en forcer la barrière. Il y avait résisté, encore, avait épousé la forme du cou dans sa paume ouverte, refermé ses doigts sur les fils du corsage. Eloïn était restée immobile. Chaque rang délacé lui suspendait un battement de cœur. Lorsqu'il avait posé les mains sur ses épaules, elle avait fermé les yeux, mordu sa lèvre inférieure, senti sa nuque se cambrer en arrière sous le poids, déplacé, de sa longue chevelure de miel. Tout en elle était désir. Le simple froissement du lin descendant lentement le long de son corps en avait accentué le supplice. Il l'avait abandonnée là, brûlante, plaçant la chandelle devant elle, reculant de quelques pas pour l'admirer dans son entier. Cette poitrine affermie par les combats, cette taille dont il pouvait de nouveau faire le tour de pleines mains, ces hanches solides, ces jambes fuselées. De proportions parfaites, de carnation parfaite, elle lui avait semblé une de ces statues grecques dont la demeure du roi de Messine se parait. Jamais il ne l'avait trouvée si belle.

— À moi, avait-elle dit enfin, la voix rauque, en enjambant ses vêtements à terre.

Déchaussée d'un pied sur l'autre, elle avait contourné la chandelle, s'était avancée.

Il s'était laissé déshabiller avec la même patience. Le même goût de l'instant. Son vit avait jailli de ses braies affaissées, dressé telle une bannière. Elle y avait imprimé ses doigts, une fraction de seconde, avant de les retirer. Il s'était fait violence pour contenir son embrasement. Elle lui avait pris la main, l'avait emmené près de la chandelle. Elle s'était écartée de lui, s'était placée de sorte que la lumière les éclaire, tous deux, en même temps.

Depuis, ils se jouaient des ombres mouvantes comme d'une caresse. Si celui d'Eloïn était intact, le corps de Richard portait la marque des combats. Des cicatrices en forme d'étoile, de rayure, de cercle. Chacune d'elles racontait une histoire qu'elle avait accompagnée de loin. Chacune d'elles était un jour sans lui, un jour dans lequel elle avait grandi, sans faim. L'appétit lui revenait dans les yeux, dans les seins, dans le ventre. Un appétit vorace.

D'un pied décidé, elle écarta la chandelle. Il déglutit, le cœur bondissant dans la poitrine. Il connaissait ce voile de convoitise sur ses traits. Il attendit, le souffle court. Elle s'immobilisa, effleura son visage d'un baiser. Elle le fit glisser lentement sur son torse, son ventre, l'intérieur de ses cuisses, sans jamais seulement frôler son sexe. La paume de Richard s'impatientait dans sa chevelure, refusant pourtant de se refermer sur sa nuque, de lui ravir son content. Ondulante, elle montait, descendait, s'écartait, se rapprochait, ajoutant le contact léger et mouvant de ses doigts au creux des reins, d'un genou le long de sa cuisse, d'un sein le long de son bras. Contact impromptu, qui faisait tressauter le vit sur son lit de broussaille. Richard en devint fou de frustration. Il finit par l'attirer contre son pubis dans un feulement. Elle ouvrit la bouche, se laissa pénétrer avec douceur, se troubla de le sentir gonfler plus encore. Il se retira presque aussitôt, l'enleva dans ses bras pour l'étendre sur la natte. Elle s'arqua sous l'humide de cette langue qu'il promena sur sa peau jusqu'à écarter ses lèvres, dans la touffeur rousse de son bas-ventre. Elle étouffa un gémissement, s'abandonna. L'onde qui la parcourut lorsqu'il l'amena au plaisir irisa sa peau d'une lumière d'ambre. Il en captura l'écho, le lécha tel un nectar qu'il acheva de boire à son sein.

— Viens, gémit-elle, en lui relevant le visage, bouleversée.

Il se coula sur elle, la pénétra avec la délicatesse d'un chantre. Leurs corps s'embrasèrent. Refusant de taire davantage ce feu que le temps perdu avait entretenu au loin, il planta son regard dans le sien.

— Je t'aime.

Elle n'eut pas le temps de répondre. Il prit sa bouche comme il prit son ventre. Avec l'ardeur d'un guerrier décidé à mener un corps à corps sans fin.

39

Vallée de Tibériade.
10 août 1192.

Le jour pointait qu'ils n'avaient toujours pas dormi. Corps à corps éperdus, rires étouffés, serments échangés. Rien n'avait réussi à épuiser leur besoin d'être l'un pour l'autre, sinon, soudain, le souvenir de leur enfant perdue. Ils sentirent si vivement et si conjointement sa présence qu'Eloïn releva sa joue du torse de Richard à l'instant où lui sursautait. Anne venait de se glisser entre eux comme autrefois son frère, saisi d'une peur nocturne dans la chambre voisine.

Ils prononcèrent son nom en même temps.

— La perçois-tu aussi ? s'enquit Eloïn, troublée.

— Oui.

Leur souffle se fit court. La sensation s'était déjà diluée. Demeura le manque d'elle. Vif. Profond. Ils se redressèrent, côte à côte, tendus. Depuis cette paillasse posée à même le tapis de sol, ils sondèrent l'obscurité autour d'eux, comme si la fillette pouvait encore leur apparaître. Quelques bruits extérieurs perçaient le cuir de la tente. Le campement s'éveillait. Richard enroula son bras droit autour des épaules d'Eloïn. Elle s'y pelotonna, glacée. Prise par la nécessité de lutter contre le mage noir, elle avait refoulé loin en elle sa déchirure. Avant de pouvoir délivrer Anne, c'était à Philippe qu'elle avait dû penser. Puis à la survie de tous. Puis à cet homme qu'elle avait délaissé pour son devoir.

— C'est la première fois, trembla la voix de Richard.

Il venait de glisser ses lèvres dans sa chevelure emmêlée. Elle tourna la tête vers elles, les chercha, y déposa un baiser humide.

— Je sais, amour.

— Comment est-ce possible, Eloïn ? La magie ne fait pas partie de moi.

— Mais elle fait partie d'elle. Je le sais depuis sa naissance. Et l'amour que nous nous sommes donné cette nuit était tel qu'il a nourri cette magie. Elle nous a sentis.

— Elle est si petite…

Eloïn sourit dans la pénombre.

— La magie est sans âge, ne te l'ai-je suffisamment répété dans nos jeunes années ?

Elle frémit de la caresse de ses doigts dans ses cheveux.

— Si. Cela et tant d'autres choses que j'ai oubliées. Je ne veux plus, Eloïn.

— Moi non plus, Richard. Mais la marche du monde nous impose nos choix.

Il soupira.

— Le traité signé, mon devoir sera de regagner au plus tôt l'Angleterre. Pourtant, en cet instant, et plus encore que les jours, les semaines précédentes, je n'aspire à rien d'autre qu'à récupérer notre fille des mains de ce scélérat de roi de France.

— Elle est en vie et bien soignée. Cette sensation d'elle que nous en avons perçue me permet de l'affirmer. Pour le reste, je fais confiance à mon instinct de mère et à cette magie que nous partageons. Quel que soit l'endroit où Philippe Auguste la détient prisonnière, je la retrouverai.

— Est-ce à dire que, dès demain, je devrai te perdre encore ?

Elle s'écarta de lui pour lui faire face, enroula sa paume à sa joue mangée de barbe.

— Non. Je ne quitterai pas la Palestine avant la signature du traité. Il est primordial pour cette terre. Et puis, nous n'en avons pas tout à fait terminé.

— Je croyais le mage noir détruit ?

— Il l'est. Mais j'ai besoin des deux pierres de lune pour réunir les Graals, rétablir l'équilibre des forces et, par là même, rendre sa pureté à Brocéliande. Or mère n'a plus la sienne et nous savons par les garçons que Pierre Basile ne s'en est pas emparé. J'ai échangé quelques mots à ce sujet avec Henri[1] tout à l'heure. Isabelle de Jérusalem n'a pas retrouvé le bijou dans les affaires de Montferrat. Je soupçonne le duc de Bourgogne de l'avoir récupéré à la mort de ce dernier.

Les mâchoires de Richard se crispèrent.

— Ce chacal ! Il n'en finit pas, depuis mon arrivée en Palestine, de ruiner ma réputation et de contrecarrer mes projets ! Cette fois, c'en est assez ! Il va lui falloir me rendre des comptes ! Quand je pense que je le tenais au bout de mon épée et que ce rat d'archevêque me l'a fait lâcher !

1. De Champagne...

Le rire léger d'Eloïn ne parvint pas à rabattre sa colère. Elle le prit par les épaules, le coucha sous elle.

— L'archevêque a bien fait, mon impétueux amant ! Il m'aurait ennuyé d'avoir à invoquer la magie noire pour lui arracher *post mortem* la cachette de la pierre…

La chaleur de son corps moulé au sien lui fit enfin lâcher prise. Elle le sentit de nouveau durcir contre elle. Elle lui emprisonna la tête entre ses coudes repliés, chuchota sur son souffle :

— Nous allons regagner Acre, retrouver Jeanne et Bérangère qui m'ont si souvent manqué, puis, tandis que je profiterai de toi à en user cette bannière indomptée, les nôtres iront à Tyr, chatouiller Hugues de Bourgogne sans que tu puisses en être accusé.

— Voici qui me plaît… Et ensuite ?

— Ensuite, nous festoierons. Jusqu'à notre départ pour l'Occident. Jeanne et Bérangère vogueront de leur côté sur une galée pour plus de confort et de sécurité, toi sur la *Franche Nef* dont nous connaissons tous deux la rapidité, et moi avec mère et nos chevaliers sur le navire de Bernard le Haut. Une fois les Graals blanc et noir réunis et placés en sécurité avec les pierres de lune, j'irai récupérer Anne.

— Tu me rejoindras en Angleterre après ?

— Oui. Avec nos enfants.

— Embrasse-moi, gémit Richard, vaincu par ses arguments.

Elle frôla ses lèvres tout en cherchant une trace de magie autour d'eux. Elle ne trouva que celle de leur complicité. Anne n'était pas capable encore de maîtriser ses pouvoirs. Elle avait dû se dédoubler dans son sommeil. Énergie pure appelée par les siens, elle n'avait fait que passer. Eloïn se sentit en paix. Rassurée à la fois sur son sort et sur l'intimité qui les cernait.

Elle fit coulisser son bas-ventre sur ce vit dressé. Ils avaient peu de temps avant qu'autour de cette tente mouvements et voix leur rappellent que le campement allait être levé. Elle avait bien l'intention, une dernière fois pour ce jourd'hui, d'en profiter.

40

Acre, Palestine.
15 août 1192.

En la cité d'Acre, nous fûmes accueillis avec le même emportement par Jeanne, Bérangère et la fille d'Isaac Comnène. Dès l'instant de notre arrivée, nos rires répondirent aux cris des oiseaux de mer, nos chants au froissement des vagues qui caressaient les remparts. Nous avions tant à raconter. Tant à partager.

Seul le regard de Geoffroy, parfois, s'ombrait de langueur. Agnès lui manquait ; sa fille et son autre fils, restés près d'elle, lui manquaient. Il avait décacheté, l'une après l'autre, les lettres qu'elle lui avait envoyées et que Jeanne lui avait mises de côté. Être parti à ma recherche, puis à celle d'Eloïn, puis de la vérité concernant Godefroy, l'avait éloigné d'elle. Chaque mot que son épouse avait tracé, refusant de le tenir pour mort malgré son mutisme, lui avait rappelé l'immense solitude dans laquelle il l'avait enfermée. Elle n'avait cessé de lui donner des nouvelles du Blayais, de Clothilde et du petit Galaad en Vitrezais, d'Hélie qui repoussait ses épousailles pour qu'il puisse y assister, de Mélisande qui s'était amourachée du seigneur dont son frère était devenu écuyer. À nous aussi, ils nous manquaient. La tourmente passée, le vide des cœurs s'installait. La perspective du chagrin de Clothilde s'ajoutait au nôtre, malgré la bonne humeur qui régnait.

Pourtant, tous, nous avions besoin de cette parenthèse heureuse. Elle nous alanguissait dans un sentiment de sécurité, nous rapprochait les uns des autres.

Chrétien de Troyes ne nous quittait plus, lui non plus. Il avait retrouvé sa faconde et, aiguillonné par notre récit, avait donné une autre tournure à la quête de son Perzival[1]. Ce dernier parti à la recherche de son père, parvenait à un lac, y rencontrait un roi pêcheur qui lui offrait l'hospitalité. La soirée durant, dans la tour de son castel à nul autre pareil, il voyait passer et repasser devant leur table une jouvencelle nimbée de lumière et portant un graal. Un chevalier la suivait, muni d'une lance qui saignait. Un autre portait des chandeliers. Las, n'ayant osé demander pour qui étaient ce graal et cette lance, au matin, il se retrouvait seul dans un château déserté. Il repartait le cœur en peine. Une autre damoiselle, rencontrée dans la forêt, lui apprenait combien il avait eu tort de se taire, car ce graal aurait pu guérir le roi, invalide des deux jambes, et sauver le royaume tout entier. Rappelant les pouvoirs du Graal et notre propre quête sur le lac de Tibériade, l'allégorie était belle. Impossible à déchiffrer pour qui n'en possédait les clefs. J'avais aimé, déjà, son *Chevalier au lion*, qui, en Brocéliande, s'opposait à la cruauté

1. *Perceval ou le Conte du Graal.*

d'un seigneur. En aparté, il m'avait confié que les deux cousins, Calogrenant et Yvain, étaient en fait pour lui Godefroy et Philippe se heurtant au prince Jean pour la succession au trône. Quant au Lion de l'histoire, il s'agissait bien sûr de Richard, qui veillait sur son fils, apprivoisé par l'amour que ce dernier lui portait.

Chrétien de Troyes nous lisait ses paragraphes à mesure qu'il les écrivait. Il voulait lancer Perzival dans la quête du Graal. Une quête que les chevaliers de la Table ronde relaieraient, de sorte que celui qui trouverait la coupe de lumière respirerait l'essence divine. C'était une chanson douce à nos oreilles. Nul ne saurait jamais, en lisant ses lignes, à quel point il s'était, de nous, inspiré. Tandis qu'il déclamait en bonne langue romane, Bérangère et Richard se partageaient Eloïn avec un égal bonheur. Même si nous n'en avions jamais parlé, je soupçonnais quelques jeux ardents entre elles. Elles s'embrassaient, se pressaient des mains, et je reconnaissais de ces regards qui autrefois m'avaient unie à ma reine. Peu importait en vérité. Le bonheur avait retrouvé la douceur de l'été. Dans cette cité d'Acre illuminée de grand soleil, un peu de l'Aquitaine nous revenait.

Les chevaliers de Richard festoyaient avec nous et cette place égayée de bougainvilliers et de jasmins prenait des allures de cour d'amour. Au pied des remparts, pourtant, l'armée des croisés se délitait peu à peu, qui pour retourner dans ses foyers, qui pour chercher fortune, qui pour fuir cette épidémie de mort noire qui grandissait, qui dans l'attente de pouvoir, le traité signé, s'agenouiller devant le

Saint-Sépulcre. Chaque jour, des navires levaient l'ancre, chargeant plus de voyageurs que de denrées. D'autres, de marchands vénitiens, accostaient, les cales emplies, certains que les chevaliers n'avaient pas tous épuisé leur trésor, qu'il en restait à grignoter. Celui de Richard était suffisant encore pour jouir des semaines précédant notre départ. Il voulait manger, boire, danser, rire, chanter, aimer pour oublier qu'avant longtemps, de nouveau, la femme qu'il aimait allait s'éloigner. La perspective de la voir lui ramener leur fille adoucissait sa tristesse, mais ce ne suffisait. Le manque d'elle avait été trop grand ces mois derniers. Il ne se passait pas deux heures sans qu'il l'entraîne à l'écart pour s'en rassasier.

Ce 22 août, Richard venait juste de nous la rendre, plus belle encore de ces joutes amoureuses qui emplissaient son regard d'étincelles, empourpraient ses joues, teintaient de carmin ses lèvres. L'amour lui allait bien, qu'il soit de chair ou éthéré. Il était de même pureté.

Nous marchions sur la plage, éparpillés comme chaque jour, en quête de petits trésors qui serviraient de mises pour nos jeux du soir. En hommage à Gwalf, nous avions perpétué nos parties de dés. À quelques pas derrière moi, Godefroy faisait rouler des galets d'une main à l'autre, les frottant ou les cognant au passage pour rythmer l'air que son père sifflait. Jaufré offrait son bras à Jeanne, pieds nus dans la frange des vagues. En bordure du littoral piqueté de pins et de palmiers, Bérangère lançait un morceau de bois flotté à ce jeune chiot qu'elle avait récupéré. Plus avant,

Aimery de Ulster et Bernard le Haut partageaient un jeu de balle avec les chevaliers du roi ; Henri de Champagne hochait la tête, entraîné par Chrétien de Troyes sur un thème que le vent nous volait. Quant à la fille de Comnène, elle gloussait en compagnie de ce chevalier normand à qui Richard l'avait fiancée.

Philippe cheminait à mes côtés et ceux de sa mère. Marqué par les événements passés, il s'éloignait rarement d'elle ou de moi. Si le manque de Caliburnus s'était éteint avec son flamboiement, il gardait en lui le sentiment d'avoir failli à l'amour qu'on lui portait, de s'être laissé avaler par la noirceur du Graal. Nos paroles et notre tendresse ne parvenaient à effacer en lui son sentiment de culpabilité. Il s'en voulait de la mort de Gwalf, autant que Godefroy sans doute, mais ce dernier était parvenu à l'admettre quand Philippe, lui, pour n'avoir pas assisté au combat, pour s'être laissé piéger physiquement par le Vieux de la Montagne, n'y parvenait. Il n'attendait plus que l'occasion de se racheter, mais Eloïn avait refusé de nous voir nous précipiter à Tyr. Avant que de bousculer le duc de Bourgogne et de récupérer, enfin, ma pierre de lune, elle avait jugé que l'essentiel était de consolider ces liens familiaux que les événements avaient malmenés. Richard avait besoin de notre présence à ses côtés. Comme Philippe, je l'avais admis et en profitais.

Pour l'heure, le roi savourait un sentiment de légèreté. Il s'était écarté de nous pour attraper deux de ces gros crabes qui parcouraient le sable, pinces levées à l'approche du danger. Il s'amusait à les placer face à face, curieux de leur manière de s'affronter. Il disait à la cantonade qu'ils étaient comme lui et Philippe Auguste. Deux carapaces avec des crocs acérés. Évidemment, il s'identifiait toujours à celui qui gagnait !

À l'instant où il lançait nouvelle bataille de crustacés, Eloïn se pencha pour ramasser un galet aux veinures mordorées, en forme de cœur.

— Pour lui, décida-t-elle en le voyant encourager son favori.

Relevant le bas de son bliaud, elle partit à la course pour lui offrir sa trouvaille. Je vis le roi se changer en bouffon, se mettre à caracoler, à rapprocher ce cœur de pierre de sa poitrine, puis l'éloigner, recommencer, de plus en plus vite, les yeux brûlants.

Soulevée par son rire en cascade, la pierre de lune d'Eloïn se mit à danser dans l'échancrure de son corsage. Instinctivement, ma main se porta au mien, avant de retomber. Lorsque j'avais repris connaissance dans ma geôle, ma première réaction avait été de faire de même. J'avais assimilé la disparition de mon pendentif à la destruction de Brocéliande, à la perte de mes pouvoirs magiques. Eloïn avait réussi à me convaincre du contraire. Philippe et Godefroy aussi, relayés ensuite par Henri de Champagne. Philippe Auguste me craignait. Montferrat et Hugues de Bourgogne m'avaient toujours vue comme une sorcière. Il était logique qu'ils m'aient privée du talisman, craignant qu'il n'aide à ma libération puis à ma vengeance. Un sentiment de colère monta en moi. Ce n'était pas le premier que j'avais dû endiguer depuis la mort de

Gwalf. Moi non plus, je n'étais pas guérie de l'idée que j'aurais pu, j'aurais dû l'empêcher. Je ne pouvais revenir en arrière, mais je pouvais agir sur ce qui se passerait demain : reprendre mon pendentif, le sacrifier pour réunir les deux Graals, récupérer Anne, consoler et nantir Clothilde, marier mes fillots avant qu'ils ne repartent au combat, apaiser Aliénor, rabaisser les ambitions de Jean, puis botter le roi de France aux frontières des territoires des Plantagenêts. Je n'en avais pas terminé de ce pour quoi j'étais née.

Cette détermination s'inscrivit-elle sur mon visage ? Restait-il encore au cœur de Philippe un peu de cette magie que Caliburnus y avait amenée ? Sa réflexion, simple écho de mes pensées, me fit sursauter.

— Je crois qu'il est temps de quitter la maisonnée et d'aller reprendre ce qui vous fut volé.

Nous en discutâmes le soir même, à la fin de la veillée. Richard et Eloïn ne s'y opposèrent pas cette fois. Au contraire. Une lettre en provenance de Londres avait été remise au roi à notre retour de la plage. Relayant la dernière missive d'Aliénor, le grand chancelier du royaume affirmait que la popularité de Jean ne cessait de grimper face aux faux arguments qu'il avançait au sujet de Richard : lui était demeuré en Angleterre, à s'inquiéter de son peuple quand son frère ne songeait encore et toujours qu'à asseoir belle renommée. Le Poitevin restait ce qu'il avait toujours été. Davantage épris de musique et d'exploits que de ses sujets. S'était-il jamais, avant son couronnement, inquiété de l'île ? Qui se souvenait de l'avoir vu, véritablement, parcourir ses sentiers, soutenir ses vassaux dans leurs querelles avant que leur père n'ait succombé ? Étrange mort d'ailleurs que celle de ce dernier. Avait-on oublié l'hypothèse du poison ? Avait-on oublié ce sang qui avait coulé de ses narines lorsque Richard était venu le voir sur son lit de mort, comme si le roi, d'outre-tombe, avait voulu désigner son meurtrier ? Philippe Auguste partageait ce sentiment, ayant découvert en Richard, à la croisade, un être vil, sans scrupules ni honneur. Jean et lui étaient si proches désormais que leur alliance contre Richard assurerait la prospérité des deux royaumes. Un argument apprécié par bon nombre de barons anglais. Le chancelier se lamentait. La reine Aliénor avait beau user de son influence, agir sur tous les fronts, on sentait, en Angleterre, que son temps était révolu, qu'on ne lui avait pas pardonné de s'être dressée contre son époux, de lui avoir survécu et de soutenir encore son Aquitain de fils, elle qui avait toujours préféré Poitiers à Londres. Sans le retour de Richard bientôt, Jean se rendrait maître du royaume et offrirait la Normandie à Philippe Auguste qui la convoitait.

— Je n'ai plus seulement un intérêt de père à récupérer Anne, soupira Richard. Privé de son otage, Philippe Auguste sera plus facile à repousser et Jean à mater. Quant à ce chacal d'Hugues de Bourgogne, il y a fort à parier qu'une fois la paix signée il rentrera en France se mettre au service de son roi contre moi. J'en refuse l'idée. Il a bien assez usé ma patience ici !

Godefroy éclata de rire.

— C'est un sanguin, sire. Une fois la pierre de lune récupérée, nous trouverons bien le moyen de lui faire sortir l'épée. Et croyez-moi, après ce que nous venons de vivre, la nôtre est joliment affûtée.

Richard s'étant réjoui à cette idée, Bernard le Haut s'inclina devant lui.

— Si vous le permettez, sire, avec le chevalier de Ulster, je m'occuperai, de mon côté, de rapatrier mon navire en Acre. Non qu'il soit en danger, solidement gardé par mes hommes dans une petite crique difficilement accessible par voie de terre, mais si nous voulons reprendre mer…

C'est ainsi que l'aube frémissante nous vit, troupe solidaire aux destinations finales dissociées, enquiller le chemin bordé d'oliviers qui remontait vers le nord.

41

Tyr, Palestine.
24 août 1192.

Des larmes de joie ruisselaient sur les joues rosées de la reine de Jérusalem. Elle n'avait pas attendu que, succédant à mes hommes, je m'incline avec respect devant elle pour me prendre dans ses bras et me demander de lui pardonner.

— Pas un instant, Votre Majesté, je n'ai douté de votre innocence. Pas un instant, je n'ai songé à vous reprocher votre ignorance. Nous étions toutes deux captives de ce monstre. Toutes deux privées de l'être aimé. Il m'est doux de vous savoir de nouveau heureuse et choyée.

— Je le suis, dame Loanna, oh oui ! je le suis, affirma-t-elle, en tamponnant le coin de ses paupières.

— As-tu pris soin d'elle ? demanda Henri de Champagne en se détachant d'Onfroy de Toron qu'il avait étreint en accolade.

L'œil du chevalier ne dévia pas du sien.

— Ainsi que mon roi et ami me l'avait commandé.

Henri lui pressa l'épaule avec chaleur.

— À voir l'éclat de ses yeux, à la vérité, je n'en doutais.

— Sire, vous me gênez, rougit Isabelle en les baissant.

Il se pencha pour la biser sur la joue.

— Allons mon épouse, je vous taquine. Nous sommes entre nous. Les Rudel connaissent mieux que quiconque votre histoire et celle du chevalier. Ils savent ce qui nous lie tous trois.

Je pris cette main, qui venait de ranger mouchoir à l'aumônière, dans les miennes.

— Votre mari dit vrai, Majesté. Ne jugent que ceux dont le cœur n'a jamais saigné.

Ses yeux pétillèrent.

— Ce n'est pas l'avis de mon confesseur, dame Loanna.

— Qu'il aille au diable ! se mit à rire Henri devant sa légèreté regagnée.

Tandis qu'Onfroy me disait la joie qu'il avait, lui aussi, de me revoir saine et sauve, Henri frappa dans ses mains, héla serviteurs et valets pour que chambre nous soit préparée. Ensuite de quoi il nous fit les honneurs de son palais.

J'avais éprouvé un pincement au cœur en franchissant le portail solidement fortifié de la cité. Même si le bonheur retrouvé d'Isabelle et Onfroy, dont nous avions tant défendu la cause, en avait atténué les effets, il m'en demeurait un sentiment ambigu. Certes, ma captivité durant, je n'avais pas su quelle ville palpitait au-dessus du plafond de ma cellule. Certes, il n'y avait rien de commun entre ces ruelles charmantes aux balcons fleuris, aux visages accueillants, et cette geôle souterraine dans laquelle j'avais croupi. Durant le trajet, Henri de Champagne m'avait tout raconté concernant l'effondrement du souterrain, l'emmurement de la crypte avec en son cœur ces soldats qui m'avaient surveillée.

— Et le muet ? avais-je demandé.

— Son infirmité l'a sauvé. Je n'ai pas eu le cœur, par la suite, de le découdre. Il ne fut qu'un serviteur zélé. Il l'est encore.

Je n'avais pas prolongé l'échange. Je savais qu'il me faudrait recroiser cet homme, passer quelques minutes avec lui, sans mot dire, pour achever de me guérir de ces heures perdues pour les miens, gagnées pour ma propre quête intérieure. Ma manière d'appréhender les derniers événements avait été l'aboutissement de celle-ci. Je m'étais rapprochée de la Loanna de mon jeune temps, celle d'Avalon. Je n'aurais pu autant faire corps avec Marmiadoise et permettre par là à Eloïn de fusionner avec moi, avec l'épée, si je n'avais vécu cette réclusion. Fallait-il pour autant pardonner à mes geôliers la détresse des miens ? Non. Évidemment, non. Le marquis de Tyr avait payé. Restait Hugues de Bourgogne. Le tour de Philippe Auguste, de Pierre Basile et de Jean qui l'avait envoyé viendrait. Pour l'heure, ils étaient hors de portée.

Le dîner ne nous permit pas de croiser le fourbe. Henri l'y avait convié mais, apprenant sans doute ma présence, il s'était fait porter malade. Le roi de Jérusalem lui avait, aussitôt, renvoyé un billet de prompt rétablissement. Il avait ajouté que s'il ne le voyait pas au lendemain, il me conduirait à son chevet, mes potions ayant fait, depuis longtemps, la preuve de leur efficacité.

La porte était à peine refermée sur le valet qui, chandelle à la main, nous avait accompagnés à nos appartements que Jaufré m'enlaça d'une main impérieuse.

— Hey,
Dame de peine et de courage,
À votre époux de long désir
Confierez-vous de quel dommage
Souffrent ces yeux aux noirs soupirs ?

J'enroulai les bras à son cou pour me perdre dans les siens.

— Il m'avait manqué…

— Qui ?

— Le troubadour.

— Sombres, sombres furent les heures
Qui le retenaient prisonnier.
Mais il n'est de meilleur guerrier
Que chant d'amour, s'il n'est un leurre.

— Je vais bien.

— Non.

— Si.

— Non. Je te connais, Loanna de Grimwald. Je sais que depuis notre arrivée tu songes à cet endroit, que ta frustration est puissante de n'y pouvoir retourner, de t'asseoir quelque temps dans le silence qui fut tien et de t'en guérir en en repassant le seuil… libre.

Ma gorge se noua. Il m'attira contre son pourpoint. Sa main s'enroula à ma nuque, caressante pardessus l'onde ambrée de mes cheveux galonnés.

Sa voix se fit plus tendre encore.

— Je partage cette frustration. Elle est toujours mienne de n'avoir pu t'en arracher. Il faut nous en guérir. Le temps est venu où nos vieux corps cherchent asile…

Il s'écarta, releva mon menton d'un index replié.

— … mais je ne vois que la main de la justice pour nous le rendre. Allons botter le train de ce chien de duc. Maintenant. Veux-tu ?

Une bouffée de chaleur regagna mes veines. Nul autre que lui n'était autant capable de me déchiffrer.

— Aime-moi, d'abord, décidai-je, rattrapée par ce désir que notre complicité avait toujours enflammé.

Ses yeux pétillèrent dans les miens.

— À nos âges, est-ce bien raisonnable ?

— Taisez-vous, troubadour…

— Ou… ?

Je nouai mes bras à sa nuque, puis, d'un mouvement souple, accrochai mes jambes à ses hanches. Il se mit à rire, avança de quelques pas, mes yeux dans les siens. Mon dos trouva le mur, mes lèvres la gourmandise de son souffle. Mon cœur s'emballa dans ma poitrine. Mon ventre s'enflamma contre le sien. D'une main impatiente, il retroussa chainse et bliaud le long de mes cuisses, dégrafa ses braies, puis planta ce vit dressé dans mon sexe offert.

Notre appétit calmé, nous n'avions pas davantage sommeil. Jaufré avait raison. Le temps nous durait de tenir le duc sous notre coupe, d'en terminer avec ces réminiscences. Je l'arrachai de la couche sur laquelle il avait fini par m'étendre, me déshabiller, me caresser puis me reprendre. Nous

nous habillâmes, noués d'un autre désir, aussi impérieux désormais que le précédent. Les bougies brûlaient encore aux branches du chandelier. Jaufré emporta ce dernier. Nous n'avions pas fait dix pas dans le corridor désert que nous nous heurtions à Philippe, Geoffroy et Godefroy, qui s'en venaient à nous, obsédés par les mêmes pensées.

— Puisque le clan est au complet..., s'amusa Jaufré.

Le couvre-feu ayant été sonné, seuls les malandrins rasaient l'ombre des ruelles. Il nous fallut en traverser de nombreuses, lame à la main, lanterne récupérée en place de chandelier, haut levée, pour les forcer à y rester.

Hugues de Bourgogne occupait un des quatre palais de la ville. Ils étaient tous bâtis sur le même modèle. Chacun des longs corps de logis était refermé sur une cour intérieure par une petite enceinte. Un portail protégé par une barbacane[1] en permettait l'accès. À cette heure, le sien était barré et solidement gardé par l'intérieur. L'évidence nous rattrapa une fois parvenus devant : nous n'avions aucune raison de tirer, en urgence, le duc du sommeil. Si, par miracle, il acceptait de nous recevoir, et que l'entrevue tourne aux armes, par cette seule intrusion, Richard aurait à rendre compte de nos actes devant les chevaliers francs. Ce serait le placer dans une position délicate à l'heure où tous devaient rester unis autour du traité de paix.

1. Ici, dans le sens de bâtiment avancé troué de meurtrières au-dessus du portail.

Piteux, nous étions sur le point de rebrousser chemin lorsque de la lumière et du bruit percèrent la nuit au-delà des remparts. Geoffroy éteignit le falot. Un hennissement força le silence, déjà troublé par le martèlement des sabots sur les pavés de la cour intérieure.

— Cachons-nous, décida Jaufré, à voix basse.

La place sur laquelle nous nous trouvions était bordée d'échoppes au rez-de-chaussée, d'habitations en encorbellement aux second et troisième étages. Nous nous rencognâmes dans l'ombre épaisse d'un porche, sous l'enseigne d'un rémouleur.

Les lourds battants du portail s'écartèrent, libérant deux cavaliers. À en juger par sa stature, son maintien, et la richesse du harnachement de sa monture, le premier devait être le duc. Le second, un de ses hommes de main. Ils passèrent près de nous au pas, capuchon couvrant front, sans nous remarquer. S'ils ne forcissaient pas l'allure, nous avions une chance de les tenir à vue.

Repris par la curiosité, nous la saisîmes.

De longues minutes durant, nous les suivîmes, ombres furtives, en direction du port. Lorsque nous y parvînmes enfin, une lune aux trois quarts pleine irisait la mer de reflets d'argent, drapant bâtis et jetée d'une clarté opalescente. Nous ne pourrions aller plus avant sans être repérés. Nous nous immobilisâmes en lisière des dernières habitations, celles des marchands et des armateurs. Au-delà s'ouvrait une vaste esplanade en demi-lune, bordée, plus loin encore, par les quais et enfin par des entrepôts au pied de la tour de guet. À une cinquantaine de pas de nous, un long bâtiment étroit à la couverture de tuile faisait face à la jetée. Deux marins se tenaient assis à l'extérieur, en déséquilibre sur des fûts, une jambe battant le vide. Un autre était adossé à l'encadrement d'une porte ouverte, au-delà de laquelle de la lumière brûlait. Il s'en détacha à l'approche des cavaliers, retint le mors des chevaux le temps qu'ils en descendent.

— Il vous attend, dit-il au duc, une fois celui-ci à terre.

Suivi de près par son homme de main, Hugues de Bourgogne disparut dans le bâtiment.

Nous ne pouvions distinguer les traits des matelots, avalés par l'ombre de la toiture, mais nous les devinions armés, et occupés à sonder les alentours malgré leur allure débonnaire.

— Des pirates, lâcha Godefroy, exprimant tout haut notre ressenti et notre perplexité.

Dix minutes plus tard, le duc ressortait, précédant son acolyte. Celui qui les avait reçus à l'intérieur s'encadra dans l'embrasure de la porte. Sa silhouette, découpée en contre-jour, nous le dépeignit gaillard, les cheveux longs et épars, un sabre d'abordage à la ceinture. Une fois en selle, Hugues de Bourgogne détacha une bourse de son ceinturon de hanche. L'homme avança d'un pas, la rattrapa à la volée. Les cavaliers tournèrent bride, le laissant, lui et ses complices, se rabattre dans la bâtisse.

Notre décision était déjà prise. Hugues de Bourgogne serait facile à confondre au lendemain. Arrêter ceux-là, par contre, ne souffrait aucun délai. Nous attendîmes à peine que le duc se soit éloigné d'un trot vif pour nous élancer sur la place désertée.

42

Port de Tyr.
24 août 1192.

Godefroy et Philippe avaient, sans hésiter, reconnu l'interlocuteur du duc. C'était le second du fils maudit de Saladin, qui les avait capturés en mer. Nous les cueillîmes alors qu'ils sortaient, les bras encombrés par les denrées qu'ils avaient rapinées. Ils s'effondrèrent avant d'avoir tiré leur sabre. Le chef, lui, plus prompt et les mains libres, ferrailla quelques secondes contre Durandal avant d'être entaillé au poignet. Acculé, il recula contre le mur de la bâtisse. Nous l'y devançâmes, traînant les cadavres à l'intérieur pour éviter qu'ils n'attirent l'attention d'un quidam réveillé par le bruit. À la lueur de la lanterne, nous en découvrîmes deux autres, au sol : des soldats, vraisemblablement surpris pendant leur ronde.

— Assieds-toi, ordonna Godefroy à son prisonnier.

La salle permettait aux riches voyageurs d'attendre leur embarquement. Des bancs collaient au mur. Le pirate se glissa sur l'un d'eux. Godefroy n'attendit pas que nous l'ayons encerclé.

— Tu sais qui je suis et quel maître mon cousin et moi avons servi, alors je serai bref. Dis-moi ce que cette bourse achète.

— Et après ? Tu me laisseras en vie ? ricana l'autre méchamment.

— Non.

— Alors finissons-en. Je ne parlerai pas.

— Attachez-le, décida simplement Godefroy.

Avant que nous ayons pu relayer son ordre, le pirate ruait, tête en avant. Il n'atteignit pas sa cible. Godefroy s'était déjà écarté. D'un croche-pied, lui interdisant toute fuite, il l'envoya s'étaler à plat ventre sur le plancher. Philippe se jeta sur lui, lutta quelques secondes, puis parvint à lui menotter les poignets au dos du temps que son père récupérait la ceinture de toile d'un des cadavres. Lorsqu'il fut enfin ficelé, tous deux le rassirent sans ménagement sur le banc. Son œil fulminait. Il ne broncha pas, pourtant, lorsque Godefroy approcha la pointe de Durandal de sa joue. Pas davantage lorsqu'il y imprima une fine saignée, de l'oreille à la commissure des lèvres. Sans doute voulait-il ainsi affirmer sa détermination.

Godefroy ne s'en émut pas.

— Il y a de nombreuses manières de mourir, affirma-t-il d'une voix égale. Te dépecer vivant en est une. C'est une pratique dans laquelle tu excelles, si je m'en souviens bien.

Le pirate nous dévisagea avec arrogance. Il ne trouva aucune pitié dans nos regards. Cette simple évocation avait suffi à nous donner la mesure du personnage. Face à son mutisme avéré, Godefroy recommença. Il incisa à moins de deux pouces de la première plaie. Cette fois, quelques gouttes de sueur perlèrent au front du gaillard, au-dessous de ce bandeau qui, déplacé dans la bataille, ne disciplinait plus sa chevelure.

Jouant de fausse désinvolture, mon fillot posa un pied botté à côté de lui, sur le banc, puis, lame ballante, s'accouda à son genou relevé pour mieux lui susurrer :

— Tu vois. J'ai bien retenu tes leçons. Comment avais-tu dit déjà ?... « Plus le geste est précis, plus la douleur est grande. Quoi qu'il en soit, ils finissent toujours par parler. »

— Tu ne m'écharperas pas sans que mes cris attirent la garde.

Philippe haussa les épaules, la voix dure :

— Si ce n'est ici, ce sera dans les geôles du palais royal. Tu y pourras gueuler à ta guise, aussi longtemps que nous le voudrons.

Cette fois, un voile de crainte troubla la morgue du regard. Je m'étais mise en retrait avec Geoffroy, laissant les deux cousins mener la danse. Jaufré, lui, faisait le guet à l'extérieur, dans l'ombre de la bâtisse.

Godefroy approcha de nouveau l'alemèle de la joue marbrée, déjà, de fines cicatrices. L'homme eut un léger mouvement de recul. Il avait suffisamment torturé pour savoir qu'il ne résisterait pas mieux qu'un autre lorsqu'on lui décollerait la peau de la chair. Godefroy suspendit son geste, le temps pour Philippe de maintenir à portée le profil de l'homme, crispé.

— Ça va, lâcha-t-il enfin devant leur détermination. Il m'a chargé de lui rapporter une des flamboyantes.

— Laquelle ?

— Celle qui vint à bout du Vieux de la Montagne.

Je masquai mon agacement. Visiblement, malgré nos recommandations, la rumeur du combat avait franchi les portes de Magdala, sans doute relayée par un marchand ambulant.

— Si le mage noir n'a réussi à la prendre, comment toi, misérable rat, l'aurais-tu pu ? cracha mon fils, rapproché d'eux.

Piqué dans son orgueil, la joue sanguinolente, le pirate le toisa avec suffisance.

— Dans la bourse de dextre.

Geoffroy la lui détacha de la ceinture. Il desserra les lacets, ramena entre ses doigts un petit écrin de bois précautionneusement fermé par un jeu de tirettes.

— Ouvre-le, grinça le pirate.

Mon cœur s'emballa inconsidérément dans ma poitrine. Comme dans la tour de Magdala, ma réaction fut instinctive. Je bondis.

— Non. Il ne faut pas libérer ce qu'il contient.

— De quoi te mêles-tu, femme ?

Tout aussi perplexe que les autres devant ma réaction, mon fillot me céda sa place. Je n'avais pas fait usage de Marmiadoise jusque-là, préférant la discrétion d'une dague à son flamboiement. Je la tirai délicatement du fourreau. Assez pour que sa lumière illumine le visage de notre prisonnier. Il se crispa, paniqué. J'éteignis la lame.

— Je ressens la magie du Graal noir à l'intérieur de cette boîte. Parle. Que contient-elle ?

Il transpirait maintenant à grosses gouttes, tiqua sous la morsure du sel qui affleurait ses plaies.

— Un éclat de ce dernier, mais j'ignore comment le duc l'a obtenu. Je sais seulement que seuls ceux de ta lignée y sont sensibles. Je devais glisser la boîte par la porte de ta chambre, l'ouvrir, refermer l'huis, attendre une heure, puis entrer, m'assurer que toi et ton époux étiez bien trépassés et ressortir avec la boîte et l'épée.

— Crois-tu vraiment que le rayonnement d'un fragment aurait suffi à nous occire ?

Il haussa les épaules.

— Je ne suis pas payé pour comprendre, mais pour exécuter.

— Pourquoi toi ? Il aurait pu faire appel à son homme de main.

— Je travaille pour lui depuis que Yussûf est mort. Il me renseigne sur les cargaisons des navires en partance, en échange je lui répète ce que je glane de-ci de-là.

— Mais encore ? grinça Philippe.

Le pirate soupira.

— La secte de la Montagne a été reprise par un nouveau maître. Même s'il n'a pas les mêmes pouvoirs, il se fait appeler comme l'autre, Cheikh al-Jabal. Une fois ton épée rapportée au duc, je devais lui négocier ce fragment, réactivé par son contact. Cela ne l'aurait pas rendu assez puissant pour mettre à mal la Chrétienté, mais suffisant pour le faire craindre des siens. C'est tout ce que je sais.

Je m'écartai de lui, trouvai le regard inquiet de mon fils. Je l'étais aussi. Nous l'étions tous. Je m'arrêtai dans celui de Godefroy. À mon hochement de tête, il comprit. Nous le laissâmes seul avec le prisonnier. Il ressortit de la bâtisse quelques secondes plus tard, achevant d'essuyer le fil de Durandal sur un morceau de toile qu'il avait tranché.

Nous ne nous attardâmes pas. Avant longtemps, la relève découvrirait les cadavres. Au petit jour, le duc saurait, par la rumeur de la populace, que son attaque avait échoué. Il fallait l'intercepter avant, lui arracher réponse à ces questions qui nous brûlaient.

Henri de Champagne réagit avec la rapidité que nous en espérions. Onfroy de Toron aussi.

Le jour n'était pas levé que le roi de Jérusalem se faisait ouvrir la porte du palais du duc et forçait ses valets, ahuris, à l'arracher du lit sous un méchant prétexte. Nous le vîmes paraître en vêtement de nuit, feignant la fébrilité, dans la petite pièce privée de fenêtres où l'on nous avait demandé de patienter.

Avant qu'il n'ait dit un mot, Henri l'accueillit, droit comme un if, l'œil terrible.

— Je suis venu vous rendre ceci, dit-il.

Dans sa main ouverte, il tenait le coffret.

L'expression d'inquiète surprise qui se peignit sur les traits du duc valut au roi tous les aveux. Son regard se teinta de panique lorsque nous sortîmes d'un coin d'ombre avec Jaufré. Hugues de Bourgogne recula. Onfroy de Toron se plaça entre lui et la porte. Il était seul, sans armes. Nous étions sept, armés.

Il se laissa choir dans un faudesteuil, battant l'air d'une main faussement lasse.

— Puisque je suis déjà condamné !

Henri m'avait proposé de mener l'interrogatoire.

— Le pirate se montra fort coopératif, amorçai-je calmement.

Le duc me fixa, goguenard. Il possédait une carte qui me manquait. Le fait qu'il avait rejoint Richard en retard me revint en mémoire. Tout s'éclaira, d'un bloc. Un sourire mauvais étira mes lèvres.

— C'est en menant l'armée vers Joppé que vous avez croisé la route de Yussûf, n'est-ce pas ?

Je n'attendis pas de réponse pour poursuivre :

— Vous l'avez fait prisonnier puis laissé repartir. N'allait-il pas en Jérusalem occire le sultan ? Évidemment, entre-temps, dans le coffre qu'il transportait, la coupe de sang avait été remplacée par des pierres… Trompé par le poids, il n'a pas ouvert pour vérifier. Si tant est qu'il en ait jamais eu le droit…

À l'éclat de fierté dans son œil, je sus que j'avais vu juste. Revenus instantanément sur leur garde, les autres se rapprochèrent de lui.

— Je présume qu'à votre grande surprise l'échange fut facile. Pour cause, le mage venait de disparaître, les pouvoirs du Graal étaient en sommeil. Quand avez-vous compris que seule Marmiadoise pouvait les réveiller ?

Le duc avait réuni les mains sur ses genoux, appuyé la nuque contre le haut du dossier. Il avait regagné son calme, et son regard narquois planté dans le mien ne fit qu'accroître mon sentiment de danger.

— Quand j'ai su que le Vieux de la Montagne avait péri sous son halo. On n'empêche jamais la rumeur d'enfler, dame Loanna. Elle est arrivée avec vous, ce matin.

— Je vois. Le pirate a prétendu que cet écrin contenait un fragment du Graal noir. Or, de ce que j'en sais, il est indestructible…

— Ouvrez-le puisque vous brûlez de curiosité…

— Certainement pas ici. Je penche pour ma pierre de lune que vous aurez laissée au contact du Graal. Seuls ses pouvoirs, pervertis, auraient pu s'opposer assez à Marmiadoise pour libérer un chant mortel. À condition encore que l'alemèle soit dégainée.

— Brillante déduction. Il ne vous reste plus qu'à la vérifier.

Il s'appuya des deux mains sur l'accoudoir, se pencha en avant. Anticipant son mouvement, tous bondirent pour le tenir sous la menace de leur lame. Il retomba sur l'assise avec un méchant rire.

— J'eusse apprécié, ces mois derniers, d'être craint de semblable manière. Cela m'aurait permis de prendre Jérusalem et d'y régner !

— C'est un rêve que je n'ai pas l'intention de vous laisser plus longtemps caresser, grinçai-je.

Il haussa les épaules.

— Vous ne me tuerez pas, Loanna de Grimwald.

— Vous me sous-estimez.

— Non. Mais nous sommes ici chez moi et le roi de Jérusalem est à vos côtés. Trop de témoins assureront que j'étais à votre merci et que vous en avez, tous deux, abusé. Vous pourrez, je vous l'accorde, jouir de la protection du Cœur de Lion, mais le roi Richard n'est pas Rome. Encore moins le reste de la Chrétienté.

Je rentrai ma colère face à cette évidence qui, au début de la nuit, déjà, nous avait freinés.

— Remettez-moi le Graal noir et nous serons quittes.

Il me toisa.

— Jamais.

— Richard avait raison, fulmina Godefroy, nous aurions dû le laisser vous occire quand il en eut l'occasion.

— Impétueux comme il l'est, croyez-moi, je n'en aurais fait qu'une bouchée, se vanta le duc.

Nous ne tirerions plus rien de lui. Il avait l'avantage du droit quand nous avions celui des épées. Il continuait de me jauger, sûr de lui. En un instant, ma décision fut prise.

— Ligote-le et bâillonne-le solidement, ordonnai-je à Geoffroy en lui désignant les embrases des rideaux.

Onfroy de Toron se précipita pour l'aider à les défaire.

— Vous ne le trouverez pas, s'amusa-t-il.

— C'est à moi d'en juger.

Lorsqu'il fut dans l'incapacité de bouger, ne fût-ce qu'un doigt, surveillé étroitement par ces chevaliers aguerris, je confiai ma lame à Jaufré.

— Je n'aime pas ce que je devine, gronda-t-il.

— Seule ma pierre de lune, désormais chargée de sa vibration, peut me mener à lui. Je ne risque rien tant que Marmiadoise est au fourreau.

— Laissez-nous vous accompagner, mère-grand, s'interposa Philippe.

Je secouai la tête.

— Ce serait vous exposer à son contact pour rien. Vous me serez plus utiles ici si quelques-uns des amis du duc s'inquiétaient de notre présence et du sort qu'on lui fait. Empêchez quiconque de s'approcher de l'épée.

Sans attendre leur assentiment, je m'écartai. Henri déposa le coffret dans ma main tendue. Un silence épais nous enveloppa. La respiration accélérée du duc s'y imprima. Ma peur céda devant la sienne, retrouvée.

43

Tyr.
25 août 1192.

Une chandelle dans une main, je me dirigeai vers un escalier aperçu au bout du corridor, contre le mur est. J'avais besoin d'un lieu dans lequel aucun valet ne me viendrait déranger. Une porte se découpait sous les marches. Poussée, elle me révéla, comme je l'avais espéré, un étroit réduit qui avait dû servir de rangement. Pour l'heure, abandonné, il empestait. Je me débarrassai du bougeoir dans un des angles du mur d'en face, puis je m'assis contre l'huis refermé. Une fois les glissières correctement ajustées, la fermeture de la boîte céda sans difficulté. Mon sang s'était mis à pulser à mes tempes. J'ouvris. L'écrin était d'un noir d'encre. Je reconnus le pendentif, la chaîne, pas ces reflets sombres au cœur de la pierre. Ma gorge se noua. Même privée de Marmiadoise, je portais toujours sa vibration en moi. Le danger restait entier. Hésitante, je posai le boîtier au sol, entre mes genoux remontés. J'inspirai un peu de cet air vicié. Il me renvoya à la puanteur de ma geôle. Rencontrer le muet me sembla soudain dérisoire. Je m'efforçai de regagner en confiance. Cette pierre faisait partie de moi, elle avait été le prolongement de mon statut de grande prêtresse. Noire ou blanche, elle le restait. Je la passai à mon cou, refusant à mes mains de trembler.

La réaction fut quasi immédiate : une sueur froide me drapa, un étau emprisonna ma poitrine. Le souffle me manqua. Je résistai, les paumes écartelées sur le plancher. La douleur s'intensifia. Des papillons se mirent à danser devant mes yeux. Dans un réflexe de survie, je voulus arracher le collier. Je fus incapable de bouger. La lumière s'éteignit, comme fauchée par un vent mauvais. Je me sentis happée par l'obscurité. Je ne sais si je le pensai ou le hurlai, mais seul le nom de ma fille me vint avant que je sombre.

Eloïn se dressa en sursaut sur sa couche. À côté d'elle, la respiration sereine, Richard dormait. Depuis quelques minutes, déjà, sa rêverie à elle s'était troublée d'images sombres, de sensations malsaines. Sa pierre de lune était devenue brûlante. Elle l'arracha de son cou. Sans prendre le temps de se couvrir, elle quitta la pièce pour une autre, petite et voisine, qui servait aux ablutions. Il fallait agir vite. Elle barra la porte derrière elle, s'assit à terre puis, d'un trait de sa pierre, dessina un cercle invisible autour d'elle. Aussitôt, cette lumière, qu'elle avait appris à domestiquer, jaillit d'elle, délimitée par le périmètre qu'elle avait tracé.

Ses yeux se révulsèrent.

— Je suis là, mère.

J'émergeai. Ailleurs. Le réduit avait disparu. Autour de moi, le parfum qui flottait était celui d'Aliénor. J'eus conscience qu'elle ne pouvait ni me voir ni m'entendre, mais elle se tenait de dos devant moi, face à sa fenêtre grande ouverte sur la Garonne. Elle devait se trouver au château de l'Ombrière, à Bordeaux. À quelques pas d'elle, les rideaux de lit étaient relevés. Une jambe dénudée, poilue, s'échappait des draps : Ventadour. Ils étaient tous deux, mais je la sentis seule. Profondément seule. Je me vis flotter, m'enrouler autour d'elle telle une brise chaude.

Son soupir me rejeta par côté.

— Tu me manques, Loanna de Grimwald. Je te sais libérée de ta geôle, mais ma peur demeure, plus grande encore de savoir que c'est Saladin qui t'en a arrachée. Es-tu auprès de ta fille ? toujours en vie ? Richard vous a-t-il délivrées ? Tant de doutes que la distance ne parvient à balayer…

— Je reviens, ma reine. Je reviens à tes côtés, murmurai-je.

Je la sentis se relâcher.

L'image fut balayée, remplacée par une autre.

Blaye. L'enceinte de la ville haute, silhouette se découpant sous la clarté lunaire par-delà l'estay[1]. Les odeurs du fleuve puis celles de la terre, de ma terre, me chatouillèrent les narines. Je vis apparaître les tours du castel, puis, à l'intérieur, Agnès, dormant aux côtés de sa fille et de ses futures brus, l'une promise à Hélie, l'autre à Godefroy. Toutes quatre semblaient partager le même rêve. Elles souriaient.

Je me sentis aspirée de nouveau. Par des pleurs, cette fois. Ceux d'un garçonnet, blotti dans les bras de sa mère. Malgré l'obscurité qui régnait autour

1. L'estuaire.

d'eux, leur petite taille me les fit nommer sans hésiter : Galaad, Clothilde.

— Chut… Ce n'est qu'un cauchemar… Papa va bientôt rentrer…

L'épouse de Gwalf berçait son fils, mais sa voix semblait évidée d'espoir. Avait-elle deviné ?

Son chagrin me transperça.

J'ouvris les yeux. J'étais de nouveau dans le réduit. Devant moi, une lueur intense avait remplacé celle de la bougie.

— Le Graal noir…, murmurai-je.

— Je sais, me répondit la nuée. Laissez-vous guider par la pierre, mère. Il est temps d'en finir ici. Il est temps de retourner vers ceux qui nous ont pleurées.

Est-ce de les avoir vus qui me rendit courage et force ? L'étau se relâcha dans ma poitrine. Nourrie du parfum des miens, ma respiration regagna en souplesse.

Je parvins à me lever.

Moins de cinq minutes plus tard, dans la chambre ducale, je soulevai le coin d'une lourde tapisserie accrochée au mur. Derrière, plusieurs des pierres du bâti avaient été descellées. Un coffre, long de seize pouces, large de douze et haut de dix-huit, s'y trouvait. Il était ouvert. Le Graal semblait d'ambre noir, traversé de veines sanglantes sous la surface. Renforcés par sa proximité, les effluves meurtriers de ma pierre de lune brûlaient ma peau mais ne la traversaient plus, absorbés par la magie blanche d'Eloïn. J'ôtai le pendentif, le déposai dans la coupe, refermait le couvercle puis, emportant le tout, me dégageai de derrière la tapisserie. La nuée, qui continuait de danser près du lit, s'étiola jusqu'à disparaître. L'obscurité retomba. Je me sentis lasse et nauséeuse. Il était temps de regagner la lumière.

Celle des êtres qui m'attendaient.

L'expression de stupeur qui balaya leur visage me donna à penser que je n'étais pas ressortie indemne de cette confrontation. Je refusai de m'y attarder. D'un pas décidé, je m'en fus poser le coffre sur un échiquier, en face du duc. Ce dernier était toujours solidement ligoté et bâillonné. De la frayeur ravageait ses traits. Je m'apprêtais à y répondre par un sourire de victoire lorsque Jaufré me prit par le bras.

— Viens.

Son ton impérieux me fit obéir, sans discuter. Il m'immobilisa devant un miroir, leva le chandelier qu'il avait emporté. À la lueur des bougies, mon sang se figea. Cette femme qui se reflétait n'était plus moi. Elle avait vieilli de quinze ans. Des rides profondes traçaient leurs sillons sur ses joues, son front, son cou. Ses cheveux, devenus blancs, s'étaient affinés. Je me mis à trembler. Soixante-dix ans. J'avais soixante-dix ans. Je les avais oubliés. Mon regard, seul vestige de ma beauté d'hier, tomba sur mes mains tachées. Un sanglot me noua la gorge. Jaufré n'attendit pas qu'il roule sur mes joues. Il confia le chandelier à notre fils qui s'était approché, puis me prit dans ses bras. D'une paume caressante, il coucha mon front contre son épaule.

— Certains voyages sont sans retour, Loanna. Celui-ci t'a ramenée. Nous ne demandions rien d'autre. Le reste n'est que cette vérité dont, jusque-là, Avalon nous avait protégés. Elle ne change rien. Je t'aime.

Ces longs mois à me rechercher l'avaient usé aussi. Les marques du temps avaient altéré ses traits. Il ne paraissait toujours pas ses quatre-vingts ans, mais ce reflet de nous deux, côte à côte, nous ramenait, ensemble, à une vieillesse que nous avions refusée. Il avait raison : c'était sans importance. Il me faudrait juste le temps de m'y habituer. Je relevai la tête. La douceur de son regard trahit cette évidence qui m'avait saisie lorsque nous nous étions retrouvés : l'apparence n'éteignait pas le désir. Elle n'affectait pas ce que, l'un pour l'autre, nous avions toujours été.

Je me détachai de lui pour me tourner vers Henri.

— Nous quittons Tyr sur l'heure, avec le Graal. Restez auprès du duc jusqu'à l'aube, puis détachez-le et rentrez au palais.

Devant ma détermination, tous s'étaient ressaisis.

— Ne craignez-vous qu'il tente de le reprendre ? s'inquiéta Godefroy.

Je revins me planter devant le prisonnier. Une détermination implacable m'habitait.

— Une triste histoire se racontait en cour de France en votre jeune temps, duc. Celle de Béatrice de Campan, nièce de l'abbé Suger. Vous n'aviez que deux ans lorsqu'elle mourut au pied de l'autel, le jour de ses noces. Ce que vous n'avez jamais su, c'est que, peu de temps avant cet hyménée, elle tenta de m'empoisonner et que je perdis, par sa faute, l'enfant de Jaufré que je portais[1].

---

1. Voir *Le Lit d'Aliénor*, *op. cit.*

Je vis les traits de mon fils s'affaisser, Jaufré blêmir. Il n'avait jamais su. En ce temps-là, il était malade, soigné à Tripoli. Plus tard. Nous en parlerions plus tard. Seule cette angoisse réapparue dans l'œil du duc m'intéressait.

— Béatrice s'est avancée le long de la travée, a eu l'air de suffoquer un peu plus à chaque pas. Lorsqu'elle a touché terre, elle ne respirait plus. C'est ainsi que demain, devant des dizaines de témoins, vous mourrez. Nul ne me verra, mais vous sentirez... ma main autour de votre gorge... mon regard dans le vôtre... Jusqu'à votre dernier souffle que j'aurai aspiré.

Il s'agita dans le fauteuil, terrorisé. Je m'avançai, me penchai au-dessus de lui, mes mains flétries agrippées aux accoudoirs.

— Vous m'avez toujours considérée comme une sorcière. Dans quelques heures, duc, à midi précisément, vous découvrirez que seule la vengeance peut la réveiller.

Lorsque je quittai la pièce, ne laissant qu'Henri de Champagne et Onfroy de Toron pour garantir nos arrières, Hugues de Bourgogne était déjà, par la seule certitude de mes pouvoirs meurtriers, en train de creuser son tombeau.

ÉPILOGUE

Acre, Palestine.
3 octobre 1192.

La dernière festoie.

Elle accompagnait celle qui, depuis un peu plus d'un mois, enjolivait la Palestine.

Saladin avait tenu promesse : sitôt le traité signé, les portes de Jérusalem avaient été ouvertes. Les pèlerins s'y étaient engouffrés en pleurant. Seul Richard, invité par les évêques à s'y rendre, avait refusé.

— Je ne l'ai prise, je ne suis pas digne de m'y agenouiller, avait-il déclaré.

Il avait regagné Acre, avec nous, peu après qu'Onfroy de Toron fut venu nous annoncer la mort du duc de Bourgogne, dans les circonstances exactes que j'avais décrites. Nul, parmi les miens, n'osa un commentaire. Ils savaient. Ils savaient que certains pouvoirs de persuasion étaient plus puissants que des incantations. Ils savaient que la terreur pouvait tuer.

Je m'étais habituée, comme eux, à ma nouvelle apparence. Ma fille m'avait assuré que je la portais bien. Saladin aussi. Quant à Jaufré, son corps tendu contre le mien avait confirmé son discours.

Eloïn avait ramené de la vallée du Jourdain une grande quantité de résine de baumier. Refusant d'ouvrir le coffre, elle l'avait serti dans la myrrhe.

— Pour empêcher que les pouvoirs du Graal ne soient libérés si, au cours de notre traversée, nous venions à sombrer, avait-elle précisé, une lueur moqueuse dans le regard.

Son frère l'avait prise par les épaules, affirmant haut et clair qu'il ne doutait plus de sa capacité à écarter de nous tout danger.

Nous nous trouvions réunis sur cette terrasse qui surplombait la rade, là où Jeanne et Bérangère avaient trompé leur ennui des semaines durant. Les bougainvilliers avaient perdu leurs fleurs, les jasmins n'embaumaient plus, mais d'autres parfums nous effleuraient les narines, ceux de cette terre lointaine que nous avions quittée, pour certains d'entre nous, deux ans plus tôt. L'idée de la retrouver nous réchauffait le cœur malgré notre séparation imminente.

Ainsi que le lui avait annoncé Eloïn dans l'intimité de leurs retrouvailles, Richard serait le dernier à quitter la Palestine. Jeanne, Bérangère et Chrétien de Troyes prendraient mer dans deux jours. Lui les suivrait, le 9. Il n'emmènerait que peu d'hommes : quelques chevaliers du Temple, son nouveau chapelain prénommé Anselme, Baudouin de Béthune et Guillaume de l'Étang. Il filerait directement sur l'Angleterre pour s'opposer à Jean. Quant à moi, avec Philippe, Godefroy, Jaufré, Geoffroy, Eloïn et Aimery de Ulster, j'appareillerais au petit jour sur le navire que Bernard le Haut venait de finir d'affréter. Le temps de mettre les Graals en sûreté et nous pourrions, enfin, nous occuper d'Anne.

La nuit était somptueuse au-dessus de nos têtes. Dans le port en contrebas, le cliquetis des mâts avait un instant répondu aux cris des oiseaux de mer. Puis le son des citoles, des mandoles et des flûtes s'était élevé. Finis, les sirventes, les gestes. Nous chantions l'amour, l'Aquitaine, la langueur de l'absence, le bonheur des retrouvailles. Nous anticipions ce qui nous attendait. Nous avions cessé d'avoir peur de demain. Chacun de nous s'apprêtait au départ avec le sentiment d'avoir accompli ce qu'il devait, même si, pour le reste de la Chrétienté, cette croisade se soldait par un échec.

J'étais bien.

Notre exil avec Jaufré était définitivement terminé.

Un seul nous manquerait.

Il me sembla voir son visage se dessiner là-haut, dans la faconde céleste. Depuis quelques minutes, la voix légèrement rocailleuse de mon époux se mêlait à celles de Richard, de Geoffroy et d'Eloïn. Elles montaient, volutes envoûtantes, pour mieux s'y diluer.

Jusque-là, j'étais restée muette.

Un sourire se dessina sur mes lèvres, de tendresse, de chaleur. Il était temps d'offrir à cette terre, à celui qui y demeurait, un dernier couplet :

Si dans le lit de nos mémoires
Un petit homme s'est fait grand
C'est pour nourrir légende et gloire
Ainsi que fut chanté Roland.
L'ex Calibur' dans sa caboche
Défie le temps, bien abritée
L'ex Calibur' dessous la roche
A pour tombeau l'éternité...

Chers vous,

Ici s'achève le cycle de Richard Cœur de Lion.

Je voudrais, une fois de plus, vous remercier d'avoir été au rendez-vous. Vous êtes toujours aussi fidèles, complices, critiques. Par votre ténacité à réinventer la joie de vivre dans un quotidien déroutant et difficile, vous êtes mes héros d'aujourd'hui. Certains d'entre vous se sont glissés entre mes pages. D'autres, historiens, étudiants, passionnés, curieux, amis, ont y ajouté leur savoir. Dans tous les cas, la richesse de ces lignes vous appartient.

Que serais-je aussi sans Bernard Fixot et toute l'équipe des Éditions XO, eux qui continuent de croire en moi malgré le temps qui passe : Édith Leblond, Gwenaëlle Le Goff, Catherine de Larouzière, Valérie Taillefer, Stéphanie Le Foll, Bruno Barbette, Jean-Paul Campos, Marie-Noëlle Chevalier, Andrea Field, Elsa Misson, Isabelle de Charon, Pascale Vachon, Delphine Wiciak, Virginie Baron, Mélanie Rousset… Mon affection vous reste acquise !

Un immense bisou aussi à quelques-uns, plus proches, qui ont dû me supporter durant ces longues heures laborieuses, s'inclinant par-dessus mon épaule pour rectifier une virgule, un mot, ou simplement chuchoter « je t'aime » à mon oreille : Anaël, mon fils, auquel vous devez les traductions des textes de Jaufré Rudel, de Richard Cœur de Lion et de Bernard de Ventadour ; Maëva, ma fille, armée de patience et d'espoir telle l'une de mes héroïnes ; Claire, qui fut la première à peigner le texte, Corinne, Cynthia, Stéphanie, Marilou, Flavie, Graziella, Pitou, Mo, Titou, Céline, Jade, Noa, Richard, Gérard...

Enfin, une pensée toute particulière à ma petite maman, dont la douloureuse absence accompagna celle des disparus de ces pages.

Je continue.

Pour elle. Pour vous tous.

Il y aura un dernier tome, un dernier lit.

Bientôt.

En attendant, prenez soin de vous.

Mireille

BIBLIOGRAPHIE

AMBROISE, *L'Estoire de la Guerre sainte*, éd. G. Paris, Paris, 1897

BEC, Pierre, *Anthologie des troubadours. Textes choisis, présentés et traduits par,* bibliothèque médiévale 10/18

BEFFEYTE, Renaud, *L'Art de la guerre au Moyen Âge*, Éditions Ouest-France, 2010

BORDONOVE, Georges, *Philippe Auguste*, Pygmalion, 1983

BOUTET, Dominique, *Charlemagne et Arthur ou le Roi imaginaire*, H. Champion, 1992

BUSCHINGER, Danielle et SPIEWOK, Wolfgang, *Les Perversions sexuelles au Moyen Âge*, Greifswald, 1994

CHRÉTIEN DE TROYES, *Le Chevalier de la charrette. Le Chevalier au lion. Perceval ou le Conte du Graal,* collections classiques, Le Livre de Poche

CLOULAS, Ivan et DENEUIL, Anne, *La Reine Bérangère et Richard Cœur de Lion, chroniques d'amour et de guerre,* Hachette Littératures, 1999

CONTAMINE, Philippe, *La Guerre au Moyen Âge*, PUF, 1999

DE MANDACH, André, *Naissance et développement de la chanson de geste en Europe, t. VI : Chanson de Roland, transferts de mythe dans le monde occidental et oriental,* Droz, 1993

DUBY, Georges., *Dames du XIIe siècle*, Gallimard, 1995-1996

— *Hommes et structures du Moyen Âge,* Mouton, 1973

EDDÉ, Anne-Marie, *Saladin,* Flammarion, grandes bibliographies, 2007

FARAL, Edmond, *La Légende arthurienne, études et documents*, H. Champion, 1929

FLORI, Jean, *Aliénor d'Aquitaine, la reine insoumise,* Payot, 2004

— *Richard Cœur de Lion : le roi-chevalier,* Payot, 1999

FRAPPIER, Jean, *Autour du Graal*, Droz, 1977

— *Chrétien de Troyes et le mythe du Graal* : étude sur Perceval ou Le conte du Graal, Sedes, 1998

Geoffroy DE MONMOUTH, *Historia regum Britanniae, Vita Merlini.*

GÉRAUD, Hercule, *Mercadier, les routiers au treizième siècle*, Bibliothèque de l'École des chartes, 1842

Imâd AD-DÎN AL-ISFAHÂNÎ, *Conquête de la Syrie et de la Palestine par Saladin,* traduction de Henri Massé, Paris, 1972

LEWIS, Bernard, *Les Assassins : terrorisme et politique dans l'Islam médiéval*, Berger-Levrault, 1982

MARKALE, Jean, *Aliénor d'Aquitaine*, Payot, 1979

MARX, Jean, *La Légende arthurienne et le Graal*, Presses Universitaires de France, 1953

PARIS, Matthieu, *La Grande Chronique d'Angleterre,* Paleo Éditions, 2004

PERNOUD, Régine, *Aliénor d'Aquitaine*, Albin Michel, 1966

— *Richard Cœur de Lion,* Fayard, 1988

Pierre DE BLOIS, *De hierosolymitana peregrinatione acceleranda ; dialogus inter regem Henricum secundum et abbatem Bonevallis,* BN

QUICHERAT, Jules, *Histoire du costume en France*, Hachette, 1875

Raoul DE DICETO, *Radulphi de Diceto decani Lundoniensis opera historica*, W Stubbs, 1876

RIBARD, Jacques, *Du mythique au mystique : la littérature médiévale et ses symboles*, H. Champion, 1995

RICHARD, Jean, *Histoire des croisades*, Fayard, 1996

RIGORD, *Gesta Philippi Augusti, in Œuvres de Rigord et de Guillaume le Breton, historiens de Philippe-Auguste*, Henri-François Delaborde, Paris, 1885

Roger DE HOVEDEN, *Chroniqua,* W. Stubbs, Londres, 1871

SIGAL, Pierre-André, *L'Homme et le miracle dans la France médiévale*, Cerf, 1985

VERDON, Jean, *Voyager au Moyen Âge*, Perrin, 2007

VIOLLET LE DUC, Eugène-Emmanuel, *Encyclopédie médiévale, refonte en un volume du Dictionnaire raisonné de l'Architecture (1854-1868) et du Dictionnaire raisonné du Mobilier (1858-1870),* Bibliothèque de l'image, 2005

WACE, *Le Roman de Brut,* collection classique

Composition et mise en pages réalisées
par Text'oh! - 39100 Dole

Achevé d'imprimer par GGP Media GmbH, Pößneck
en janvier 2015
pour le compte de France Loisirs,
Paris

N° d'éditeur : 80045
Dépôt légal : décembre 2014
Imprimé en Allemagne